Cooking of Korean Cuisine

NCS를 기반으로 한

한식조리

김옥란 · 한성만 · 이진하

한국음식의 전반적이고 기초적인 이론을 체계적으로 정립하여 한국조리에 관심 있는 학생, 그리고 일반인들이 쉽게 접할 수 있게 하였다. 국가정책으로 산업체 적응력을 높이는 국가직무능력표준(NCS)을 조리기능사 실습메뉴에 충실히 적용시켰다.

지식인공동체
지식인

Profile

김옥란

한국관광대학교 외식경영과 교수

한성만

경기대학교 외식조리학과 외래교수

이진하

백석문화대학교 외식산업학부 교수

NCS를 기반으로 한 한식조리

2015년 3월 5일 초판 1쇄 인쇄
2015년 3월 10일 초판 1쇄 발행

지은이 | 김옥란·한성만·이진하
펴낸이 | 김종욱
펴낸곳 | 지식인공동체 지식인
등 록 | 제301-2013-134호
주 소 | 서울시 도봉구 도봉로 476, 415호(삼성쉐르빌퍼스티)
전 화 | 02)2266-8606
팩 스 | 02)2266-8607

ISBN 978-89-98591-46-5 (93590)

값 23,000원

NCS를 기반으로 한 한식조리

머리말

한국음식은 우리나라의 역사와 지형, 기후 등 지역적인 특색과 더불어 사회, 경제, 정치, 문화적인 변천에 따라 발전해왔다. 음식은 우리의 생활 중에서 가장 근간을 이루는 필수요소이며, 단순한 생존요소의 기능뿐만 아니라 영양공급과 함께 긴장감을 해소하여 충족감과 안정감, 인간관계를 형성하는 중요한 기능이 있으며, 오늘날 산업의 발달과 함께 다양한 식문화와 문화가 발전하였고, 우리의 식생활은 많은 변화를 가져오게 되었다.

최근에는 한국음식의 표준화, 세계화에 대한 관심이 고조되어 정부에서 적극적인 지원과 협조로 한국음식의 체계화된 조리법을 연구하고 있다. 더불어 외식산업의 다양화, 전문성과 함께 우리 전통음식을 세계적인 음식으로 발전하기 위해서는 이론과 실무가 병행되어야 한다.

이 책은 한국음식의 전반적이고 기초적인 이론을 체계적으로 정립하여 한국조리에 관심 있는 학생, 그리고 일반인들이 쉽게 접할 수 있게 하였다. 특별히 국가정책으로 산업체 적응력을 높이는 국가직무능력표준(NCS)을 실습메뉴에 적용시켜, 교육현장에서는 훈련목표를 달성하고 산업체에 부합하는 인재를 기르는 데 일조하고자 하였다. 이와 더불어 우리나라의 음식문화를 이해하고 기본적인 기능을 습득하여 우리의 한국음식을 계승·연구하여 세계적인 요리로 발전시키려는 노력이 무엇보다 중요하다.

이 책의 이론부분에서는 우리나라 한국음식의 주류를 이루고 있는 각 지방의 대표적인 향토음식을 역사적인 유래와 조리기술에 대한 지식을 곁들임으로써, 한국음식을 배우고자 하는 이들에게 쉽게 적용할 수 있도록 최선을 다하였다. 또한 한식조리기능사 시험의 응시절차 및 실기시험의 채점기준에 대해서도 상세하게 안내하였으니, 시험을 준비하는 수험생들에게 많은 도움이 되었으면 한다.

끝으로, 현장과 강단에서의 경험을 바탕으로 하여 이해하기 쉽고 간결하게 집필하려 하였으나 부족한 부분은 지속적으로 수정·보완하여 알찬 교재가 되도록 노력할 것을 약속드린다.

또한 어려운 여건 하에서 이 책의 출판을 위해 힘써주신 지식인출판사 모든 분들께 감사를 드린다.

저자

이론편

국가직무능력표준(NCS) 개요 — 008

1. 국가직무능력표준 개념 • 008
2. 사업수행 법적 근거 • 008
3. 국가직무능력표준 구성 • 009
4. 국가직무능력표준 수준체계 • 010
5. 국가직무능력표준 분류체계 • 011

직무명 : 한식조리 — 012

1. 직무개요 • 012

제1장 한국의 음식문화 — 016

1. 한국의 풍토와 식생활문화 • 016
2. 한국 식생활문화 발전의 시대별 변화 • 020
3. 한국음식의 특징 • 021
4. 한국음식의 시식과 절식 • 027
5. 한국음식의 상차림 • 041
6. 한국음식의 식사예절 • 049
7. 향토음식 • 050

제2장 한국음식의 재료와 조리준비 — 057

1. 한국음식의 양념(조미료)과 고명 • 057
2. 한국음식의 기본조리법 • 068
3. 한국음식의 전문용어 • 077
4. 한국음식의 종류 • 082
5. 한국음식의 식기와 조리기구 • 090
6. 한국음식의 조리용어해설 • 100

실기편

NCS 1301010102_14v2 한식 밥·죽 조리
비빔밥 • 116 / 콩나물밥 • 118 / 장국죽 • 120

NCS 1301010103_14v2 한식 면류 조리
국수장국 • 122 / 비빔국수 • 124 / 칼국수 • 126 / 만둣국 • 128

NCS 1301010104_14v2 한식 국·탕 조리
완자탕 • 130

NCS 1301010105_14v2 한식 찌개·전골 조리
두부젓국찌개 • 132 / 생선찌개 • 134 / 두부전골 • 136 / 소고기전골 • 138

NCS 1301010106_14v2 한식 찜·선 조리
돼지갈비찜 • 140 / 닭찜 • 142 / 북어찜 • 144 / 달걀찜 • 146 / 호박선 • 148 / 오이선 • 150 / 어선 • 152

NCS 1301010107_14v2 한식 조림·초·볶음 조리
두부조림 • 154 / 홍합초 • 156 / 오징어볶음 • 158

NCS 1301010408_14v2 한식 전·적·튀김 조리
풋고추전 • 160 / 표고전 • 162 / 육원전 • 164 / 생선전 • 166 / 화양적 • 168 / 지짐누름적 • 170 / 섭산적 • 172

NCS 1301010109_14v2 한식 구이 조리
너비아니구이 • 174 / 제육구이 • 176 / 북어구이 • 178 / 생선양념구이 • 180 / 더덕구이 • 182

NCS 1301010110_14v2 한식 생채·숙채·회 조리
무생채 • 184 / 도라지생채 • 186 / 더덕생채 • 188 / 겨자채 • 190 / 잡채 • 192 / 탕평채 • 194 / 칠절판 • 196
육회 • 198 / 미나리강회 • 200

NCS 1301010111_14v2 김치 조리
보쌈김치 • 202 / 오이소박이 • 204

NCS 1301010112_14v2 음청류 조리
배숙 • 206

NCS 1301010113_14v2 한과 조리
매작과 • 208 / 화전 • 210

NCS 1301010114_14v2 장아찌 조리
오이숙장아찌 • 212 / 무숙장아찌 • 214 / 북어보푸라기(마른찬) • 216

국가직무능력표준(NCS)의 개요

1. 국가직무능력표준 개념

- 국가직무능력표준(NCS, National Competency Standards)[1]은 산업현장에서 직무를 수행하기 위해 요구되는 지식·기술·소양 등의 내용을 국가가 산업부문별·수준별로 체계화한 것으로, 국가적 차원에서 표준화한 것을 의미한다.

국가직무능력표준 개념도

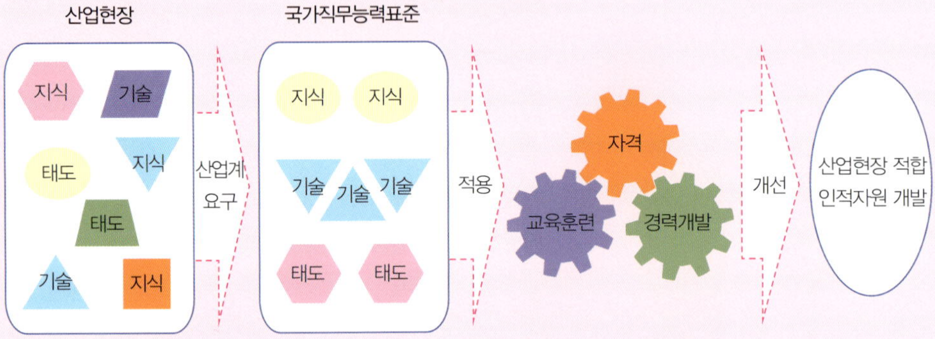

2. 사업수행 법적 근거

「자격기본법」 규정
(제2조 제2호) '국가직무능력표준'이란, 산업현장에서 직무를 수행하기 위하여 요구되는 지식·기술·소양 등의 내용을 국가가 산업부문별·수준별로 체계화 한 것을 말한다.

1 표준국어대사전(1212년, 국립국어원)
① 직무능력
– 직무(職務) : 직책이나 직업상에서 책임을 지고 담당하여 맡은 사무. '맡은 일'로 순화.
– 능력(能力) : 일을 감당해 낼 수 있는 힘.
② 표준
– 표준(標準) : 사물의 정도나 성격 따위를 알기 위한 근거나 기준.

3. 국가직무능력표준 구성

- 직무는 국가직무능력표준 분류체계의 세분류를 의미하고, 원칙상 세분류 단위에서 표준개발
- 능력단위는 국가직무능력표준 분류체계상 세분류의 하위단위로서 국가직무능력표준의 기본 구성요소에 해당

국가직무능력표준 구성

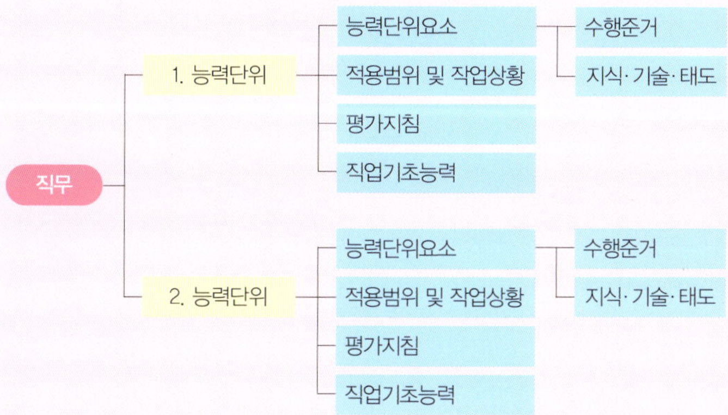

※ 능력단위는 능력단위 분류번호, 능력단위 정의, 능력단위 요소(수행준거, 지식·기술·태도), 적용범위 및 작업상황, 평가지침, 직업기초능력으로 구성

구성 항목	내 용
① 능력단위 분류번호 (Competency Unit Code)	• 능력단위를 구분하기 위하여 부여되는 일련번호로서 12자리로 표현
② 능력단위 명칭 (Competency Unit Title)	• 능력단위의 명칭을 기입한 것
③ 능력단위 정의 (Competency Unit Description)	• 능력단위의 목적, 업무수행 및 활용범위를 개략적으로 기술
④ 능력단위 요소 (Competency Unit Element)	• 능력단위를 구성하는 중요한 핵심 하위능력을 기술
⑤ 수행준거 (Performance Criteria)	• 능력단위 요소별로 성취여부를 판단하기 위하여 개인이 도달해야 하는 수행의 기준을 제시
⑥ 지식· 기술· 태도 (KSA)	• 능력단위 요소를 수행하는데 필요한 지식· 기술· 태도
⑦ 적용범위 및 작업상황 (Range of Variable)	• 능력단위를 수행하는데 있어 관련되는 범위와 물리적 혹은 환경적 조건 • 능력단위를 수행하는데 있어 관련되는 자료, 서류, 장비, 도구, 재료
⑧ 평가지침 (Guide of Assessment)	• 능력단위의 성취여부를 평가하는 방법과 평가 시 고려되어야 할 사항
⑨ 직업기초능력 (Key Competency)	• 능력단위별로 업무수행을 위해 기본적으로 갖추어야 할 직업능력

4. 국가직무능력표준 수준체계

수 준	직무수준 정의
8수준	해당분야에 대한 최고도의 이론 및 지식을 활용하여 새로운 이론을 창조할 수 있고, 최고도의 숙련으로 광범위한 기술적 작업을 수행할 수 있으며 조직 및 업무 전반에 대한 권한과 책임이 부여된 수준 (지식기술) 해당분야에 대한 최고도의 이론 및 지식을 활용하여 새로운 이론을 창조할 수 있는 수준 최고도의 숙련으로 광범위한 기술적 작업을 수행할 수 있는 수준 (역 량) 조직 및 업무 전반에 대한 권한과 책임이 부여된 수준 (경 력) 수준 7에서 2~4년 정도의 계속 업무 후 도달 가능한 수준
7수준	해당분야의 전문화된 이론 및 지식을 활용하여, 고도의 숙련으로 광범위한 작업을 수행할 수 있으며 타인의 결과에 대하여 의무와 책임이 필요한 수준 (지식기술) 해당분야의 전문화된 이론 및 지식을 활용할 수 있으며, 근접분야의 이론 및 지식을 사용할 수 있는 수준 고도의 숙련으로 광범위한 작업을 수행하는 수준 (역 량) 타인의 결과에 대하여 의무와 책임이 필요한 수준 (경 력) 수준 6에서 2~4년 정도의 계속 업무 후 도달 가능한 수준
6수준	독립적인 권한 내에서 해당분야의 이론 및 지식을 자유롭게 활용하고, 일반적인 숙련으로 다양한 과업을 수행하고, 타인에게 해당분야의 지식 및 노하우를 전달할 수 있는 수준 (지식기술) 해당분야의 이론 및 지식을 자유롭게 활용할 수 있는 수준 일반적인 숙련으로 다양한 과업을 수행할 수 있는 수준 (역 량) 타인에게 해당분야의 지식 및 노하우를 전달할 수 있는 수준 독립적인 권한 내에서 과업을 수행할 수 있는 수준 (경 력) 수준 5에서 1~3년 정도의 계속 업무 후 도달 가능한 수준
5수준	포괄적인 권한 내에서 해당분야의 이론 및 지식을 사용하여 매우 복잡하고 비일상적인 과업을 수행하고, 타인에게 해당분야의 지식을 전달할 수 있는 수준 (지식기술) 해당분야의 이론 및 지식을 사용할 수 있는 수준 매우 복잡하고 비일상적인 과업을 수행할 수 있는 수준 (역 량) 타인에게 해당분야의 지식을 전달할 수 있는 수준 포괄적인 권한 내에서 과업을 수행할 수 있는 수준 (경 력) 수준 4에서 1~3년 정도의 계속 업무 후 도달 가능한 수준
4수준	일반적인 권한 내에서 해당분야의 이론 및 지식을 제한적으로 사용하여 복잡하고 다양한 과업을 수행하는 수준 (지식기술) 해당분야의 이론 및 지식을 제한적으로 사용할 수 있는 수준 복잡하고 다양한 과업을 수행할 수 있는 수준 (역 량) 일반적인 권한 내에서 과업을 수행할 수 있는 수준 (경 력) 수준 3에서 1~4년 정도의 계속 업무 후 도달 가능한 수준

수 준	직무수준 정의
3수준	제한된 권한 내에서 해당분야의 기초이론 및 일반지식을 사용하여 다소 복잡한 과업을 수행하는 수준 (지식기술) 해당분야의 기초이론 및 일반지식을 사용할 수 있는 수준 다소 복잡한 과업을 수행하는 수준 (역 량) 제한된 권한 내에서 과업을 수행하는 수준 (경 력) 수준 2에서 1~3년 정도의 계속 업무 후 도달 가능한 수준
2수준	일반적인 지시 및 감독 하에 해당분야의 일반 지식을 사용하여 절차화 되고 일상적인 과업을 수행하는 수준 (지식기술) 해당분야의 일반 지식을 사용할 수 있는 수준 절차화 되고 일상적인 과업을 수행하는 수준 (역 량) 일반적인 지시 및 감독 하에 과업을 수행하는 수준 (경 력) 수준 1에서 6~12개월 정도의 계속 업무 후 도달 가능한 수준
1수준	구체적인 지시 및 철저한 감독 하에 문자이해, 계산능력 등 기초적인 일반지식을 사용하여 단순하고 반복적인 과업을 수행하는 수준 (지식기술) 문자이해, 계산능력 등 기초적인 일반 지식을 사용할 수 있는 수준 단순하고 반복적인 과업을 수행하는 수준 (역 량) 구체적인 지시 및 철저한 감독 하에 과업을 수행하는 수준

5. 국가직무능력표준 분류체계

대분류	중분류	소분류	세분류
13. 음식서비스	1. 식음료·조리·서비스	1. 음식조리	01. 한식조리
			02. 양식조리
			03. 중식조리
			04. 일식·복어조리

*세분류는 NCS 분류체계 전체를 기재하고, 당해 개발분은 음영 처리

직무명 : 한식조리

1. 직무개요

1) 직무정의

한식조리는 조리사가 메뉴를 계획하고, 식재료를 구매, 관리, 손질하여 조리법에 의해 조리하며 식품위생과 조리기구, 조리시설을 관리하는 일이다.

2) 능력단위

순 번	능력단위	순 번	능력단위
1	한식조리 실무	8	한식 전·적·튀김 조리
2	한식 밥·죽 조리	9	한식 구이 조리
3	한식 면류 조리	10	한식 생채·숙채·회 조리
4	한식 국·탕 조리	11	김치 조리
5	한식 찌개·전골 조리	12	음청류 조리
6	한식 찜·선 조리	13	한과 조리
7	한식 조림·초·볶음 조리	14	장아찌 조리

3) 능력단위별 능력단위 요소

분류번호	능력단위(수준)	능력단위 요소	수 준
1301010101_14v2	한식조리 실무(3)	위생관리 하기	2
		안전관리 하기	2
		메뉴관리 하기	3
		구매관리 하기	3
		식재료관리 하기	3
		기초기능 익히기	3
1301010102_14v2	한식 밥·죽 조리(2)	밥·죽 재료 준비하기	2
		밥·죽 조리하기	2
		밥·죽 담아 완성하기	2
1301001103_14v2	한식 면류 조리(3)	면류 재료 준비하기	3
		면류 육수 만들기	3
		국수·만두 반죽하기	3
		국수·만두·냉면 조리하기	3
		면류 담아 완성하기	2

분류번호	능력단위(수준)	능력단위 요소	수 준
1301010104_14v2	한식 국·탕 조리(3)	국·탕 재료 준비하기	2
		국·탕 육수 만들기	3
		국·탕 조리하기	3
		국·탕 담아 완성하기	2
1301010105_14v2	한식 찌개·전골 조리(4)	찌개·전골 재료 준비하기	3
		찌개·전골 육수 만들기	5
		찌개·전골 양념장 만들기	4
		찌개·전골 조리하기	5
		찌개·전골 담아 완성하기	4
1301010106_14v2	한식 찜·선 조리(5)	찜·선 재료 준비하기	3
		찜·선 양념장 만들기	3
		찜·선 조리하기	3
		찜·선 담아 완성하기	2
1301010107_14v2	한식 조림·초·볶음 조리(4)	조림·초·볶음 재료 준비하기	3
		조림·초·볶음 양념장 만들기	4
		조림·초·볶음 조리하기	4
		조림·초·볶음 담아 완성하기	2
1301010108_14v2	한식 전·적·튀김 조리(3)	전·적·튀김 재료 준비하기	2
		전·적·튀김 조리하기	2
		전·적·튀김 담아 완성하기	2
1301010109_14v2	한식 구이 조리(4)	구이 재료 준비하기	3
		구이 양념장 만들기	4
		구이 조리하기	4
		구이 담아 완성하기	2
1301010110_14v2	한식 생채·숙채·회 조리(2)	생채·숙채·회 재료 준비하기	2
		생채·숙채·회 조리하기	2
		생채·숙채·회 담아 완성하기	2
1301010111_14v2	김치 조리(5)	김치 재료 준비하기	3
		김치 양념 배합하기	5
		김치 담그기	5
		김치 담아 완성하기	3
1301010112_14v2	음청류 조리(3)	음청류 재료 준비하기	2
		음청류 조리하기	3
		음청류 담아 완성하기	2
1301010113_14v2	한과 조리(5)	한과 재료 준비하기	3
		한과 재료 배합하기	4
		한과 만들기	5
		한과 담아 완성하기	4
1301010114_14v2	장아찌 조리(3)	장아찌 재료 준비하기	3
		장아찌양념 배합하기	4
		장아찌 조리하기	4
		장아찌 담아 완성하기	2

NCS를 기반으로 한 한식조리

이론편

제1장 한국의 음식문화
제2장 한국음식의 재료와 조리준비

제1장 한국의 음식문화

1. 한국의 풍토와 식생활문화

한국의 풍토는 한국의 식생활문화의 기층 형성에 작용한 기본요인이다. 식생활문화란, 식량의 생산과 조리가공, 식사양식과 의례음식의 규범, 식사관리의 관행, 식사용구 및 주방용구 등 식생활에 관계되는 모든 요소를 포함한다. 그 중에서도 한 민족의 사용하는 기본식량은 그 고장의 토양과 기후조건에 따라서 결정된 것이다. 즉 인류의 식량은 종류에 따라 재배조건이 다른데, 인류의 생활터전도 고장에 따라서 토양과 기후의 조건이 다르다.

그러므로 각 민족은 그들이 살고 있는 고장의 자연환경에 맞추어서 그곳에서 재배 가능한 작물을 주요작물로 선택하게 되었다. 또한 주변 해변이나 강변에서 서식하는 어패류를 채취해서 식량으로 삼았다. 나아가 조리가공법도 각 식량의 특성에 맞추어서 타당성이 있도록 개발하였으며, 따라서 각각 특미가 있는 것을 만들게 되었다.

세계적으로 주식작물의 분포를 볼 때 크게 쌀과 밀로 양분되는데, 이런 사실은 자연환경과 음식문화의 관계를 설명하는 대표적인 사례이다. 열대·아열대의 야생벼로부터 개발된 벼농사는 강우량과 일조량이 충분해야 재배가 가능하므로, 이러한 조건을 갖춘 몬순기후지대서 야생맥으로부터 개발된 밀 재배는 동우반 건조지대로 전파되어 지중해 일대, 서구라파 일대, 중국의 북부지역의 주작물로 정착되었다. 나아가 쌀과 밀은 각각의 특성에 따라서 각기 다른 음식으로 조리가공법이 발달하였다. 즉 쌀은 입식형 음식과 분식형 음식 양면의 음식으로 발달하고, 밀은 빵·면·과자와 같은 분식형 음식으로 발달하고 있다.

이런 까닭으로 쌀 문화권에서는 밥이 상용주식으로, 밀 문화권에서는 빵이 상용음식으로 정착되었다. 이와 같이 각 민족의 자연관경은 그 민족의 음식문화 형성에서 기본요인이 되고 있으며, 각 고장에서 각 민족의 고유한 전통이 되어서 전승과 창조를 거듭하고 있다. 우리나라의 자연환경과 음식문화의 관계를 간추리면 다음과 같다.

1) 한반도의 위치 및 기후의 다양성

(1) 위치

우리나라는 유라시아 대륙의 동북부에 위치한 반도국으로서 북쪽은 육로로 대륙과 연결되고, 동·서·남의 삼면은 바다에 싸여있다. 제주도 남단에서 함경도 북단까지 북위 33~43도의 북반구 중위도에 위치하며, 남북 간 10도의 범위에 걸쳐있다. 경도는 경상북도 동단에서 평안북도 서단까지 124~132도에 위치하고, 동서 간이 8도 범위에 있다. 그러나 우리의 음식문화사를 논할 때, 고조선이나 고구려가 북위 43도 이북으로 판도를 펼치고 있던 시대의 위치적 배경을 간과할 수는 없다. 이러한 위치에서 신석기시대 중기에 동부아시아를 기원지로 하는 조[粟米]가 동부아시아와 중앙아시아로부터 유입되어 농업이 시작되었다.

기원전 2000년경에 시작된 벼농사의 유입경로에 대해서 중국으로부터 육로를 거쳤다고 보는 북방설이 있고, 황해를 거쳤다는 남방설이 있다. 그리고 현해탄을 거쳐 우리의 벼농사가 일본으로 전수되었다. 삼면의 바다가 천혜의 수산물 보고를 이루고, 해면에서 얻을 수 있는 식량을 채취하고자 일찍부터 조선술과 어업기술이 개발되었다.

이와 같이 수륙양면의 위치에서 수륙양면을 통한 문화교류가 용이했고, 수륙양면의 자원을 이용할 수 있었으므로 22만㎢에 불과한 작은 강토이면서도 음식문화의 다양성을 이룰 수가 있었다.

(2) 기후

우리나라는 냉·온대 기후에 속하여 한대성 기후와 열대성 기후로 10℃ 이하의 추운 날이 많아 한냉은 건조하고, 여름에는 최고기온이 섭씨 30℃를 넘어 고온다습하다. 따라서 겨울과 여름의 평균기온에 연교차가 크며 남북 간에도 기온 차이가 있어, 북으로 갈수록 겨울의 추위가 길고 심하다. 춘하추동 4계절의 구분이 현저한데, 계절 구분도 지역에 따라서 남부지방은 계절 배분이 고르지만, 중부에서는 북부지방으로 갈수록 겨울철이 길다. 이러한 기후현상이 강수의 상황, 지형의 상황 등과 상관되어서 작은 땅이면서도 여러 한계선으로 기후구가 구분된다. 이러한 기후구의 구분은 작물과 음식의 향토적인 특성을 형성하게 되었다.

(3) 강수

우리나라는 연 강수량이 500~1,500㎜인데, 전국토의 태반이 800~1,000㎜의 강수량 범위에 있으며, 연평균 강수량은 960㎜(남한만으로는 1,150㎜)이므로, 세계의 평균 강수량이 743㎜보다 높아 습윤한 지역에 속한다. 그 중 연 강수량의 40~60%가 여름에 집중되어 있고, 강수량의 실태도 지역에 따라 남쪽에서 북쪽으로 갈수록 감소하는 편이다. 그러므로 충분한 강수량을 필요로 하는 벼농사는 남쪽지방에 편중되고, 강수량이 집중되는 여름철이 농번기가 되었다.

2) 지형지세의 다양성과 산물의 다양성

(1) 지형

우리나라는 산지가 전국토의 70%를 차지하지만, 산맥의 높이는 그리 높지 않다. 1,000m 이상이 10%이고, 200~500m의 낮은 산지가 40% 이상을 차지한다. 이런 환경에서 고대로부터 산기슭에서 화전을 일구어 밭작물을 재배하고 계단식으로 농지를 개발하였으며, 구릉에는 과수재배가 성행하였다. 산맥의 흐름을 보면 태백산맥과 함경산맥이 동쪽으로 치우쳐 있고, 개마고원이 함경산맥의 북쪽으로 치우쳐 있어 동과 북이 높고 남이 얕다. 태백산맥과 낭림산맥에서 빗살처럼 뻗은 크고 작은 여러 산맥에 따라서 하천이 흐르고 이에 따라 교통로가 형성되었으며, 황해가 남해로 뻗는 압록강, 대동강, 한강, 금강, 낙동강의 하류에는 충적평야가 형성되어 벼농사의 중심지가 되었다. 동해로 흐르는 하천의 종류와 하류에도 면적이 좁지만 충적평야가 형성되어 있다. 이와 같은 하천의 유역분지를 중심으로 도시가 발달하여 음식문화의 중심지를 이루었다.

(2) 해안과 해류

동해안의 겨울철에는 북한 한류가 남하하여 흐르고, 여름에는 동한 해류가 북상하여 청진부근까지 세력을 미친다. 서해안은 수심이 얕고 북방에서 내려오는 한류는 없으며, 여름철에는 서해 해류가 북상하였다가 중국의 동해안으로 연안류로서 흐른다. 근해의 수온이 계절에 따라 변화하는데, 여름에는 동해연안이 20~26℃, 서해는 24~26℃ 이상으로 난수화되는데, 겨울철이면 10℃ 이하로 한수화된다. 남해안은 난류의 영향을 받아 여름철의 수온이 26℃에서 27℃, 겨울에도 12℃ 내·외로 유지된다.

이런 환경에서 한류성 어족과 난류성 어족이 계절에 맞추어 회유하므로, 종류가 풍부하여 농업을 실시하기 이전부터 좋은 식량의 구실을 하였고, 계절성과 지역성이 현저하므로 각 지역에서 그 고장의 다획어족을 가공하여 특산명물이 되게 하였으며, 계절에 따른 시식의 관행을 자아내게 하였다.

(3) 지세와 작물의 다양성

벼농사는 생육기간이 150일 이상인 지역서 연강수량이 1,000㎜이고, 평균기온이 17~18℃ 이상의 고온이 필요하며, 농지로서는 하천유역의 충적평야가 가장 적합하다.

우리나라는 벼농사에 필요한 이같은 환경에 있으므로, 벼농사가 제 1위의 주작물로 정착되어 쌀밥을 주식으로 삼게 되었다. 그러나 벼농사에 적합한 조건이 주로 중부와 남부지방으로 치우치고 있으므로, 각 지역에서는 각각 풍토에 맞춰 보리, 밀, 기타 잡곡과 콩류를 경작하였다. 따라서 벼농사가 국가이면서도 작물재배가 다양하였다. 오늘날과 같은 농업기술이 고도로 개발되기 이전의 작물재배 상황을 남북한 지역별로 보면 다음의 〈표〉와 같다.

지역별 작물의 상황

작물명	남 한	북 한	작물명	남 한	북 한
논벼	79	21	겉보리	87	13
밭벼	7	83	쌀보리	92	8
조	28	72	기장	19	81
밀	49	51	수수	22	78
메밀	42	58	옥수수	18	82
대두	44	56	팥	28	72
녹두	38	62	채두	17	83
감자	26	74	고구마	84	16

*1930년의 주식 작물의 분포비율(%)

보리는 성숙기간이 짧은데, 고온다습한 지역이 적합하므로 남한에서 많이 재배하였다. 그 중에서도 밭보리는 1월의 평균기온이 영하 8℃선을 넘지 않는 지역을 한계로 해서 소백산맥 이남에 위치한 영남지방이 주산지이다. 쌀보리는 밭보리보다 기온이 온난하고 강수량이 많은 곳이 재배의 적지이므로, 영하 3℃를 한계로 해서 전라남·북도, 경상남도에서 집중재배 된다.

반면에, 한지에서도 잘 생육하는 기장과 수수는 북한지방이 주산지로 되어있다. 이와 같은 환경에 있었으므로, 우리나라는 쌀음식은 물론이고 잡곡음식이 발달하였으며, 또한 쌀과 잡곡의 혼합음식의 솜씨가 발달하여 곡물음식이 다양하게 발달할 수 있었고, 나아가 국민건강 향상에 기여할 수 있었다.

(4) 계절변화와 식생활관리의 다중성

우리는 대륙과 해양의 양면으로 문화를 접촉할 수 있는 위치에 있고, 사계절의 변화를 위시하여 대륙성 기후와 해양성 기후의 양면성이 공존되어 있으며, 지세와 지형, 해류와 해안의 상황이 계절과 지역에 따라서 다르다. 이같이 계절성과 지역성이 현저한 환경이 있었으므로 모든 생활문화가 전반적으로 다중구조를 형성하게 되었다.

특히 식생활 경영에서는 식품산출에서 계절성과 지역성이 현저했으므로, 비철을 위한 식품의 저장관리가 절대로 필요하였다. 그러므로 각 가정마다 제철의 산출식품을 건조법, 염장법 등으로 저장하여 일상 식사관리에 대비하였으며, 그 중에서도 봄철의 나물 말리기와 장 담기, 초여름의 젓갈 담기, 초가을의 가을나물 말리기, 장아찌 담기, 입동철의 김장 담기, 메주 쑤기 등의 행사가 연중의 관행행사로 되어 제철을 놓치지 않고 실행하면서 식생활이 원만하게 순화될 수 있도록 하였다.

이런 환경에서 장류, 김치, 젓갈과 같은 상비용 발효식품의 가공솜씨가 고유한 것으로 발달하였다. 또한 기후구가 다양했으므로, 각 지역에서는 그 지역의 다산식품으로 만든 향토음식이 발달하여 식품조리법은 물론이고 건어물, 염장식품, 발효식품과 같은 가공식품이 다양하게 발달하여 각 지역의 명물음식이 되었다. 이런 관계로 우리의 음식문화에는 발효식품의 특미가 지역별로 다양하게 발달하여 한국 음식문화의 한 특성으로 자라나게 되었다.

2. 한국 식생활문화 발전의 시대별 변화

식생활문화 역정의 주요한 요소를 중심으로 시대구분을 하면, 다음과 같이 크게 7단계로 구분할 수 있다.

(1) 제1단계(수렵·채집 경제시대의 식생활)

강가나 바닷가에 주거를 차리고 수렵과 어로, 채집수단에 의해서만 식량을 획득하면서 생활을 하던 단계로서 신석기 중기 이전의 시대이다.

(2) 제2단계(농업발달에서 벼농사의 전파기)

잡곡재배로 농업을 시작한 신석기 중기로부터 벼농사가 실시된 청동기시대까지를 제2단계로 본다. 석기로 된 농구를 사용하였지만 기능적으로 진보하였고, 농지를 개간해 넓히면서 재배작물이 벼를 위시해서 잡곡과 콩류에 이르는 오곡으로 확대되는 단계이다.

(3) 제3단계(철기문화에서 농경생활의 정착)

벼농사가 우리나라 농업의 주작물로 자리잡게 되는 단계로서, 철기문화에서 원삼국시대까지를 3단계로 본다. 농구가 철제농구로 바뀌어 농업기술이 현저하게 발전하였고, 이런 환경에서 벼농사가 주작물로 자리잡게 되었다.

(4) 제4단계(한국 식생활구조의 성립기)

우리나라 식생활문화에서 일상식의 기본적인 구조가 밥상차림으로 정립되는 단계로서, 삼국시대를 통해서 이루어졌다고 본다. 조리용구가 발달하여 미숫가루, 죽, 떡, 밥, 술, 장, 채소절임, 포와 같은 상용 기본식품의 조리가공법이 성립되어 밥과 반찬으로 구성된 밥상차림이 상용식사의 기본양식으로 정착하였다.

(5) 제5단계(한국 식생활구조의 확대 정립기)

우리나라 식생활문화에서 일상식의 구조 위에 다과상, 잔칫상, 제례상, 차림과 같은 규범을 위시해서 식생활문화의 전반적인 구조가 성립되는 단계로서, 통일신라에서 고려시대를 통해 이루어졌다고 본다.

(6) 제6단계(한국 식생활문화의 정비기)

음식문화가 과학적으로 합리성을 갖추도록 정비되고, 음식법이나 차림의 양식을 고유한 모습으로 재정비하는 단계로서, 조선시대를 중심으로 이루어졌다고 본다. 중기 후에 이르면 철저한 가부장권 대가족생활에서 유교이념에 따른 가례준칙과 가례음식의 규범이 엄정해졌다. 이런 환경에서 가양주, 병과류를 위시한 주찬음식법의 솜씨를 숙달하게 되었으며, 이 과정에서 한국 식생활문화의 청명한 격조와 고유한 전통이 정비될 수 있었다.

(7) 제7단계(현대화 정립기)

우리나라 식생활문화의 현대화 단계로서, 조선시대 말기~개화기~현대에 이르기까지 진행되고 있다. 적극적인 현대화는 1970년 이후에 추진되었다. 공업국으로의 전환을 추진하여 식품의 생산가공 기술 및 유통체계가 현대화되고, 외래음식이 급격하게 다면적으로 도입되며, 음식업체와 단체급식이 증가하는 등 한국 식생활문화의 급격한 변동이 진행되고 있다.

3. 한국음식의 특징

우리나라 식생활문화의 기본은 자연환경이 기본요인이 되어 그 영향을 받아 만들어졌다. 농업의 시작은 잡곡 중 소립곡인 기장·조·콩으로 시작하였으나, 벼농사의 도입으로 주식곡이 쌀이 되어 수천 년 동안 밥을 주식으로 하여 생활해왔다. 우리나라의 토양과 기온, 강수량 등이 벼농사를 하기에 적합한 조건을 갖추었고, 국가의 꾸준한 권농정책으로 미곡이 증산되니 자연히 여러 가지의 쌀로 만들어 먹는 음식이 발달하게 되었다. 그러나 자연조건이 어디나 좋은 것은 아니어서 벼농사가 불가능한 지역에서는 각각 그 풍토에 따라 조·기장·보리 등 잡곡농사를 하였다. 이와 같은 결합재배의 환경에서 우리의 주식문화는 쌀과 잡곡을 겸하는 혼용 음식문화의 특징을 갖게 되었다.

한편 산지가 많아 광활한 목축경영은 불가능했지만, 대두의 원산지에 근접했으므로 일찍부터 콩을 재배하여 콩 가공품인 장이 모든 음식의 바탕이 되었다. 삼면의 바다에서 나는 어물은 찬거리도 되지만, 가공한 젓갈과 간절이한 염장생선, 마늘, 생선은 곡물음식에서 부족한 단백질 급원음식으로 영향의 균형을 꾀할 수 있었다. 사철이 있으므로 흔한 철의 채소나 과일은 겨울을 대비해서 저장발효식으로 개발되었고, 비타민 보유에 좋은 건강음식으로 발전하여 오늘날에는 세계화할 수 있는 식품으로 선호되고 있다.

한국음식에서 전통음식이 그대로 전승될 수 있는 이유는 향토산물, 의례인 혼인과 제사, 명절에 상차림을 해서 서로 나누어먹고 즐겼기 때문이며 궁중, 양반, 서민들의 일상생활에서 먹는, 대대로 내려오는 가전음식을 중히 여겼기 때문이다.

우리의 전통음식은 오랜 세월 나름대로의 필연성과 과학성을 가지고 지켜내려 온 것이므로, 그 장·단점을 찾아보는 것이 우리음식을 발전시키는 길이 될 것이다.

1) 곡물을 중히 여겨 곡물음식이 다양하다

우리 민족은 농경이 주업이므로 곡물을 가장 중요하게 여긴다. 쌀을 주식으로 하며, 다른 곡물을 같이 먹게 한 점이 영양상 균형잡힌 식사를 하도록 했다. 벼농사에 필요한 환경조건을 갖추고 있어 벼를 제일의 주작물로 정착시켜 쌀밥을 주식으로 삼게 되어, 쌀음식은 물론이고 쌀과 잡곡을 혼합한 음식의 솜씨가 출중하여 곡물음식을 다양하게 발달시켰다.

그 곡물로 만든 음식에는 죽, 국수, 만두, 수제비, 떡 등이 있어 일상식의 상차림에서 주식이 된다. 또 발효식인 장을 만들어 음식의 간과 맛을 내는 조미료로 발달시켰으며, 호화시킨 곡물에 맥아를 첨가하여 당화시킨 엿을 만들어 모든 음식, 특히 과자에 없어서는 안 될 감미료가 되었다. 쌀 다음은 보리와 밀, 그 밖의 잡곡인 조, 콩, 메밀, 팥, 수수, 옥수수 등이 있다. 이러한 곡식들은 쌀이 없는 시기에 대용식이 되고 쌀과 잡곡을 섞어 먹음으로써 자연히 건강식을 하게 되었다. 잡곡은 주식 외에 떡, 묵, 장, 떡고물, 과자 등 다양한 곡물음식을 만드는 좋은 원료가 된다.

2) 주식과 부식이 명확히 구분되어 있고, 주식에 따라 찬을 구성하므로 완벽한 한 끼 식사가 된다

우리의 식생활은 주식인 밥과 여러 가지의 찬물을 부식으로 먹는 것이 일상적인 식사의 형태이다. 부식은 채소, 육류, 어류 등의 재료와 다양한 맛의 조미료로 조리법을 달리하여 여러 가지 찬을 마련한다.

기본적으로 수, 조육, 채소, 해조류로 국물음식인 국이나 찌개를 한 가지 하고, 그 밖의 찬물은 형편에 따라 다소(多少)를 정하여 밥과 같이 상에 차린다. 예전에는 궁중은 모든 지역의 산물이 한 자리에 집중되는 곳이라 고기음식 등 귀한 음식들이 많이 만들어지고, 농촌이나 일반 서민들은 제한된 환경조건과 넉넉지 못한 사정으로 물자를 구하기 힘들어 육류나 어류의 찬거리가 귀하여 채소로 만든 찬물이 많았다.

그리하여 소량의 동물성 식품의 섭취에서 오는 영양분의 부족을 콩으로 만든 장류와 두부 등 식물성 단백질로 보충했고, 또한 참기름, 들기름, 콩기름 등으로 식물성 유지류의 섭취로 열량과 영양분을 보충할 수 있는 방법이 모색되었다. 곡물 위주의 주식을 하게 됨으로써 부족하기 쉬운 영향의 균형을 맞추기 위해 다양한 찬이 만들어졌고, 주식과 부식은 별개로 발전하였다. 우리 일상식의 기본양식은 밥과 반찬으로 구성한 소위 주식과 부식의 구성체이다. 일상식의 음식 구성 원칙은 같은 식품과 같은 조리법이 중복되지 않도록 하는 것을 기본원칙으로 하여 여러 가지 식품과 여러 가지 조리법을 고르게 배합하는 것이다. 즉 균형 있는 영향섭취를 이룰 수 있도록 설정하였다.

3) 다양한 재료와 고유한 조미료를 여러 가지 조리방법으로 응용, 음식의 수를 늘렸다

곡류를 중심으로 구성된 주식은 밥, 죽, 국수, 만두, 떡국, 수제비류로 나뉘며 350가지 이상이 있다. 부식은 우리 음식의 반 이상을 차지하며 육류, 어류, 채소류, 해초류 등을 재료로 하여 국, 찌개, 찜, 전골, 구이, 전, 조림, 볶음, 편육, 나물, 생채, 젓갈, 포, 장아찌, 김치 등의 조리법으로 1,500가지 이상이 있다. 일상식 외에 떡, 과자, 엿, 화채, 차, 술 등의 기호음식은 우리음식의 1/4을 차지하며 800여 가지가 있다.

계절재료나 기후에 맞는 저장발효식과 저장식품인 장, 김장, 마른채소, 젓갈, 포를 미리 준비하는 것도 다양한 음식을 만들게 한 요인이 되었다. 지역적인 특성, 궁중이나 사찰의 의례는 다양하고 격이 있는 특별한 음식을 많이 만들게 했다. 통과의례에서의 상차림은 손님접대 음식과 기호식인 떡, 과자와 많은 수의 사람을 일시에 먹일 수 있는 유용한 단체음식인 국수장국, 비빔밥, 국밥 등도 만들게 했다.

4) 발효식인 장류를 음식의 간과 맛을 내는 기본으로 하고, 향신료인 양념은 색다른 감칠미를 주며 음식의 맛을 다양하게 만든다

음식의 맛을 내는 데는 여러 가지 조미료를 복합하여 쓰는데, 우리나라 음식의 대부분은 '갖은 양념'이라 하여 간장, 설탕, 파, 마늘, 깨소금, 참기름, 후춧가루, 고춧가루 등을 고루 넣는다. 이는 한국인이 식품 자체가 가진 맛보다는 식품재료에 여러 가지로 조미하여 어우러진 복합된 맛을 즐겨먹는 이유가 되었다. 반면, 곰국이나 영계백숙, 단순재료로만 해서 먹는 회나 구이 등은 소금, 후춧가루 등으로 단순하게 조미하여 담백한 맛을 즐겼다.

주식품에 함유된 성분에 영양적인 균형과 맛의 진미를 나타나게 하는 양념은 우수한 조리과학의 새로운 면을 보여준다. 양념은 발효식의 숙성을 돕고 질감을 상승시키며, 보존성을 향상하고 악취를 억제하며 감소시켜 우리 맛만이 가진 조화의 맛을 살린다. 특히 일상음식인 찬에는 깨와 참기름이 거의 다 들어가 좋은 지질을 섭취할 수 있고, 고소한 풍미와 윤기는 음식을 맛깔스럽게 보이게 하여 식욕을 돋운다.

5) 동물성 식품과 식물성 식품을 균형 있게 배합하여 하나의 음식을 만들고, 양념을 사용하는 조리방법이 과학적이다

주재료를 확실히 하면서 부재료를 쓴다. 고기가 주재료인 찜과 탕에는 채소, 버섯을 같이 쓴다. 궁중음식에서는 고기를 주음식으로 하거나, 고기가 들어가지 않은 음식에는 표고버섯을 같이 넣는다. 나물, 기름기인 깨와 참기름을 꼭 넣는 것도 그 과학적인 실례라 할 수 있다. 재료를 적당히 섞어 쓰고, 조미료와 양념을 알맞게 넣음으로써 우리 몸을 건강하게 하는 영양적인 기능과 상호 상승효과에서 전래음식이 얼마나 과학적인가를 알 수 있다.

조리하는 과정에서도 찌거나 끓이는 일차적 조리법이 많아 영양손실이 적어 식품이 가진 영양을 그대로 섭취하도록 했다.

6) 음식 각각에 의식동원(醫食同源)의 기본정신이 배어 있다

한국음식의 재료배합이나 조미료의 쓰임새는 의식동원(醫食同源)이나 약식동원(藥食同源), 즉 '입으로 먹는 음식이 몸에 약이 된다', '먹는 음식이 곧 약이 된다'라는 근본사상을 내재하고 있다.

『동의보감(東醫寶鑑)』에서도 병을 예방하고 치료하는 데는 식생활을 바르게 해야 함을 주장하고 있다. '음식이 바로 약이고, 음식을 바르게 먹는 것이 바로 의(醫)의 행위이므로, 병이 나면 음식으로 먼저 다스리고 다음에 약을 쓰는 것'이라고 하였다.

조선의 의학과 향약에 대한 국가시책은 가정의 식생활에까지 큰 영향을 끼쳐 양생음식, 보양음식으로 보편화시키고 민중의 식생활에 자리 잡게 되었다. 죽이나 떡에 율무, 마, 복령 등 한약재를 넣어 보양음식, 보신, 병후 회복식으로 먹게 했으며, 음료도 인삼, 생강, 대추, 계피, 오미자, 구기자 등 한약재를 쉽게 마실 수 있는 탕차로 만들어 먹었다. 술에도 한약재를 넣어 몸을 보하는 약용술로 만들어 반주를 하고, 무더운 삼복에는 인삼, 찹쌀, 마늘, 밤, 대추 등의 약재를 닭과 같이 푹 고아먹는 삼계탕과 같은 보신음식을 만들어 먹게 한 기술이 바로 의식동의(醫食同意)를 실천한 예라 할 수 있다. 일상의 음식에 꿀, 후추, 계피, 생강, 마늘이 양념으로 쓰이고 잣, 호도, 은행, 밤,

대추가 고명으로 쓰임은 적은 양이라도 매일 조금씩 자연스럽게 약으로 섭취되도록 한 예이다.

'양념'이란 말은 한문으로 藥念으로 표시하는데, 이는 여러 조미료를 쓸 때 '몸이 이로운 약이 되도록 염두에 둔다'라는 뜻이라 할 수 있다. 그리고 약과, 약식, 약주 등과 꿀과 참기름 등을 많이 넣어 맛을 낸 최상의 음식에 '약(藥)'자가 붙은 것을 보면 약식동원(藥食同源)의 근본을 더욱 잘 알 수 있다.

7) 세심한 음식의 기술을 정성이라 하여 맛을 우선으로 하고, 만물의 원리를 음양오행에 이치를 두고 오색의 재료와 오색고명을 사용하여 상대에 대한 극진함을 표현하며 멋을 낸다

한국음식 재료의 색은 오방색(흰색, 검은색, 녹색, 붉은색, 노란색)의 범위에 있다. 구절판과 신선로는 각각의 색을 따로 나타내어 한 그릇에 모아 아름답게 꾸미고, 잡채나 탕평채는 각각의 색을 섞어 쓴다. 한 가지 재료로 만드는 전이나 나물은 '삼색'이라 하여 한 그릇에 세 가지를 같이 담는다. 고사리, 도라지, 시금치나물을 같이 담거나 생선전, 호박전, 고기완자전을 같이 담는 것이 그렇다. 생채를 해도 소금, 간장, 고춧가루로 빛을 달리하여 한 그릇에 담는 법이 우리 음식의 색을 내는 법이고 멋이라 할 수 있다. 떡과 한과를 만들 때는 자연색을 내는 약재나 약초, 꽃, 꽃가루 등을 넣어 물을 들여 만드는데, 이 기술은 한국음식에서만 찾을 수 있는 음식의 멋내기이다.

음식에 대하여 멋을 과장되게 내지 않고 주음식을 돋보이게 하는 방법으로, 위에 오색의 고명이나 하얀빛의 깨와 잣을 뿌린다. 탕에는 달걀지단이나 푸른 파잎을, 국물김치에는 실고추를, 고기찜에는 지단을, 국수장국에는 오색고명채를 쓴다. 탕평채와 잡채에서도 오색고명을 쓰고, 나물에는 실깨를, 수정과와 식혜에서는 잣을 뿌리는 등 제대로 갖춘 음식이라면 당연히 고명을 올리는 것으로 되어 있다.

의례적 상차림인 고임상이나 큰상을 차릴 때는 색감을 가장 화려하고 다양하게 하여 높이가 있게 음식들을 무늬를 놓으며 쌓기 때문에, 예술적인 표현이 최고에 이른다.

8) 상차림에서는 조리법, 식사예절 등이 유교의 영향을 받아 어른공경을 우선으로 하는 쪽으로 발전했다

상차림법의 식단구성이 주식, 시간, 먹는 이에 따라 달라지며, 반가에서는 제사와 손님대접에 필수인 가향주가 있어야 하겠기에, 술담그는 솜씨와 술안주의 솜씨가 특출했다. 조상의 제사를 잘 지내고 집안에 오시는 손님대접을 잘하는 것이 옛 부인의 덕목이었으니, 여성들의 음식솜씨를 늘릴 수 있는 기회가 되었다. 지금도 집안대대로 이어받은 가전음식이 가장 맛있다고 평가받는다. 대가족제도에서 주부의 역할은 힘이 들었으나, 체계적인 식생활관리나 집안의 연중행사 준비는 음식솜씨를 지속적으로 발전하고 개발하는 계기가 되었다.

일상의 반상차림은 한 사람씩 차리는 외상차림이고, 반드시 어른이 먼저 수저를 들고 나서 아랫사람이 먹는다. 찬은 먹기 쉬운 형태로 다지거나 곱게 채를 썰어 조리하며 한입에 들어가도록 작게 만든다. 더욱이 독상에는 올라가는 찬그릇이 작아 음식도 작게 만들었다. 독상차림은 특별한 신분의 사람이 아니라면 식사 때 서빙을 하지 않으므로 상에서 잘라먹는 일이 없도록 했고, 가시나 뼈가 없게 세심하게 신경을 써서 만들었다. 상 위에 음식을 차리는 법도 먹는이가 가장 편한 자세로 먹을 수 있게 위치를 정하여 놓는다. 국물음식은 오른쪽에, 뜨거운 음식은 앞에, 신선하고 특별한 음식은 앞에, 밑반찬은 왼쪽에 놓는 방법이다. 수저를 상에 놓는 자리나 사용법, 음식을 먹는 순서, 식사의 예법도 엄격하다.

한국음식에 사회적으로 가장 영향을 끼친 것은 조선시대의 유교사상이다. 의례를 매우 중히 여겨 돌, 혼례, 회갑, 상례, 제례 등의 통과의례 행사에는 반드시 음식을 마련하며 의례의 의미를 새기고 차린 음식을 참여한 손님과 다 같이 나누어 먹음으로써 가족 간, 이웃 간 친화를 이루는 계기를 마련했다. 또한 새로 나온 먹거리나 음식은 조상에게 먼저 올리고, 그 다음에는 최고 어른, 가장의 순서대로 올려 집안의 계통을 바로 했다.

9) 명절식(名節食)과 시식(時食)의 풍습이 있어 민족의 동질감, 일체감을 갖고 나눔의 의미를 부여하는 공동식이 발달했다. 더불어 생활에서의 멋을 시식음식에서 찾았다

정월 초하루는 모든 한민족이 흰떡국으로 시작하여 무사안일과 복을 비는 날이며, 대보름에는 오곡밥과 묵은나물, 부럼을 먹어 무병하고 힘을 내어 일년을 일 잘하자는 날로 삼았다. 추석에는 결실과 수확의 기쁨을 조상께 감사하며, 서로 햇것으로 음식을 하여 나누어 먹으면서 기쁨을 나누고, 동지에는 팥죽을 쑤어먹어 나쁜 일이 생기지 않기를 기원하는 날로, 명절의 의미를 새기는 아직도 좋은 풍습으로 남아있다.

계절별로 산출식품이 달라 계절기후에 맞게 음식을 마련해야 했으므로, 우리의 음식에는 계절성이 확연하다. 제철에 새로 나오는 식품들로 계절음식인 떡, 음료, 탕, 반찬을 해서 자연의 변화를 삶의 여유로움으로 느끼며 살았다. 계절에 나오는 재료를 음식으로 해서 먹는 법은 자연의 순리에 맞추어 건강하게 잘 살 수 있는 방법이며, 정서를 순화하는 좋은 방법이다.

10) 다양한 지리적 조건에 맞추어 토속적인 민속음식이 많고, 지방 유림세력의 농장 확장, 향토의례의 주도, 향시는 고급의 향토음식을 만들어 정착시켰다

향토음식은 그 지역공간의 지리적·기후적 특성에서 생산되는 지역 특산물의 음식 소재를 가지고 그 지역에서만 전수되어오는 고유한 조리법으로 만들어진 음식이어서 어떤 전통음식보다도 가치가 있는 토속민속음식(土俗民俗飮食)이다. 즉 고장마다 전승되어 있는 세시풍속이나 통과의례 또는 생활풍습 등은 문화적 특질이 있을 뿐 아니라 향토음식에 미치는 영향적 의의도 크다고 할 수 있다.

토속음식에는 계절적이며 한 그릇으로 충분한 영양을 취할 수 있는 실속 있는 음식이 많다. 예를 들면 추어탕, 만두, 비빔밥, 아욱죽, 범벅, 민물매운탕, 순대, 콩비지 등이다.

각 지방의 유림에서의 제사에는 전통음식이 가장 잘 보존되어 있으며, 한 번에 많이 만들 수 있는 음식, 정성과 규모를 갖춘 음식을 만들었는데, 아직도 그대로의 음식법을 지켜오고 있다.

11) 농사에 의존한 식생활의 어려움을 해결하기 위해, 옛부터 구황식품과 구황음식이 발달하여 새로운 차원의 건강식이 되었다

모든 생활의 원천을 농사에서 찾는 한민족은 자연의 순환에 따라 풍년도 들고 기근이 들어 어려움을 겪기도 했다. 기후의 변동은 인력으로 조절할 수 없으므로, 국가에서는 가뭄이나 수해와 같은 천재를 예상한 농업시책과 구휼시책을 시행하였지만 한계에 이르면 어쩔 수가 없었다. 따라서 기근 시에 연명할 수 있는 방안을 적은 구황서를 발행하여 보급하였다. 『구황촬요』, 『구황벽곡방』에 수록된 구황용 식품으로는 주로 산야에 자생하는 식물의 어린잎, 어린싹, 열매, 뿌리, 나무껍질로, 산야에 자생하는 식용이 가능한 식물과 초목 등은 850여 종에 이른다. 현대에 와서야 솔잎, 칡, 마, 둥굴레, 느티나무, 복령 등의 초근목피 모두가 건강다이어트 재료로 각광을 받는 것을 보면, 이것 또한 한국음식이 가진 특징이다.

4. 한국음식의 시식과 절식

우리나라의 옛 풍습에는 일년을 통해 명절 때마다 먹는 음식이 있으며, 또 춘하추동 계절에 따라 나는 새로운 재료로 음식을 만들어 먹었다. 절식은 다달이 끼어 있는 명절음식이고, 시식은 춘하추동 계절에 나는 식품으로 만드는 음식을 통틀어 말한다. 일년 열두 달 한국의 세시풍속에 얽힌 음식을 알아보는 것은 우리 음식의 바탕을 아는 데에 큰 도움이 된다.

1) 정월

(1) 설날

우리나라에서는 고종31년(1819)부터 태양력의 사용을 권장하여 '신정'이라는 설이 생겨, 공공기관은 이를 지켜왔으나 일반 국민들은 백여 년이 지나도록 음력 '설날'을 그대로 사용하였다. 국가에서는 1989년부터 다시 음력 설날을 국정공휴일로 정하여 다시 음력설의 풍습이 성행하게 되었다.

① 정초다례 : 종묘나 가묘에서 제사지내는 것을 '다례'라 한다. 사당에는 부모, 조부모, 증부모, 고조부모까지 사대조의 신주를 모셔놓고 차례를 지내게 된다.

② 세찬 : 정초에 차례를 지내느라 만드는 음식과 세배 손님들에게 내는 음식들을 '세찬'이라 한다. 멥쌀가루를 쪄서 안반에 놓고 쳐서 끈기 나게 하여 길게 가래떡을 빚는다. 세찬의 종류로는 흰떡으로 떡국, 만둣국, 약식, 약과, 다식, 전과, 강정, 전야, 빈대떡, 편육, 족편, 누름적, 떡찜, 떡볶이, 생치구이, 전복초, 숙실과, 생실과, 수정과, 식혜, 젓국지, 동치미, 장김치 등이 있다. 그리고 정월 삼일의 절식은 당귀말점증병(승검초편), 꿀찰떡, 봉오리떡(두텁떡), 오리알산병, 삼색주악, 각색단자 등이 설날의 절식이다.

③ 길게 빚은 가래떡을 돈짝처럼 얇고 동그랗게 썰어 고기장국에 넣어 끓인다. 떡국을 끓일 때 예전에는 꿩고기를 많이 썼으나 지금은 소고기, 닭고기를 쓴다.

(2) 입춘

음력 12월 말이나 정월 초에 '입춘'이 오며, 봄이 시작되는 좋은 명절이다. 집집마다 '입춘대길(立春大吉)'이라는 봄맞이 글귀를 대문, 난간, 기둥에 써 붙인다. '입춘채(立春菜)'는 진산채라 하여 입춘 날이면 기협육읍(경기도 한양근처의 고을)에서 움파 산갓, 당귀싹, 미나리싹, 무싹 등으로 오신반을 만들어 진상하고 서로 선물을 주고받았다. 여기에 채반이라는 말이 나오고, 선물을 받았다는 말이 된 듯하다. 산갓은 초봄에 눈이 녹을 무렵 땅 속에서 움터 나오는 풀싹인데, 끓는물에 데쳐서 초장에 무치면 그 맛이 극히 맵고 고기를 먹을 때 매우 좋다. 신감채는 움에서 키운 당귀 싹으로 그 정하기가 은동곳 같아 꿀에 찍어먹으면 그 맛이 매우 좋다.

(3) 대보름

음력 정월 14일 저녁에 달을 보면 일년의 운이 좋다고 하여 달맞이를 하는데, 서울에서는 답교놀이를 한다. 오곡밥을 짓고 묵은나물을 마련하여 이웃이 서로 나누어 먹는다. 대보름의 절식은 약식, 유밀과, 원소병, 부럼 등이다.

① 약식 : 대표적인 절식으로, 으뜸가는 '약식'은 찹쌀에 대추, 밤, 참기름, 꿀, 진장을 버무려 거무스름하게 쪄낸 찰밥이다. 그 유래는 '삼국유사'에 보면, 신라 소지왕10년 정월 보름날 천천정으로 거동을 하셨는데, 난데없이 까마귀가 경고문을 전하고 날아가므로 즉시 환궁하여 역모하는 무리를 제거하여 무사하였다. 이를 연유하여 국속으로 상원일을 오기일이라 정하여 까마귀에 제를 지내게 하고, 특별히 약밥과 같이 특이한 음식을 대접하도록 하였다.

② 오곡밥 : '오곡밥'의 기원은 확실치 않으나, 서민들은 약밥은 사치스러운 음식이라 엄두가 나지 않으나 오곡밥을 지어서 이웃과 서로 나누어 먹은 듯하다.

③ 귀밝이술 : 대보름날 새벽에 데우지 않은 청주를 한 잔씩 나누어 마시면 귀가 밝아진다고 하여 '귀밝이술'이라 한다.

④ 부럼 : '부럼'은 생밤, 호두, 피잣, 은행, 엿, 땅콩 등을 새벽에 하나씩 깨물며, 축원하기를 "일 년 열두 달 무사하고 부스럼, 뾰루지 하나 나지 맙시다."라고 축사를 한다.

⑤ 상원채 : 전 해에 말려 갈무리해 두었던 묵은 나물들을 삶아, 나물을 만들어 오곡밥과 같이 먹으면서 여름에 더위를 이기고 건강하도록 축원한다. 박나물, 말린버섯, 외고지, 가지고지, 시래기 등의 아홉 가지 나물을 한다.

⑥ '복쌈'이라 하여 김이나 마제채 등으로 쌈을 싸먹는다. 밥을 싸는 것을 복을 싸는 것으로 비유한다.

⑦ 적두증병 : '적두증병(붉은 팥시루떡)'은 멥쌀가루나 찹쌀가루에 붉은 팥고물을 놓고 찐 떡으로 시루째 놓고 고사를 지낸다. 이를 '세시도신'이라 하여 정월보름뿐만 아니라 수시로 지내기도 한다. 이는 궁중이나 사가에서도 마찬가지이다. 고사제물은 돼지머리, 돼지다리, 소머리, 북어, 약주, 탁주, 백설기, 호초차, 삼색과실 등을 마련한다.

⑧ 동신제 : 민간에서는 일 년에 한 번 보름날 새벽에 동리에 안치한 동신에게, 동민들이 정서를 모아 제사지내고 연중 평온무사하기를 빌고 풍년을 기원한다. 제물은 술, 북어, 떡, 대추, 밤, 곶감 등을 제물로 바친다.

2) 이월

(1) 중화절

이월 초하룻날을 '중화절'이라 한다. 정조원년(1766)에 당나라의 중화절을 본떠서 농사일을 시작하는 날로 삼았다. 그리고 노비들에게 나이 수대로 송편을 나누어먹고 하루를 쉬게 했다. 그러므로 노비일 또는 머슴날이라 하였다. 아이 머슴들이 어른들에게 술을 한 턱 내고, 어른들은 인정받아서 어른들과 품앗이를 할 수 있게 되고 새경(곡식으로 따지는 연봉)도 어른과 같이 일 년을 작정한다.

① 노비송편 : 농가에서는 그 해 풍년을 비는 뜻에서 정월 보름날 세워두었던 벼가릿대에서 벼이삭을 내려 떡가루를 만들어 송편을 만든다. 큰 것은 손바닥만 하고, 작은 것은 달갈만 하게 만드는데, 소는 팥, 콩, 꿀, 대추 등을 넣는다.

② 시래기떡 : 김장철에 말렸던 시래기를 삶아서 양념하여 무쳐 송편의 소를 넣어 쪄먹으면 일년에 고약한 병과 액운을 면할 수 있다하여 액막이로 먹는다.

(2) 이월 상정일

이월의 첫 정에 해당하는 날에 문묘석전을 한다. 문묘란, 공자와 그 밖 명현의 위폐를 안치하는 곳이다. 소, 돼지의 희생을 쓰고 찐밥을 올리고 엄숙하게 진행한다.

① 천빙 : 이월 안에 길일을 택하여 태묘에 얼음을 천신한다.
② 나물 캐기 : 들나물, 고들빼기, 씀바귀, 소루장이, 물쑥, 달래, 냉이, 당귀 등 나물을 캐다가 봄의 향기를 맛보게 한다.

3) 삼월

(1) 삼짇날

3월 3일은 설날, 단오, 칠석, 중구와 더불어 다섯 명절의 하나로, 강남에 갔던 제비가 돌아온다는 명절이다. 그 유래는 신라 가락의 건국전설에 나오는 부의 개설 또는 국수 천대의 시기를 삼월초로 잡았다. 또 중국의 풍속을 따라 처음에는 상사일을 명절로 잡았는데, 후에는 초삼일로 고정하니 삼이 겹쳐서 중삼이란 명칭도 생겼다. 삼동을 꼭 갇혀 살다가 화창한 봄을 맞으니 해방된 기쁨을 만끽하는 명절이라고 본다.

이때 행사는 동류수에 나가서 불계의 종교의식을 행한다. 모든 '묵은 때를 털어버린다'는 뜻이다. 들판에 나가 무성한 풀을 밟고 새로운 생명을 반기며 풍류를 즐기는 인사들은 냇물가에 모여서 유상곡수연을 벌인다. 이 고적이 경주 포석정에 남아있다. 조선시대에도 조정에서는 기로회를 교외에 나가서 베풀었다. 중삼절에는 두견화전, 화면, 수면을 천신한다. 또 여염집에서는 부녀자들이 약수를 먹으며 다닌다.

삼짇날의 절식은 청주, 삼색견과, 육포, 어포, 절편, 녹말전, 조기면, 진달래화전, 화면, 진달래화채 등이다.

① 꽃다림 : 새싹이 나고 꽃이 피는 삼월에 노인, 장년, 청년, 부인, 아이들이 모두 조를 짜서 산과 물이 있는 곳을 찾아가 하루를 즐기는 것이 '꽃다림'이다.
② 시작과 향음주례 : '강남 갔던 제비가 다시 돌아온다'는 날 서생이나 유생들은 술과 고기를 마

련하여 풍치 좋은 산장이나 흐르는 물에 나가 청유하고 시작을 개접하던 풍습이 있었다. 즉 봄학기가 시작되는 개학날과 같다. 한량들은 삼월이 되면 마을의 일정한 곳에 모여서, 나이의 차례로 착석하여 그 가운데 한 사람이 앞에 나와 서문을 낭독한다. 모두 숙연히 듣고 이것을 마치면 재배하고 음식을 먹으며 즐긴다. 이것을 '향음주례'라 하고, 가을철에도 같은 행사가 있다.

③ 화전 : 꽃전은 진달래꽃과 참꽃을 따서 꽃술을 빼고 찹쌀가루를 반죽하여 꽃을 붙여서 지져, 먼저 가묘에 천신하고 모든 사람이 즐겨먹는다. 궁중에서는 찰전병에 하나씩 붙여 예쁘게 지지고, 통영에서는 '참꽃지짐'이라 하여 찹쌀가루를 물에 풀어 꽃을 듬뿍 넣어 소담하게 부친다. 조선시대 궁중에서는 왕과 왕비가 후원인 옥류천에 나가 진달래꽃을 따서 화전놀이를 즐겼다고 한다.

④ 화면 : 오미자 화채에 건지로 진달래꽃을 띄우는 풍류가 넘치는 음료이다. 오미자를 찬물에 담가 우려내면 빛이 빨갛고 신맛이 나는데, 이에 꿀을 달게 타서 진달래꽃의 꽃술을 빼고 녹두녹말을 묻혀 끓는물에 넣어 살짝 익혀 건져서, 오미자국에 잣 몇 알과 같이 띄우면 맛과 색깔이 매우 훌륭하다. 역시 가묘에 천신한다.

⑤ 수면, 청면 : 두견화가 피기 전 이른 봄에는 화채감이 마땅한 것이 없다. 이때 녹두녹말을 만들어 홀홀 풀어서 놋쟁반에 한술 떠 얇게 펴 끓는물에 중탕하며 익히다가, 반만 익으면 더운 물속에 아주 담가 말갛게 다 익힌다.

(2) 한식날

한식날은 '청명절'이라고도 하며, 동지부터 105일째 되는 날이다. 성묘는 일 년에 네 번으로 정조, 한식, 단오, 중추를 지키는데, 한식과 추석을 가장 잘 지킨다. 제물은 술, 과실, 포, 식혜, 떡, 국수, 탕, 적 등이다. 중국에서는 한식을 '냉절'이라 하는데, 그 유래는 다음과 같다. 중국의 춘추전국시대에 '개자추'라는 신하는 진나라의 문공이 공자로서 망명생활을 할 때에 19년 동안 모셨지만, 문공이 귀국한 후 봉록을 못받고 오히려 간신으로 몰려 면산에 숨어있었다. 문공이 뒤늦게나마 잘못을 뉘우치고 산에서 나오기를 아무리 권하여도 나오지 않으므로 부득이 산에 불을 질렀다. 그는 그래도 나오지 않고 늙은 홀어머니와 함께 버드나무 아래서 타죽었다. 그래서 이날을 대문에 버드나무를 꽂기도 하고, 개자추의 죽음을 마음아파 하여 불을 쓰지 않고 찬밥을 먹으니 '냉절'이라고 하게 된 것이다. 그리고 곡우절은 농가에서 묘판을 만들기 시작할 무렵이고, 강이나 바다에서 생선들이 맛이 있어 이 시기의 시식으로 꼽힌다.

(3) 춘절시식

① 탕평채 : 만춘에 녹두포루를 제육, 미나리, 김을 넣고 초장으로 무치면 맛이 좋아 이름을 '탕평채'라 한다.

② 수란 : 달걀을 끓는물에 넣어 반숙하여 초장으로 먹으면 맛이 매우 좋다. 이것을 '수란'이라 한다.

③ 웅어와 소어 등 어물 : '웅어'는 한강 하류에서 잡힌다. 회로 먹으면 좋고, 궁에서는 웅어 감정 조치를 만들어 상추쌈에 싸먹는다. 안산 군자만에서 소어는 속명 '차어'라 한다. 황저합, 석수어로 국을 끓인다. 곡우절 전·후 3일은 공미리가 한창이고, 경기도 일대와 서울로 들어오는 연평도 조기는 이때 가장 기름이 오르고 맛이 있다.

④ 하돈 : '하돈'은 복숭아꽃이 떨어지기 전에 미나리를 넣고 유장으로 국을 끓이면 매우 맛이 훌륭하다. 그러나 복어는 그 독이 매우 무섭다.

⑤ 도미어 : '도미'는 찜을 하여 승기악탕이라 이름지었는데, 이때 가장 좋은 음식으로 친다.

⑥ 서여 : '서여'는 쪄서 꿀을 찍어먹는다. 생실과 접시에 함께 어울린다.

⑦ 과하주와 사마주 : 술집에서는 '과하주'라 하여 소국주, 두견주, 도화주, 송순주가 유명하고, 여름에 마시면 좋다. 술 중에 '사마주'는 말날마다 네 번을 거푸 담는 술이므로 한 봄이 지나야 익는데, 일년이 지나도 맛이 상하지 않는다고 한다.

⑧ 환병과 산병 : 멥쌀로 만든 흰떡으로, 방울떡을 팥소를 넣고 만들어 오색빛을 찍어 다섯 개를 염주처럼 꿰어 만든 것을 '환병'이라 한다. 또 청·백·분홍색 등 반달형으로 만드는 떡을 작은 것은 다섯 개, 큰 것은 두 개 또는 세 개를 잇대어 붙인 것을 '산병'이라 한다. 지금의 개피떡과 같다. 오색떡을 크게 만든 것은 '마제병'이라 한다. 또 찹쌀가루에 대추를 넣고 찐 시루떡도 춘절의 시식으로 여긴다. 서울의 장안에서는 남산골에서 좋은 술을 빚고, 북촌에서 좋은 떡을 잘 만든다 하여 '남주북병'이라 한다.

⑨ 봄채소 : 채소장수는 햇배추를 사라고 외치고, 청근상은 햇무를 사라고 외치며 다닌다. 모두 시식으로 손꼽히는 것이다.

4) 사월

(1) 초파일 연등절

석가모니의 탄생일이라 하여 이날 저녁에 연등하여 경축한다. 중국의 연등회는 정월 15일이지만 우리나라는 고려시대부터 4월로 옮겨졌다. 이날은 손님을 청하여 증편, 삶은콩, 미나리강회,

느티잎시루떡 등의 소찬으로 차린다.

(2) 초여름의 시식

사월의 절식은 느티잎을 쌀가루에 섞어 만든 설기떡인 유엽점증병, 녹두찰떡, 쑥편, 화전, 청홍주악, 석이단자, 국수비빔, 양동구리, 해삼전, 준치만두, 차돌박이편육, 신선로, 도미찜, 웅어회, 도미회, 미나리강회, 기련수정과, 순채화채, 청면, 제육편육, 생실과, 숙실과, 햇김치, 장김치 등이 있다.

① 천렵 : '천렵'을 시작할 만큼 물이 따뜻해지니, 물고기를 잡아서 천변에서 지져먹는 재미가 매우 좋다.
② 증편과 개피떡 : 떡가루를 술로 반죽하여 부풀려서 찐 떡이다. 예전 서울의 떡장수들은 이때에 '증편'을 이고 집집마다 팔러 다녔다고 한다. 주로 청·백색인데, 푸른빛은 당귀잎을 가루로 만들어 넣는다. '개피떡'은 흰색과 쑥을 넣은 푸른색으로 팥소를 넣어 반달형으로 만든다. 찹쌀가루에 대춧살을 섞어 증병도 만든다.
③ 화전 : 초여름 '화전'은 황색장미를 찹쌀가루에 섞어서 기름에 지지면 맛이 있다. 이것을 '유전'이라고도 한다.
④ 어채 : '어채'는 생선을 가늘게 썰어 녹말을 입혀 데치고 오이, 국화잎, 익힌전복, 달걀지단 등을 곁들여 담는다. 생회와 마찬가지로 초고추장에 찍어먹는다. 익었으니 '숙회'라고도 한다.
⑤ 어만두 : '어만두'는 흰살생선을 큰 조각으로 뜨고, 고시소를 넣고 만두 모양으로 만들어 쪄서 초장을 찍어먹는다.
⑥ 미나리강회 : 미나리와 실파를 삶아서 강회로 말아 초장에 찍어 술안주로 한다.

5) 오월

(1) 단오

단오날에는 부녀자들이 창포뿌리를 머리에 꽂거나 창포 삶은 물에 머리를 감는다. 떡에 취를 이겨서 넣어 녹색이 나게 만들어 수레바퀴 모양으로 문양을 찍어내어 '수리취떡'이라 하니, 단오날을 '수릿날'이라고도 한다. 조선시대 말기까지만 해도 4대명절의 하나로서 '단오차례'를 지내기도 했다. 『성호사설』에서는 주악, 증편, 수단이 단오절의 절식으로 되어있으나, 지금은 중요하지 않다고 여긴다. 『목은집』의 시에는 "창포배금 술잔에 창 꽃이 떠있다"는 구절을 통하여 창포주가 고려시대의 단오절식이었다는 것을 알 수 있다. 그리고 조선시대의 궁중에서는 내의원에서 제호탕을 만들어 임금님께 진상하면, 기로소(연로한 공신들이 모이는 곳)로 하사하신다.

단오날 오시에 쑥과 익모초를 뜯어 응달에 말려 일년 내내 약용으로 쓴다. 그리고 정오에 대추나무가 있는 집에서는 '대추나무 시집보내기'라 하여 대추나무 두 가지 사이에 돌을 끼워놓는다. 이렇게 하면 대추가 많이 연다고 한다. 단오의 절식은 수리치떡, 알탕, 준치만두, 앵두화채, 제호탕, 생실과 등이 있다.

① 수리취떡, 애엽고, 차륜병 : 수리취를 데쳐서 쌀가루 찐 것에 섞어 잘 찧어서 차지게 하여 차바퀴 모양의 떡살로 문양을 낸 절편이다. 쑥을 데쳐서 넣은 것은 애엽고이다.

② 제호탕 : 이것은 약이면서 청량음료에 속하는 것이니, 단오절부터 여름 내 시원한 냉수에 타서 마시면 더위를 타지 않고 건강하게 지낼 수 있다고 한다. 약재의 분량은 백청 일두, 오매말 십량중, 백단향 팔돈중, 축사 사돈중, 초과 삼돈중이다. 만드는 법은 모든 약재를 고운 가루로 만들어 백청을 끓이면서 함께 넣는다. 한소끔 끓여서 백항아리에 퍼 담아놓고 사용한다. 먹을 때는 냉수에 몇 숟가락씩 적당히 타서 마시면 가슴 속이 시원하고 그 향기가 오래도록 가시지 않는다. 요즘 많이 마시는 탄산음료보다 몸에 이롭다.

(2) 종묘천신

태묘에 대맥, 소맥, 오이를 초복날 천신하고 나서 먹는다.

(3) 장 담그기

전해에 만든 메주를 소금물에 담그는 행사를 하는데, 신일에는 다른 일도 꺼리지만 더욱이 장 담그기를 삼간다.

6) 유월

(1) 유두(流頭)

유월 보름을 '유두'라고 하는데, 대개 신라의 옛 풍습을 따른다. 동으로 흐르는 냇물에 머리를 감고 모든 부정을 다 떠내려 버린다. 또 '유두연'이라 하여 산골짜기나 경치 좋은 물가를 찾아가 술을 마시고 즐긴다. 하루 청유하고 시를 짓는 것이 옛날부터 내려오는 풍류놀이라 할 수 있다. 유두의 절식은 편식, 봉선화 화전, 감국 화전, 색비름 화전, 맨드라미 화전, 밀삼, 구절판, 깻국탕, 어채,

복분자(산딸기) 화채, 떡수단, 보리수단, 참외, 상화병 등이 있다.

① 유두면 : 밀가루로 구슬을 만들어 오색으로 물감칠을 하여 세 개씩 꿰서 매어, 사람이 차고 다니거나 문설주에 매달아놓으면 액을 면한다고 하였다.

② 유두천신 : '유두천신'은 밀국수, 밀떡, 참외 등 햇과일을 가묘에 바친다. 또 수수피 나락을 가묘에 바치는 일을 천곡이라 하였다. 또 보리로 단술을 빚어 바치기도 한다.

③ 수단과 건단 : 멥쌀가루를 흰떡처럼 쳐서 가늘게 비벼 구슬처럼 뗀다. 이것을 찬 꿀물에 넣어 먹는 것을 '수단'이라 하여 옛날에는 다례에도 썼다. 경단을 만들어 꿀물에 넣지 않은 것을 '건단'이라 하고 찹쌀가루로도 한다. '천보유사'에 전하기는, 궁중에서는 매년 단오에 분단을 만들어 금반에 놓고 소각궁으로 쏘아 맞힌 자가 먹게 되어 있다. 분단은 매끄러워서 쏘아 맞히기가 어려웠다고 한다. 수단은 중국에서 단오일에 베푸는 것인데, 우리나라에도 옮겨져 유두에 만들게 되었다.

④ 연병과 밀쌈 : 연병은 밀가루를 기름에 지져 오이 등의 나물소를 넣거나, 콩과 들깨를 꿀로 합하여 소를 넣는 것이니 지금의 밀쌈과 같은 것 같다. 밀쌈은 오이, 고기, 버섯 등을 가늘게 채썰어 볶아 얇게 부친 밀전병에 싸서 먹는다.

⑤ 편수 : 밀가루를 반죽하여 얇게 밀어 손바닥만 하게 만들어 호박이나 오이를 잘게 썬 것과 소고기, 돼지고기를 한데 양념하여 소로 넣어 빚어 짜낸다. 초장을 찍어먹는다.

(2) 삼복

초복과 중복, 말복을 합하여 '삼복'이라 한다. 복날에는 더위를 피하여 산수 좋은 곳을 찾아가 시를 짓고 술을 마시며 찬물에 발을 담그고 하루의 더위를 잊는다. 삼복의 시식으로 깨찰떡, 밀설고, 주악, 규아상, 편수, 육개장, 깻국탕, 김칫국 냉면, 영계찜, 어채, 떡수단, 산딸기 화채, 생실과, 장김치, 열무김치, 수박 등이 있다.

① 복죽 : 복날은 붉은 팥과 쌀로 죽을 쑤어 더위를 이기는 음식으로 삼았다. 이것은 열병을 예방하는 주술적인 의미가 있다.

② 구장 : '구장'의 시초는 중국 진나라 때 개를 잡아서 네 문에 매달아 액을 막는 주술로 삼았다. 이 풍습이 우리나라에서는 개를 삶아서 매운양념으로 먹으니 하절의 시식이다. 맵게 만든 구장을 땀을 내며 먹으면 더위를 물리치고 보한다고 전해진다.

③ 육개장 : 개고기가 식성에 맞지 않는 사람을 위해 소고기로 끓이는 국을 '육개장'이라 하여 역

시 주술의 뜻을 가지고 있다.

④ 사빙 : '사빙'이란, 궁중의 유월 중순에 기로소와 각 관아에 얼음을 나누어준다. 얼음표를 받아 동서 장빙고로 얼음을 타러 간다.

7) 칠월

(1) 칠석(七夕)

칠월칠석의 밤은 견우직녀별이 만나는 날로 칠석으로 지켜진다. 부녀들이 길쌈과 바느질을 관장한다는 직녀에게 기원한다. 마당에 바느질 차비와 맛있는 음식을 차려 놓고 "길쌈과 바느질을 잘하게 해주십시오."라는 축원을 한다. 이날은 집집마다 옷과 책을 볕에 쪼이는 습관이 있다. 칠월의 절식으로 밀전병, 증병, 육개장, 게전, 잉어구이, 잉어회, 복숭아 화채, 오이소박이, 오이깍두기 등이 있다.

(2) 백중(칠월보름날)

7월 15일 중원 때에 여염집에서는 달밤에 채소, 과일, 술, 밥을 차려놓고 어버이의 혼을 부른다. 불가에서는 먼저 세상을 떠난 망혼을 천도하는 우란불공을 드린다. 도가에서는 이날을 천상의 선관이 일 년 세 번씩 인간들의 선악을 기록하는 때를 원이라 하여 정월보름은 상원, 칠월보름은 중원, 시월보름은 하원이라 하고, 이 삼원에는 제사지내는 풍습을 이어받는다. 여염집 사람들은 모여서 주연을 베풀며 즐기고 씨름, 팔씨름으로 내기를 하며 논다. 그리고 이른 벼를 가묘에 천신한다.

(3) 하월시식

① 깻국탕 : 영계를 푹 고아서 그 국물과 볶은 깨를 갈아 밭여서 합한 깻국에 미나리초대, 달걀지단, 등골전, 오이, 버섯 등을 넣은 차가운 냉국이다.

② 밀국수 : 밀가루로 국수를 만들어 깻국과 닭국을 합한 백마자탕에 말아서 먹으며, 웃기로 호박과 닭고기를 얹어먹는다. 또한 미역을 닭국에 끓이고 밀국수를 말아서 먹고, 궁중에서는 정월에 남겨둔 흰떡을 다시 불려 떡국을 끓여먹는다. 그리고 더위를 이긴다고 겨울음식을 여름에 먹는다.

③ 계삼탕 : 닭을 잡아 뱃속에 인삼, 대추, 찹쌀을 넣어 고아서 먹으면, 여름에 큰 보식이 된다.

④ 호박과 민어 : 호박과 돼지고기와 흰떡을 합하여 푹 찐다. 마른 민어대가리를 한데 넣기도 한다. 그리고 호박을 썰어 밀가루를 묻혀 기름에 지진다.

⑤ 수박, 참외 등 여름과일 : 참외를 더위에 먹는 과일 중 일품으로 친다. 여름은 먹을 것이 가장 흔할 때이다.
⑥ 채소 갈무리 : 칠월 하순에는 박고지와 호박고지를 켜서 말리고, 오이와 가지를 소금에 절여서 간수한다.

8) 팔월

(1) 추석(秋夕, 가위)

'가위'라 하여 설과 함께 가장 큰 명절로 삼는다. 가래라 하는 것은 신라에서 팔월 중추를 모방한 것으로, 백물이 성숙하여 '가절'이라고도 한다. 추수가 한창이라 햇곡식이 풍성하니 인심도 후해지고 이웃과 서로 도와 즐기는 계절이다. 넉넉지 못한 민가에서도 쌀로 술을 빚고 닭을 잡아서 찬을 만들며 과실 등을 차리고, "가하지도 감하지도 말고 늘 한가위 날 같기만 하여라."라고 하였다. 부녀자들은 근친가기를 허락받고 떡, 고기, 술 등을 들고 친정에 다니러 간다.

(2) 추석 다례

조상에게 신곡주를 빚고 삼색, 햇과일을 따며 포와 적을 만들고, 송편, 반단자, 토란탕을 제물로 차린다. 팔월의 명절음식은 송편, 반단자, 갖은 나물, 토란탕, 가리찜, 닭찜, 배화채, 밤, 대추, 사과, 배, 감 등이 있다.

① 송편 : 햅쌀을 빻아 더운물로 반죽하여 햇녹두, 청대콩, 깨 등을 소로 넣어 송편을 빚는다.
② 토란 : 토란이 많이 나는 철이므로, 곰국에 토란을 넣고 삶아서 고물을 묻혀 토란단자를 만든다.
③ 도라지, 햇버섯, 고기 등을 꼬치에 꿰어 화양적을 만들거나 옷을 입혀 지짐누름적을 만든다.
④ 닭찜 : 닭이 살이 올라 맛있는 시기이므로, 닭으로 찬을 많이 하며 특히 닭찜을 한다.

(3) 추수

농가에서는 수수이삭을 따고, 밤을 털어 황률로 말린다. 물고추도 부지런히 말리고, 참깨와 들깨도 털고, 녹두꼬다리도 딴다. 굳은 박은 따서 박을 켜 바가지를 만들고, 산에서 머루, 다래도 따온다. 농가에서는 수확의 재미도 있고 바쁘기가 이를 데 없다.

9) 구월

(1) 중구

삼짇날에 강남에서 온 제비가 다시 떠나는 날이다. 황국전을 지져서 가묘에 천신하고, 농가에서는 추수가 한창이다. 제주도로 귀양 간 추사 김정희의 시 속에는 '남쪽 섬에는 중구에 황국이 없어서 호박떡을 만들어 먹으면서 망향을 달랜다.'는 구절이 있다.

(2) 구월 절식

구월의 절식으로는 감국전, 밤단자, 유자화채, 생실과 등이 있다.

① 각색떡 : 물호박시루떡, 무시루떡, 밤고물단자, 대추인절미 등을 만든다. 인절미의 고물은 검은콩가루, 노란콩가루, 깻고물 등 여러 가지로 한다. 밤단자와 토란단자도 만든다.

② 황계백숙 : 살찐 황계는 백숙을 하고, 달걀은 젓국찌개를 하며 배춧국에 무나물을 볶고 고춧잎과 깻잎장아찌를 한다.

10) 시월

(1) 농공제

시월 첫날에 단군께 제사지내는 것은 상고시대부터 내려오는 풍습이고, 추수감사를 조상께 드리는 것이다. 이날의 제물은 대증병, 신도주, 신과로 제물을 삼는다. 온 부락민이 다 모여 제사지내고 음복을 마음껏 한다. 아무리 먹어도 탈이 안 난다고 한다.

(2) 무오일

오일은 말의 날인데, 신곡으로 붉은 팥고물을 놓아 시루떡을 만들어 마굿간에 갖다놓고 말이 잘 크고 무병하기를 빈다. 오일 중에도 무오일이 가장 좋다하여 무당이 성주굿을 하고 다닌다. 햇곡식으로 술을 빚고, 붉은팥시루떡을 바치고 빈다.

(3) 묘제

가제로 집에서 모시는 사대조보다 위의 조상들, 즉 오대조부터 시조까지 분묘 앞에서 묘제를 지낸다. 지금은 일 년에 단 한 번으로 줄어서 '세일사' 또는 '시제'라고 한다.

(4) 강신날

서로 친목을 위주로 모이는 것을 '강신'이라 하여 계로 상호 부조하는 풍속이 내려오고 있다. 이 모임에는 술, 떡, 소고기, 돼지고기, 메밀국수 등을 회식하면서 즐긴다.

(5) 시월 김장

삼동에 먹을 채소는 오직 김장에 의존한다. 가정의 행사로서 매우 중요한 것이다. 점점 김장의 규모가 작아지고 있으나, 여전히 우리의 식생활에는 절대적으로 필요한 음식으로 매 해 김장을 마련한다.

(6) 시월 절식

시월 절식은 무시루편, 무오병(고사떡), 신선로, 감국화전, 유자화채, 난로회, 만두, 강정 등이다.

① 난로회 : 민가에서는 이달부터 추워지면 큰 화로를 둘러싸고 앉아 전철을 걸고 고기를 볶아 먹는데, 이를 '난로회'라 한다. 육류와 채소를 볶으면서 가운데 장국이 끓으면, 달걀을 깨어 넣고 반숙으로 익혀 먹으며 즐기는 것이 시식이 되었다.

② 신선로 : 신선로는 화로와 냄비가 붙은 형식의 그릇을 이름지어 '신선로'라 하였고, 이 그릇에 갖가지 고기와 채소를 예쁘게 꾸며 담고 장국을 끓여먹는 음식을 '열구자'라 하였다. 지금은 두 가지를 다 음식의 이름으로 쓰고 있다.

③ 연포탕 : 두부를 가늘게 잘라 꼬치에 꿰어 기름에 부쳐 닭고기를 섞어 국을 끓인 것으로, 여기서 포는 두부를 가리킨다.

④ 밀단고 : 찹쌀가루로 동그란 떡을 만들어 삶은 콩을 꿀에 섞어 발라서 붉은색이 나게 한 떡이다.

11) 동짓달

(1) 동짓달 천신

청어 등의 생선과 유자, 감귤 등의 과실을 태묘, 가묘에 바치고 나서 모든 식구들이 맛을 본다.

① 청어, 전복, 대구의 천신 : 청어가 옛날에는 흔하여 '가난한 선비가 이것을 사먹었다'고 하여 천한 고기로 불렸다. 그래서 별명을 '비유어'라 하니 선비를 살찌운다는 뜻이다. 그러나 일제 말기에는 매우 찾기가 힘들어 귀한 고기가 되었는데, 근래에는 비웃이 많이 잡히기 시작하여

좋은 반찬이 되고 있다. 옛날에는 통영과 해주가 가장 많이 나던 곳이었으며, 통영에서 잡는 생전복과 대구는 궁중으로 진상하여 올린다.

② 유자, 감자의 천신 : 제주목사는 감자(귤), 유자, 황감자 등을 궁중으로 진상하게 되고, 왕은 이것을 태묘에 먼저 바치고 나서 먹었다고 한다. 또 신하들에게도 고루 나누어 주었다.

(2) 메주 쑤기

햇콩을 며칠씩 계속하여 쑤어 메주로 찧어 꾸득꾸득 말렸다가, 짚으로 싸 매달아 띄워 일년 장을 담글 준비를 한다. 돌아오는 정월에 장을 담글 때까지 손질을 자주하여 잘 띄운다.

(3) 겨울의 시식

① 냉면 : 메밀국수를 동치미국물에 말고 배추김치, 삶은 돼지고기 등을 얹어 추운겨울에 차가운 냉면을 즐긴다. 평양냉면이 유명하다.

② 비빔국수 : 메밀국수나 밀국수를 배, 밤, 소고기, 돼지고기 등과 합하여 기름간장으로 비빈 국수이다.

③ 수정과 : 생강을 달인 물을 달게 하여 곶감과 잣을 넣은 찬 음료이다.

④ 동침 : 작은 무를 통째로 국물을 많이 잡고 심심하게 담는 동치미를 말한다.

12) 선달

(1) 납일

동지를 지내고 세 번째 미일이 '납일'이다. 종묘사직에 사냥해 온 멧돼지나 산돼지를 제물로 쓴다. 이를 '납향'이라 한다.

① 납육 : 납일에는 수렵을 해금하고 있는 시기이고 맛이 좋다. 항간에서는 황작(참새)을 잡아서 노인, 아이들, 약한 사람에게 구워 먹이면 큰 보가 된다고 하여 다투어 새를 잡았다. 특히 마마를 앓는 아이들에게 이롭다 하여 약으로 먹였다.

② 납설수 : 납일에 내린 눈을 거두어 큰 판에 모아서 녹여 밥을 지을 때 장, 술, 김치를 담그는데 쓰면 벌레가 안 난다고 하였다. 눈녹은 물은 증류수와 같아서 귀하게 쓰였다.

③ 납약 : 궁중에서는 청심환, 안심환, 소합환 등의 환약을 만들어 임금님께 진상하는 약을 '납약'이라 한다. 임금은 이를 근신이나 지밀나인들에게 나누어 주었다.

(2) 대회일

선달그믐은 모든 것을 다 마무리하고 고요한 마음으로 새해를 맞이한다고 하여, 이날밤을 '제야'라 한다.

(3) 세찬

예전부터 세모(歲暮)를 맞으면 친척어른과 친지 간에 서로 성의껏 선물을 주고받는 풍습이 있어 이것을 '세찬'이라고 한다. 세찬은 지방의 토산물이나 아니면 떡쌀, 술쌀, 두부콩, 메밀쌀, 세육으로 소고기, 꿩고기, 북어, 참새가 쓰이고, 과품으로 밤, 대추, 곶감, 엿강정 등을 선사하였다.

(4) 십이월 절식

① 납평전골 : 산짐승, 산새고기 등을 사냥한 것으로 전골을 만든다.

② 선달 그믐날의 절식 : 골무병, 주악, 잡과, 떡국, 갖은 전골, 전과, 식혜, 수정과, 장김치, 보쌈김치, 비빔밥 등이 있다.

5. 한국음식의 상차림

1) 상차림의 변천

상차림의 유형은 그 시대의 정치·경제·문화의 유형이나 체제의 영향이 크고, 한편으로는 의복이나 주거의 연계성이 크다. 한국음식 상차림의 변천과 조선시대의 정립된 유형을 설명하면 다음과 같다.

(1) 상고시대

고구려 벽화에서 추정하면, 우리나라 상고시대의 상차림은 입식차림이었다. 다리가 긴 탁자형 상에다 음식을 차리고 의자에 앉아 식사하였으며, 음식을 담는 기면에는 고배형(苦杯型)의 그릇이 많이 쓰였다고 생각된다. 6세기경의 고분인 '금령총(金領塚)'에서 출토한 기명에 장경호, 합, 뚜껑 있는 고배, 뚜껑 없는 고배 등이 있다. 이 중 합은 밥그릇이고 고배는 찬물의 그릇, 장경호는 술병으로 쓰였을 것으로 추정하고 있다.

(2) 고려시대

『고려도경』에는 개경에 개설한 객관에서 접객을 할 때 "상객에게는 5상, 중객에는 3상, 하객에게는 연상을 차린다."고 기술되어 있다. 또한 연회의 모습을 말한 글 중에서 "왕공·국관은 상탁(牀卓)과 반찬(盤饌)을 사용하되, 관리나 사민은 좌상(座床)만을 쓴다. 접객을 할 때 여러 가지 음식을 많이 하고, 매 상에는 객이 2인씩이고 객의 수가 많으면 상을 늘린다."고 기록하고 있다.

이같은 기록으로 미루어 볼 때, '테이블' 같은 상탁 위에 음식을 담은 쟁반을 놓아 상차림을 한 것으로 해석되고, 상객일수록 음식을 담는 반수(盤數)가 많았으며, 하객인 경우에는 좌식상에다 두레상처럼 연상을 차린 것이다. 그러나 연회에서는 한 상에 2인씩 마주앉고, 상 위에는 여러 가지 음식을 많이 차렸다.

(3) 조선시대

조선시대에 와서 상차림이 '좌상식'으로 고정되었다. 그러나 궁중에서 행한 의례와 제례의 상차림에는 옛날부터의 풍습에 따라 상탁을 사용하였다. 한편 반상, 큰상을 위시하여 여러 가지 상차림의 격식이 정립된다. 조선시대의 정립된 상차림은 유교이념을 근본으로 한 가부장적 대가족제도가 크게 반영되어 있고, 음식을 담는 기명도 상차림에 따라 대체로 규격화되었다.

2) 상차림의 종류

상차림은 한 상에 차려놓은 찬품의 이름과 수효를 말하는데, 그 규모는 그 음식 대접이 어떤 뜻을 가졌는가에 따라 정해진다. 예를 들면, 돌상이라 하면 아이의 앞날을 축복하여 아이의 부모가 자녀의 복을 기원하는 마음으로 백미 한 사발(양식), 국수(수명) 한 대접, 대추 한 접시(자손번영) 등을 차린다. 길사(吉事)에는 기쁨을, 제사에는 조상을 추도하는 뜻으로 어른이 생전에 드시던 음식을 푸짐하게 차린다. 예를 들면, 생일상, 회갑상, 혼인상, 제상, 차례상, 고사상, 들놀이상, 회전놀이상 등이 있다.

(1) 초조반상(아침상)

새벽자리에서 일어나 처음 먹는 음식은 부담 없는 가벼운 음식이어야 한다. 응이, 미음, 죽 등의 유동식을 중심으로 하고, 여기에 맵지 않는 국물김치(동치미, 나박김치)와 젓국찌개와 마른찬(암치보푸라기, 북어보푸라기, 육포, 어포) 등을 갖추어 낸다. 죽은 큰 그릇에 담아 중앙에 놓고, 오른편에는 공기를 놓아 조금씩 덜어먹게 한다. 죽상에는 짜고 매운 찬은 어울리지 않는다.

(2) 반상(飯床), 수랏상

반상은 밥상, 진짓상, 수랏상을 구분하여 쓰는데, 받는 사람의 신분에 따라 이름이 달라진다. 아랫사람에게는 밥상, 어른에게는 진짓상, 임금에게는 수랏상이라 부른다. 이 상들은 밥과 찬품을 차리는 형식이고, 규모는 정해져 있으나 형편에 따라 찬품수는 최하 3품으로부터 12품으로 하여 3첩, 5첩, 7첩, 9첩 반상 등 홀수로 나간다. 5첩은 평일식사이고, 7첩은 여염집, 신랑·색시상을 차릴 때이고, 9첩은 반갓집에서, 12첩은 궁에서 차리는 격식이다.

(3) 낮것상(점심상)

평일에는 아침 늦게 밥상을 받으며, 점심은 요기만 하는 정도로 가볍게 먹는다고 하여 마음에 점을 찍는다는 뜻으로 '점심'이라 한 것 같다. 손님이 오면 온면·냉면 등으로 간단한 국숫상을 차린다. 국숫상 차림은 국수장국과 묽은장, 겨울에는 배추김치, 봄·가을에는 나박김치, 전유화, 편육, 잡채, 누름적, 초장, 과일, 약과, 화채, 식혜 등을 차린다. 사랑방에 술손님이 오면 주안상이 먼저 들어가고, 나중에 장국상이 들어간다.

(4) 주안상

약주에 안주를 곁들이는 것이 '주안상'이다. 술에 따라 안주도 달라지나, 기본적인 것은 전유어, 편육, 탕 등의 안주와 몇 가지 마른안주를 낸다. 찌개, 전골 등 따뜻한 음식이 나갈 때는 매우 잘차린 주안상이 되고 생률, 생과일, 정과 등 후식까지 차리면 더욱 잘 차린 주안상이다.

(5) 잔칫상

잔치는 경축의 뜻을 가진 상으로, 대개 면(국수)상을 차리기도 하나 보통 '교자상'을 차린다. 손님들의 회식을 위해 큰상에 음식을 차려놓고 동시에 여러 사람이 음식을 먹게 하는 것이 교자상 차림이다. 의례로 받은 상은 평접시에 종이로 봉을 하여 높이고, 여담고 위에 가화(假花)로 장식을 하여 나란히 차려놓은 상을 '고배상(高排床)' 또는 '망상(望床)'이라 한다. 고배상은 보기 좋게 높이 고여 인사를 받는 것이며, 따로 작은 상에 장국상을 차리는 것을 '임매상'이라 한다. 임매상에는 망상에 고배를 한 음식을 조금씩 덜어 담는다.

(6) 어상(御床)

나라의 경사에 임금이 받는 상이다.

기타 상차림의 종류

상차림 종류	음식 이름
미음상	삼합미음, 마른찬, 동치미, 소금
응이상	응이, 마른찬, 동치미, 소금
죽 상	죽, 마른찬, 나박김치 또는 동치미, 맑은조치 또는 젓국조치, 소금, 꿀, 설탕, 진장
반상(12첩)	기본음식(진지, 탕, 조치, 전골, 찜 또는 선, 청장, 초장, 초고추장, 새우젓국, 김치류(배추김치, 동치미, 깍두기) 찬류 : 찬구이, 더운구이, 편육, 전유화, 숙채, 생채, 조리개, 장과, 젓갈, 마른찬(좌반), 별찬 2종(육회, 수란, 숙란)
면 상	국수장국(또는 비빔국수), 찜, 전유화, 편육, 잡채, 회
떡국상	떡국, 찜, 편육, 전유화, 배추김치, 청장, 초장
만둣국상	만둣국(또는 편수, 규이상), 편육, 전유화, 초장, 청장, 새우젓국, 나박김치, 배추김치
주안상	약주, 깨국탕, 마른안주(포, 부각, 자반), 대하찜 진안주(편육, 전유화, 녹두지짐, 밀적, 두름적, 화양적) 회(갑회, 어선, 어만두, 어채, 어회) 겨자집, 새우젓국, 초장, 초고추장 구절판, 나물, 수란, 젓갈(명란젓, 굴젓) 각색전골(육, 채소, 생달걀, 참기름, 육수) 김치(장김치, 닭김치, 보쌈김치, 오이김치)
교자상	잣죽, 열구자탕(신선로), 편육(양지머리, 제육), 찜, 전유화, 겨자채, 화양적, 회(갑회, 어회), 김치(배추김치, 장김치) 온면, 청장, 초장, 초고추장, 새우젓국, 생실과, 식혜 또는 수정과, 각종 차, 약주
교자(炙)상	깨죽, 영계백숙, 편육, 전유화, 생채, 오이선, 사슬적 또는 어산적, 구절판, 어회 또는 어선, 김치(오이소박이, 닭김치) 냉면, 청장, 초장, 초고추장, 새우젓국, 겨자집, 생실과, 화채 또는 각종 차, 약주
다과상	유밀과(약과, 매작과, 만두과), 각색다식, 각색강정, 유과, 각색정과, 숙실과(대추초, 밤초, 조란, 율란, 생란), 생실과, 화채
다과상(茶菓床)	식혜, 수정과, 각종 차

3) 식단작성

식단을 짜는 법은 두 가지로 나눌 수 있는데, 일반가정에서 가족들이 매일 먹는 식단과, 손님을 초대할 때의 경우로 나누어 생각하여야 한다.

첫째, 온가족이 영양을 골고루 섭취할 수 있는 음식으로, 식품배합이 잘되고 맛있으며 경제적이어야 한다. 손님초대 시에는 그 목적에 맞게 식단을 짜야 하며 손님의 기호를 미리 알아서 알맞은 음식을 마련하면 더욱 좋다. 식단의 내용은 대체적으로 계절식품을 중심으로 풍미를 살리는 음식이 알맞게 모아지면 좋고, 특히 육류와 채소의 양이 균형이 유지하여야 한다.

(1) 반상차림

한국인의 주식은 밥, 국 등이고 알맞은 반찬이 차려져야 한다. 우리의 조리법에는 한 가지만을 주재료로 하여 단순하게 조리하는 것은 그 예가 매우 적다. 대부분의 음식이 식물성 식품과 동물성 식품을 섞어서 쓴다. 동물성 식품을 위주로 쓸 때는 여러 가지 고기를 섞어 조리하는데, 이 점은 영양소를 고루 섭취할 수 있도록 한 좋은 방법이다. 또 양념도 다양하게 써서 맛의 조화를 이루고, 오색의 자연식품을 장식으로 써서 다양하게 색상의 조화를 이루는데, 이것을 '고명'이라 한다.

식단작성 시 요령은 계절에 따라 그 재료가 달라지지만, 기본으로 국, 밥, 찌개, 찜, 김치, 장류를 먼저 결정하고, 이어서 찬품으로 편육, 전야, 회, 조림, 구이 또는 적, 나물, 생채, 장아찌, 젓갈, 마른찬 등 조리법이 가능하면 겹치지 않도록 해야 한다. 예를 들면, 갈비로 국을 끓였으면 찜은 다른 식품인 닭이나 생선으로 하고, 생선전야를 하면 생선구이를 피하여 생선요리가 중복되지 않게 한다. 즉 한 가지 식품으로 한 가지 조리법만을 택하여야 한다.

전통 반상차림의 첩수에 따른 반찬의 종류

내용/구분	첩 수에 들지 않는 반찬					첩 수에 드는 반찬							비 고
	밥	탕	김치	종지	조치류	숙채	생채	구이	조림	전	마른반찬	회	
3월	1	1	1, 2	1 (간장)	(없음)		1	1			1		– 김치는 몇 가지든 놓는다. – 구이 대신 조림을 놓을 수도 있고, 생채 대신 숙채를 놓을 수도 있다.
5월	1	1	1, 2	2 (간장, 초간장)	1 (찌개류)	1	1	1		1	1		– 구이 대신 조림이나 적을 놓을 수도 있고, 마른반찬 대신 젓갈류를 놓을 수도 있다.
7월	1	1	1, 2	3(간장, 초간장, 초고추장)	2 (찌개 1, 찜 1)	1	1	1	1	1	1	1	– 7첩까지는 하나의 상에다 차리지만, 9첩·12첩은 곁상을 곁들이는 것이 좋다.
9월	1	1	1, 2	3(간장, 초간장, 초고추장)	2 (찌개 1, 찜 1)	1	2	2	1	1	1	1	– 생채와 구이를 한 가지씩 하고, 그 대신 다른 것을 두 가지 할 수도 있다.
12월	1	1	1, 2	3(간장, 초간장, 초고추장)	2 (찌개 1, 찜 1)	2	2	2	1	2 (전 1, 편육 1)	1	2	– 두 가지 구이 중 하나는 생선이나 고기류, 다른 하나는 더덕이나 김 등으로 하는 것이 좋다.

(2) 교자상 차림

경축의 뜻이 있는 날에 여러 손님을 초대하여 음식을 대접할 때는 독상(외상)으로 차릴 수가 없으므로 대개 4~6명씩 한 상에서 먹게 하는 형식으로 차리는데, 이를 보통 '교자상'이라 한다. 이때의 음식차림은 주안상 형식이 가장 보편적이고, 이런 형식을 '건교자차림'이라고 한다. 또 밥상 형식으로 차리면 '식교자'라고 한다. 그리고 술과 안주로 차린 주안상의 경우는 술 접대가 끝나면, 전분음식으로 국수, 만두, 떡국 등 한 가지를 대접하고, 끝으로 과일이나 화채로 끝을 맺는 대접을 하는 것이 보통이다. 혹 주안상에 있어서 밥상 형식으로 대접을 하는 경우도 있는데, 이것을 가리켜 '얼교자(얼치기상)'라고 한다.

교자상 차림표

구 분		13품	11품	9품	7품	5품	교자상 차림 식단의 예			예
	조리법 분류						13품	11품	9품	
1	면(온면, 냉면) 떡국, 만두	택 1	택 1	택 1	택 1	택 1	떡국(동절)	냉면(하절)	면(춘추절)	규이상, 편수
2	탕	1	×	×	×	×	완자탕	×	×	깨국탕, 완자탕, 어알탕
3	찜	1	1	택 1	1	1	닭찜	도미찜	갈비찜	대하찜
4	신선로(열구자탕)	1	1		×	×	신선로	신선로	×	
5	회	1	1				강회	민어회	굴회	파강회, 미나리강회
6	편육	1	1	택 3			돼지머리편육	돼지머리편육	제육, 편육	
7	전유어	1	1		택 3	택 2	생선전	고추와 호박전	누름적	처녑전, 간전, 연근전
8	적	1	1				화양적	두릅적	×	김치적, 잡누름적
9	채(겨자채, 잡채, 구절판)	1	1	1			겨자채	구절판	잡채	겨자채, 구절판, 잡채, 오이선
10	포(마른안주)	1	1	1	1	1	어포, 육포	대구포	육포	마른안주(잣솔, 호두튀김, 은행볶음, 곶감쌈, 매듭자반
11	편								×	증편, 계핏떡, 송편, 화전
12	약식						약식		×	
13	조과	택 1	택 1					강정	×	매작과, 약과
14	정과								강단	도라지정과, 연근정과, 생강정과
15	숙실과			택 1	택 1				×	밤초, 대추초, 생란,
16	생실과	1	1				과실		×	각색 과실
17	음료, 화채, 수정과, 각종 차, 식혜	1	1				수정과 ×	오미자화채 ×	× 유자차	배숙, 유자화채, 식혜
기	김치	3	3	2~3	2	2	보김치	오이소박이	배추김치	깍두기, 동치미, 나박김치, 장김치, 열무김치
	장	3	3	2	2	2	새우젓국, 묽은장, 초고추장, 초장	조장, 초고추장 새우젓국	초장, 초고추장, 새우젓국	
본	꿀	1	1	×	×	×				

4) 의례음식(儀禮飮食)

사람이 출생하여 이승을 떠날 때까지 치르는 의식을 '통과의례(通過儀禮)'라 하는데, 의례 때마다 그 특성을 상징하는 음식을 차리게 된다. 통과의례에는 출생, 관혼, 혼례, 상례, 제례, 회갑, 회혼례 등이 있으며, 음식을 갖추어 차리고 '기원, 기복, 경복'의 뜻을 나타낸다.

(1) 출산, 백일, 첫돌, 관혼(出産, 百日, 첫돌, 冠婚)

산미(産米)로 흰밥을 짓고 미역국을 끓여 삼신께 감사한다. 삼칠일에는 흰밥, 미역국, 나물을 만들어 친척을 불러 아기의 첫선을 보이며, 백날에는 흰무리를 쪄서 이웃에 돌린다. 아이가 자라서 만 1년이 되면 흰무리와 수수팥단지를 만들어 돌상을 차려준다. 돌상에는 명주실(수명장수), 쌀(식복), 국수(수명), 종이, 붓, 책(학식), 대추(자손번영), 활(무술), 자(바느질) 등을 놓아준다.

아이가 자라서 서당에 다니면, 책 한 권을 뗄 때마다 책걸이 잔치를 베풀고, 성년이 되면 사당에 포와 과를 차리고 잔을 올려 어른이 된 것을 조상에게 고한다.

(2) 혼인(婚姻)

신부집에 신랑이 가서 교배상을 차린 곳에서 상견례(相見禮)를 하고 청주나 정화수를 3잔씩 교환한다. 차리는 음식은 지방마다 다르나 대개 팥, 콩, 쌀, 떡, 밤, 대추, 곶감을 놓고 숭어 한 쌍으로 장식하거나 닭 한 쌍을 보에 싸서 놓는다. 교배(交拜)가 끝나면 신랑상을 과실, 과자, 떡으로 차려준다.

(3) 회갑, 회혼례(回甲, 回婚禮)

회갑은 만 60세 때의 생신이다. 자손이 부모에게 헌수(獻壽)하고 축복하며, 혼례 때와 같이 망상(望床)을 차린다. 회혼례는 신랑, 신부가 60년을 함께 살고 나면, 그 자녀들이 부모의 회혼을 기념하여 베풀어주는 잔치를 뜻한다.

(4) 상례, 제례(喪禮, 祭禮)

부모가 운명하면 출상 때까지 여러 가지 절차를 거치는데 주, 과, 포, 탕, 적, 혜, 채소, 침채, 청장, 편을 차려 제기에 담고 가신 분을 기린다. 제기는 다른 그릇과 달리 굽이 높다. 음식의 재료도 썰지 않고 통으로 하여 양념도 많이 쓰지 않는다.

5) 배선법(配膳法)

배선은 음식을 만들어 상차림을 할 때, 상 위에다 음식그릇을 배열하는 것을 말한다. 배선은 음식을 먹는 사람이 먹기 편리하게 놓아야 하는데, 보통 국과 국물이 있는 김치는 오른편에, 밥과 국은 앞에, 마른찬은 뒤편으로, 손이 자주 가는 것은 오른편으로 놓아야 한다.

(1) 죽상차림 반배도

① 죽, 맑은조치, 김치(국물김치), 마른찬, 간장(소금, 꿀)

(2) 면상차림 반배도

① 국수(떡국, 만둣국), 김치, 찜, 편육, 전유어, 숙채, 정과, 생실과, 초간장, 음청류

(3) 반상차림도(3첩 반상)

① 기본식 : 밥, 탕, 김치, 간장(조치는 없음)
② 반찬 : 3가지(생채, 숙채, 구이 혹은 조림)
③ 후식 : 단것, 과일, 차

(4) 반상차림도(5첩 반상)

① 기본식 : 밥, 탕, 김치, 간장, 초간장, 조치 1가지
② 반찬 : 생채, 구이, 숙채, 전유어, 마른찬
③ 후식 : 단것(떡 종류, 한과류), 과일, 차

(5) 반상차림도(7첩 반상)

① 기본식 : 밥, 탕, 김치, 간장, 초간장, 초고추장, 조치, 전골
② 반찬 : 생채, 숙채, 구이, 전유어, 마른찬, 회, 찜
③ 후식 : 떡, 한과류, 과일, 차, 화채

(6) 반상차림도(9첩 반상)

① 기본식 : 밥, 탕, 김치, 초간장, 초고추장, 조치, 전골
② 반찬 : 생채, 찜, 구이 2가지, 숙채, 전유어, 마른찬, 회, 조림
③ 후식 : 떡, 한과류, 과일, 차, 화채

(7) 반상차림도(12첩 반상)

① 기본식 : 밥, 탕, 김치, 간장, 초간장, 초고추장, 조치
② 반찬 : 생채 2가지, 숙채 2가지, 구이 2가지, 전유어, 편육, 회 2가지, 조림, 찜
③ 후식 : 한과류, 과일, 차, 화채

6. 한국음식의 식사예절

여러 사람과 같이 식사를 하게 될 때에는 항상 손윗사람이 수저를 든 다음에 식사를 시작해야 한다. 우리나라에서는 식사 중에 이야기를 하지 않고 조용히 식사를 하는 습관이 있었으나, 오늘날에 있어서는 가족이 모여서 식사를 하는 것은 하루생활 중 가장 귀중한 것이므로 서로가 대화를 할 수 있도록 하는 것이 좋다.

식사 시 주의해야 할 점은 다음과 같다.

① 숟가락과 젓가락을 한 손에 다 같이 들고 사용하지 말 것이며, 젓가락을 사용할 때에는 숟가락을 놓고 사용해야 한다. 젓가락을 사용할 때마다 상 위에서 젓가락 끝을 맞추는 소리를 내지 않도록 주의한다.

② 숟가락이나 젓가락을 국그릇이나 반찬그릇 위에 걸쳐놓지 않도록 하고, 밥그릇이나 국그릇을 손으로 들고 먹지 않도록 한다.

③ 입속에 음식을 넣을 때에는 적당한 양을 넣어 씹을 수 있도록 하며, 입속에 음식을 넣은 채 말을 하는 일을 삼가야 한다. 입 속의 음식이 다른 사람에게 보이지 않도록 입을 다물고 씹도록 해야 한다. 입 속의 음식이 남아있는데, 또 음식을 넣는 일은 삼가야 한다.

④ 김칫국물이나 국 국물을 마시기 위해 그릇째로 마시는 것은 좋지 못하며, 숟가락으로 떠서 마시되 소리를 내지 않고 가만히 마시도록 한다.

⑤ 식사 중에 기침이나 재채기가 나면, 머리의 방향을 빨리 돌리고 손이나 손수건을 대어 남에게 침이 튀거나 지저분한 것이 보이지 않도록 한다.

⑥ 멀리 떨어져 있는 음식이나 양념은 자기의 팔을 길게 뻗쳐 집어오지 않도록 하고, 반드시 옆의 분에게 집어주기를 청하여 받도록 한다.

⑦ 밥이나 반찬을 뒤적거리거나 헤치는 것은 좋지 못하며, 한쪽에서부터 먹도록 한다. 또한 젓가락으로 반찬에 붙은 고명을 털어가면서 먹는 일이 없도록 한다.

⑧ 숟가락을 유난히 빨거나 젓가락으로 이 사이에 낀 음식을 쑤셔서 빼는 일이 있어서는 안 된다.

⑨ 음식을 먹는 도중 돌이나 가시가 있을 때에는 옆사람에게 보이지 않게 조용히 뱉어버리도록 하고, 이러한 때에는 종이에 싸서 버리는 것이 좋다. 상 위나 그릇 뚜껑에 지저분하게 뱉어놓는 것은 좋지 않다.

⑩ 숭늉은 대접에 엄지손가락이 빠지지 않도록 두 손으로 들어 마시며, 숭늉으로 입 속을 양치하듯이 소리를 내어 마시는 일이 없도록 해야 한다.

⑪ 이쑤시개를 사용할 때에는 남에게 보이지 않도록 입을 가리고 할 것이며, 사용한 이쑤시개는 아무데나 버리지 말고 남이 보지 않게 처리한다.

⑫ 음식을 다 먹은 후에는 숟가락을 오른편에 가지런히 놓고 내프킨을 적당히 접어서 소반 위에 놓도록 한다.

⑬ 식사를 즐겁게 한다는 것은 생활을 즐기는 한 방법이 되므로, 가족 간의 유대를 높이는 의미로 유쾌한 이야기를 나누도록 한다.

식사예절은 평소에 몸에 익숙해야 하므로, 가족끼리 식사를 할 때에도 예절바른 식사를 하도록 노력해야 한다.

7. 향토음식

한반도는 남북으로 길게 뻗은 지형으로 동쪽, 남쪽, 서쪽은 바다에 둘러싸여 있고, 북쪽은 압록강, 두만강으로 중국대륙과 경계를 이룬다. 그러므로 동서남북의 지세와 기후여건이 매우 다르므로, 그 고장의 산물이 각각 특색이 있다. 한편 고장마다의 문화와 사는 사람들의 성품도 뚜렷하다. 20세기에 들어오면서 교통수단이 편리해져 사람의 교류도 많고 물자의 운송도 용이하여, 산물의 유통 범위가 넓어져 지방의 생활문화 양상이 서로 닮아지고 있다. 그러나 아직도 각 도마다의 특색이 있는 고유한 음식이 많이 전승되고 있다. 지역이 다른데도 같은 민족이므로 음식에 대한 기호는 같아서 조리법이 비슷하거나 똑같은 경우가 많이 있다.

우리나라의 음식은 대체로 가정에서 자손에게 직접 전수되어 오는 전통적인 고유음식이 많이 있다. 각 도별로 그 특색을 개괄적으로 살펴보면 다음과 같다.

1) 서울음식의 특색

서울은 자체에서 나는 산물은 별로 없으나 전국 각지에서 여러 가지 재료가 모여서, 이것들을 다양하게 활용하여 사치스러운 음식을 만들었다. 우리나라에서는 서울, 개성, 전주의 음식이 가장 화려하고 다양하다.

서울은 조선시대 초기부터 오백년 이상의 도읍지였으므로, 아직도 서울음식은 조선시대 음식풍이 남아있다. 서울음식은 짜지도 않고 맵지도 않으며 대체적으로 중간의 간을 지니고 있다. 왕족과 양반계급이 많이 살던 곳이라 격식이 까다롭고 맵시도 중히 여기고, 의례적인 것도 중요시하였다.

음식에 넣는 양념들은 곱게 다져서 쓰고, 음식의 분량은 적으나 가짓수를 많이 만든다. 중부 이북지방의 음식이 푸짐하고 소박한데 비하여, 서울음식은 모양을 예쁘고 작게 만들어 멋을 낸다. 궁중음식은 양반집에 많이 전해져 서울음식은 궁중음식과 비슷한 것들도 많이 있으며, 반가음식도 매우 다양하다.

● 대표적인 서울음식

주식류로는 설렁탕, 장국밥, 비빔국수, 국수장국, 메밀만두, 떡국, 편수, 잣죽, 흑임자죽, 생치(꿩)만두 등이 있다. 찬류로는 육개장, 추어탕, 선짓국, 각색전골, 너비아니, 갑회, 어채, 신선로, 구절판, 도미찜, 장김치, 육포, 어포, 홍합초 등이 있다. 병과류의 떡은 각색편, 느티떡, 약식, 상추떡, 각색단자 등이 있고, 조과로는 매작과, 약과, 각색다식, 각색엿강정, 각색전과가 있다. 음청류로는 화채류, 차 등이 있다.

2) 경기도음식의 특색

서해안은 해산물이 풍부하고, 동쪽의 산간지방은 산채가 많으며, 밭농사도 활발하여 여러 가지 식품이 고루 생산되는 지역이다. 음식은 소박하면서도 다양하나 개성음식을 제외하고는 대체로 수수한 음식이 많다. 간은 세지도 약하지도 않은 서울과 비슷한 정도이고, 양념도 많이 쓰는 편이 아니다. 강원도, 충청도, 황해도 지방과 접해 있어 공통점이 많고, 같은 음식도 많이 있다. 농촌지방에서는 호박, 강냉이, 밀가루, 팥 등을 섞어서 풀떼기, 수제비 등을 구수하게 잘 만든다. 주식으로 오곡밥과 찰밥을 즐기고, 국수는 맑은장국보다는 제물에 끓인 칼국수나 메밀칼싹두기와 같이 국물이 걸쭉하고 구수한 음식이 많다. 충청도와 황해도 지방에서도 많이 만드는 냉콩국은 이 지방에서 잘하는 음식이다. 개성은 고려시대의 수도였던 까닭에 그 당시의 음식솜씨가 남아있어 한성, 전주와 더불어 우리나라에서 음식이 가장 호화롭고 다양한 지역이다. 개성음식의 사치스럽기는 궁중음식에 비길만하고, 공과 정성이 많이 들며 재료도 매우 다양하게 고루 섞어서 만든다.

● 대표적인 경기도음식

주식류로는 개성편수, 조랭이떡국, 제물칼국수, 팥밥, 오곡밥, 수제비, 냉콩국수 등이 있다. 찬류는 삼계탕, 갈비탕, 곰탕, 개성닭젓국, 아욱토장국, 민어탕, 감동젓찌개, 종갈비찜, 홍해삼, 개성무찜, 용인외지, 개성보김치, 무비늘김치, 순무찌개 등이 있다. 병과류의 떡은 개성경단, 우메기떡, 수수도가니, 개떡, 여주산병 등이 있고, 조과로는 개성약과가 가장 유명하다. 음료로는 모과청화채, 오미자화채가 있다.

3) 충청도음식의 특색

농업이 주가 되던 지역이므로 쌀, 보리, 고구마, 무, 배추, 목화, 모시 등이 생산되고, 서쪽 해안 지방은 해산물이 풍부하다. 삼국시대에는 백제지역이 쌀을 많이 생산하고, 북방의 고구려지역은 조, 경상도인 신라지역은 보리가 주곡이었으리라 추정된다. 그러므로 충청도는 백제지역으로 쌀의 생산이 예전부터 많았다. 그리고 보리도 곱게 대껴서 짓는 보리밥 솜씨가 훌륭하다.

충청도음식들은 그곳 사람들의 소박한 인심이 그대로 나타나 꾸밈이 별로 없다. 충북내륙의 산간지방에서는 산채와 버섯들이 많이 있어 그것으로 만든 음식이 유명하다. 농경이 발달한 곳이라 죽, 국수, 수제비, 범벅 등도 많이 만들고 호박떡도 많이 만든다. 서해안에 가까운 지역은 굴이나 조갯살 등으로 국물을 내어 날떡국이나 칼국수를 끓이기도 한다. 조미료 중 된장을 즐겨 사용하며, 겨울에는 청국장을 만들어 구수한 찌개를 끓인다. 충청도음식은 양념을 많이 쓰지 않고 자연 그대로의 맛을 살리고 있다. 경상도음식처럼 매운맛이 없고, 전라도음식처럼 사치함도 없으나 담백하고 구수하며 소박하다.

● **대표적인 충청도음식**

주식류는 콩나물밥, 보리밥, 찰밥, 칼국수, 날떡국, 호박범벅 등이 있다. 찬류로는 굴냉국, 넙치아욱국, 청포묵국, 시래기국, 호박지찌개, 청국장찌개, 장떡, 말린묵볶음, 호박고지적, 웅어회, 오이지, 상어찜, 애호박나물, 참죽나물, 어리굴젓 등이 있다. 병과류의 떡으로는 소머리떡, 꽃산병, 햇보리떡, 약편, 도토리떡 등이 있고, 조과로는 무릇곰, 모과구이, 무엿, 수삼정과 등이 있다. 음료로는 찹쌀미수와 복숭아화채 등이 있다. 호박꿀단지는 늙은청둥호박의 속에 꿀을 넣어 중탕하여 만들어 고인물을 마시면 산후임산부의 부증에 효과가 있다고 한다.

4) 강원도음식의 특색

강원도는 영서지방과 영동지방에서 나는 산물이 크게 다르고, 산악지방과 해안지방도 크게 다르다. 산악이나 고원지대에는 옥수수, 메밀, 감자 등이 많이 생산되고, 논농사보다 밭농사가 더 많다. 산에서 나는 도토리, 상수리, 칡뿌리, 산채 등은 옛날에는 구황식물에 속했지만, 지금은 널리 기호식품으로 음식에 많이 쓰이고 있다.

동해에는 생태, 오징어와 미역 등 해초가 많이 나서 이를 가공한 황태, 건오징어, 건미역, 명란젓, 창란젓을 잘 담근다. 산악지방은 육류를 쓰지 않고 소(素) 음식이 많으나, 해안지방에서는 멸치나 조개 등을 넣어 음식맛을 돋군다. 강원도음식은 서울처럼 사치스럽지 않고 극히 소박하고 먹음직스럽다. 특히 감자, 옥수수, 메밀을 이용한 음식이 다른 지방보다 매우 많다.

● 대표적인 강원도음식

주식류는 강냉이밥, 감자밥, 메밀막국수, 팥국수, 감자수제비, 강냉이범벅, 어죽, 방풍죽, 감자범벅 등이 있다. 찬류로는 삼시기탕, 쏘가리탕, 오징어순대, 오징어불고기, 동태구이, 올챙이묵, 도토리묵, 미역쌈, 취쌈, 더덕생채, 명란젓, 창란젓, 오징어회, 송이볶음, 석이나물 등이 있다. 병과류의 떡으로는 감자송편, 감자지짐, 메밀총떡, 감자경단, 방울증편, 무소송편 등이 있고, 조과로는 과즐, 약과, 송화다식, 옥수수엿 등이 있다. 음료로는 오미자화채, 당귀차, 강냉이차, 책면 등이 있다.

5) 전라도음식의 특색

전라도는 풍부한 곡식과 해산물, 산채 등으로 다른 지방에 비해 재료가 많고 음식에 정성이 유별나게 사치스러운 편이다. 특히 전라도의 전주, 광주, 해남 등은 각 고을마다 부유한 토반들이 대를 이어 살았으므로, 좋은 음식을 가정에 대대로 전수하고 어느 지방도 따를 수 없는 풍류와 맛의 고장이라 하겠다.

전라도지방의 상차림은 음식의 가짓수를 많이 하는 습관이 있어 상 위에 가득 차리므로 처음 방문한 외지 사람들은 매우 놀라게 된다. 남해와 서해안이 접하여 있어 특이한 해산물, 음식과 젓갈이 많이 있다. 기후가 따뜻하여 음식은 간이 센 편이고, 고춧가루도 많이 쓰므로 맵고 자극적이다.

● 대표적인 전라도음식

주식류로는 전주비빔밥, 콩나물국밥, 깨죽, 오누이죽, 대합죽, 피문어죽, 합자죽 등이 있다. 찬류로는 두루치기, 붕어조림, 고막무침, 꼴두기젓, 무생채, 추탕, 광주애저, 용봉탕, 홍어 어시욱, 죽순채, 천어탕, 토란탕, 홍어회, 꽃게장, 산낙지회, 장어구이, 죽순찜, 양애적, 젓갈류가 유명하다. 병과류의 떡에는 나복병, 수리치떡, 호박고지시루떡, 감인절미, 감단자, 차조기떡, 전주경단, 복령떡 등이 있고, 조과로 유과, 동아정과, 연근정과, 고구마엿 등이 유명하다.

6) 경상도음식의 특색

경상도는 남해와 동해에 좋은 어장을 가지고 있어 해산물이 풍부하고, 경상남·북도를 크게 굽어 흐르는 낙동강은 풍부한 수량으로 주위에 기름진 농토를 만들어 농산물도 넉넉하다. 이곳에서는 고기라고 하면 바닷고기를 가리키며 또 담수어를 많이 먹는다.

음식의 맛은 대체로 얼얼하도록 맵고 간이 센 편이다. 음식은 멋을 내거나 사치스럽지 않고 소담하게 만든다. 싱싱한 바닷고기에 소금간을 해서 말려 굽는 것을 즐기고 바닷고기로 국을 끓이기도 한다. 곡물음식 중에는 국수를 즐기나, 밀가루에 날콩가루를 섞어 반죽하여 홍두깨나 밀대로 얇게 밀어 칼로 썰어 만드는 칼국수를 제일로 친다. 장국의 국물은 멸치나 조개를 많이 쓰고, 더운 여름에 뜨거운 제물국수를 즐기는데 범벅이나 풀대죽은 별로 즐기지 않는다.

● 대표적인 경상도음식

주식으로는 진주비빔밥, 무밥, 갱식, 애호박죽, 건진국수, 조개국수, 닭칼국수 등이 있다. 찬류로는 재칩국, 추어탕, 대구탕, 깨집국, 미역, 홍합국, 아구찜, 미더덕찜, 동태구이, 파전, 해파리회, 해물잡채, 장어조림, 미나리찜, 상어구이, 조개찜, 콩잎장아찌, 우렁찜, 대합구이, 고추부각, 골곰짠지 등이 있다. 병과류의 떡으로는 모시잎송편, 만경떡, 쑥굴레, 칡떡, 잡과편 등이 있고, 조과에는 유과, 대추징조, 다시마정과, 우엉정과 등이 있다. 음료로는 안동식혜, 수정과, 유자화채, 유자차, 잡곡미숫가루 등이 있다.

7) 제주도음식의 특색

제주도는 해촌, 양촌, 산촌으로 구분하여 그 생활태도에 차이가 있다. 양촌은 평야 식물지대로 농업을 중심으로 생활을 하였고, 해촌은 해안에서 고기를 잡거나 해녀로 잠수어업을 하고, 산촌은 산을 개간하여 농사를 짓거나 한라산에서 버섯, 산나물, 고사리 등을 채취하여 생활하였다. 농산물은 쌀이 거의 생산되지 않고 콩, 보리, 조, 메밀, 고구마 등을 많이 생산하고, 특산물은 감귤과 전복으로 예전에는 진상품이었다.

제주도음식의 주된 재료는 어류와 해초이며 된장으로 맛을 내는 경우가 많고, 바닷고기로 국을 많이 끓이고 죽을 잘 쑨다. 제주도 사람의 부지런하고 꾸밈없는 소박한 성품은 음식에서 그대로 나타나 있다. 음식을 많이 차리거나 양념을 많이 넣거나 여러 가지 재료를 섞어서 만드는 것이 별로 없다. 간은 대체로 짠 편이며 회를 많이 먹는다. 재료가 가지고 있는 자연의 맛을 그대로 살리는 것이 특색이다. 제주도에서만 잡히는 자리돔과 옥돔이 있고, 전복과 꿩이 많이 잡히며, 한라산에서는 표고버섯과 산채가 많이 난다. 김장은 겨울의 기후가 따뜻하여 별로 필요치 않고, 겨울에도 배추가 밭에 남아있을 정도여서 김장을 담아도 종류가 적고 짧은 기간 동안 먹을 것만을 조금씩 담근다.

● 대표적인 제주도음식

주식류로는 전복죽, 초기죽, 옥돔죽, 닭죽, 매역새죽, 깅이죽, 생선국수, 메밀저배기, 곤떡국 등이 있다. 찬류로는 고사리국, 톨냉국, 돼지고기 육개장, 상어지짐, 옥도미구이, 자리회, 양애무침, 동지김치, 꿩적, 초기적, 상어산적, 두루치기, 물망회, 전복 소라회, 톳나물 등이 있다. 병과류의 떡으로는 오메기떡, 빙떡, 차좁쌀떡, 상애떡 등이 있고, 조과로는 약과, 닭엿, 보리엿, 꿩엿 등의 엿이 많다.

8) 황해도음식의 특색

황해도 북쪽지방의 곡창지대로 연백평야와 재령평야에서의 쌀생산이 많고 잡곡의 질도 좋으며 생산량도 많다. 특히 조는 남쪽사람들이 보리밥을 즐기듯이 잡곡밥을 많이 해먹는다. 곡식이 많고 좋아서 가축들의 사료로 좋고, 고기의 맛도 유별하며, 밀국수나 만두에는 닭고기가 많이 쓰인다. 해안지방은 조석간만의 차가 크고 수심이 낮으며 간석지가 발달해 소금의 생산이 많다. 황해도는 인심이 좋고 생활이 윤택하며, 이곳의 음식은 양이 풍부하고 음식에 기교를 부리지 않고 구수하면서도 소박하다. 송편이나 만두도 큼직하게 빚고, 밀국수도 즐겨한다. 간은 별로 짜지도 싱겁지도 않으며, 충청도음식과 비슷하다. 김치에는 독특한 맛을 내는 '고수'와 '분디'라는 향신채소를 반드시 쓴다. 김치는 맵지 않고 시원한 맛으로 하고, 동치미국물을 넉넉히 하여 겨울에 냉면국수나 찬밥을 말아서 밤참을 즐기기도 한다.

● 대표적인 황해도음식

주식류로는 김치밥, 잡곡밥, 비지밥, 김치말이, 밀낭화, 수수죽, 밀범벅, 호박만두 등이 있다. 찬류로는 되비지탕, 김칫국, 조깃국, 호박김치찌개, 행적, 고기전, 김치순두부, 잡곡전, 연안식해, 청포묵, 김치적 등이 있다. 병과류의 떡으로는 오쟁이떡, 큰송편, 우메기, 잡곡부치기, 닥알떡, 수리취, 인절미 등이 있고, 조과로는 무정과 등이 있다.

9) 평안도음식의 특색

평안도의 동쪽은 산이 높아 험하나, 서쪽은 서해안에 면하여 해산물도 풍부하고, 넓은 평야로 곡식도 풍부하다. 예부터 중국과의 교류가 많은 지역으로 평안도 사람의 성품은 진취적이고 대륙적이다. 따라서 음식의 솜씨도 먹음직스럽게 크게 하고 푸짐하게 많이 만든다. 서울음식은 크기를 작게 하고 기교를 많이 부리는 데 비해 매우 대조적이다. 곡물음식 중에서는 메밀로 만든 냉면과 만두 등 가루로 만든 음식이 많다. 겨울은 추운 지방이어서 기름진 육류음식도 즐겨하고 밭에서 많이 나는 콩과 녹두로 만드는 음식도 많다. 음식의 간은 대체로 심심하고 맵지도 짜지도 않다. 모양을 예쁘게 하기보다는 먹음직스럽고 크게 많이 만들어 먹는 것을 즐긴다. 평안도지방에서는 평양의 음식이 가장 잘 알려져 있고, 그 중 평양냉면, 어복쟁반, 순대, 온반, 닭죽 등이 유명하다.

● 대표적인 평안도음식

주식류는 온반, 김치말이, 냉면, 어복쟁반, 온면, 만둣국, 닭죽, 어죽, 강량국수, 굴만두 등이 있다. 찬류로는 내포중탕, 콩비지, 전어된장국, 무청곰, 녹두지짐, 돼지고기편육, 순대, 더풀장, 고사리국, 가지김치, 두부회, 도라지산적, 등이 있다. 병과류 중 떡으로는 송기떡, 꼬장떡, 놋티, 뽕떡, 골미떡 등이 있고, 조과로는 과줄, 엿, 태석 등이 있다.

10) 함경도음식의 특색

함경도는 우리나라의 최고봉인 백두산이 있고 개마고원이 있는 험악한 산간지대가 대부분이다. 동쪽은 해안선이 길고 영흥만 부근에 평야가 조금 있어 논농사는 적고 밭농사를 많이 한다. 특히 함경도는 밭곡식 중에서도 콩의 품질이 뛰어나고 잡곡의 생산량이 많다.

동해안은 한류와 난류가 만나는 바다로 세계 3대 어장에 속하여 명태, 청어, 대구, 연어, 정어리, 넙치 등 어종이 다양하다. 주식으로는 기장밥, 조밥 등 잡곡밥을 잘 짓는데 쌀, 기장, 조, 수수 등의 품질이 매우 차지며 구수하고 좋다. 감자, 고구마도 질이 우수하며, 녹말을 만들어 반죽하여 국수틀에 넣어 눌러서 쓰는데, 냉면과 비빔국수를 잘 만든다.

음식의 모양은 큼직하여 대륙적이고 대담하며, 장식이나 기교도 부리지 않고 사치스럽지 않다. 북쪽으로 올라 갈수록 날씨가 추우므로 음식의 간은 싱겁고 담백하다. 그러나 고추와 마늘 등 양념을 강하게 써서 야성적인 맛을 즐기기도 한다. 근래에 아주 유명해진 회냉면은 홍어, 가자미 등의 생선을 맵게 무친 회를 냉면국수에 얹어서 비벼먹는 함흥식 비빔국수이다. 다대기라는 것도 이 고장에서 나온 말로 고춧가루에 갖은 양념을 넣어 만든 양념의 고유한 말이다.

● 대표적인 함경도음식

주식으로는 잡곡밥, 닭비빔밥, 찐조밥, 가릿국, 회냉면, 감자국수, 옥수수죽, 감자막가리만두, 얼린콩죽 등 특수한 음식이 있다. 찬류로는 동태순대, 콩부침, 비웃구이, 처녑국, 북어전, 가자미식혜, 도루묵식혜, 원산해물잡채, 채칼김치, 순대, 닭섭산적, 다시마냉국, 이면수 구이 등이 있다. 병과류의 떡으로는 인절미, 오그랑떡, 언감자떡, 꼬장떡, 달떡 등이 있고, 조과로는 과줄, 산자, 약과, 콩엿강정, 들깨엿강정, 산자 등이 있다. 음료로는 단감주가 있다.

제2장 한국음식의 재료와 조리준비

1. 한국음식의 양념(조미료)과 고명

음식을 만들 때의 식품이 지닌 고유한 맛을 살리면서 음식마다 특유한 맛을 내는데 여러 가지 재료가 사용된다. 이런 것들은 '양념'이라 하고, 양념은 '조미료'와 '향신료'로 나눌 수 있다.

'양념'이란 한자로 약념(藥念)으로 표기하는데, "먹어서 몸에 약처럼 이롭기를 바라는 마음으로 여러 가지를 고루 넣어 만든다."는 뜻이 깃들어 있다. 조미료는 기본적으로 짠맛, 단맛, 신맛, 매운맛, 쓴맛의 다섯 가지 기본 맛을 내는 것들로, 음식에 따라 이 조미료들을 적당히 혼합하여 알맞은 맛을 내는 것이다. 향신료는 자체가 좋은 향기가 나거나 매운맛, 쓴맛, 고소한맛 등을 내는 것들이다. 식품 자체가 지닌 좋지 않은 냄새를 없애거나 감소시키고, 또한 특유한 향기로 음식의 맛을 더욱 좋게 한다.

한국음식의 조미료에는 소금, 간장, 고추장, 된장, 식초, 설탕, 등이 있으며, 향신료에는 생강, 겨자, 후추, 고추, 참기름, 들기름, 깨소금, 파, 마늘, 천초 등이 있다. 특히 우리나라 음식은 한 가지 음식에 적어도 대여섯 가지 조미료를 넣어 만들었으므로, 다른 나라 음식들과 비교해 보면 독특한 맛을 낸다. '고명'이란 음식을 보고 아름답게 느껴 먹고 싶은 마음을 갖도록 음식의 맛보다 모양과 색을 좋게 하기 위해 장식하는 것을 말한다. '웃기' 또는 '꾸미'라고도 한다.

한국음식의 색깔은 오행설에 바탕을 두어 붉은색, 녹색, 노란색, 흰색, 검정색의 오색이 기본이다. 색은 식품들이 지닌 자연의 색깔로 쓰는데, 붉은색은 다홍고추, 실고추, 대추 등으로, 황색과 백색은 달걀의 황·백지단으로, 검정색은 석이버섯을 가장 많이 사용한다. 그리고 잣, 은행, 호두 등 견과류와 고기완자, 표고버섯 등도 고명으로 많이 쓰인다.

기본양념과 고명식품

기본오미(五味)	식 품	오색(五色)고명	식 품
짠 맛	소금, 간장, 된장, 고추장	붉은색	고추, 대추, 당근
단 맛	설탕, 꿀, 조청, 엿	녹 색	미나리, 호박, 오이, 실파
신 맛	식초, 감귤류	노란색	달걀노른자
매운맛	고추, 겨자, 천초, 후추, 생강	흰 색	달걀흰자
쓴 맛	생강	검정색	석이버섯, 목이버섯, 표고버섯

1) 양념

양념은 재료의 맛과 향을 돋우거나 잡맛을 없애기 위해 사용되는 것으로, 종류로는 다음과 같은 것들이 있다.

(1) 소금

소금은 음식의 맛을 내는데 가장 기본적인 조미료로 짠맛을 낸다. 음식의 가장 기본맛은 '짜다' 또는 '싱겁다'라는 간이다. 소금의 간은 음식에 따라 가장 맛있게 느끼는 농도가 각각 다르다. 맑은 국이면 1% 정도가 알맞고, 맛이 진한 토장국이나 건지가 많은 찌개는 간의 농도가 더 높아야 하며, 찜이나 조림 등 고형물의 간은 더욱 강해야 맛있게 느낀다. 소금의 종류는 호렴, 재렴, 재제염, 식탁염, 맛소금 등으로 나눌 수 있다.

호렴은 입자가 굵어 모래알처럼 크고 색이 약간 검다. 대개 장을 담그거나 채소나 생선의 절임용으로 쓰인다. 재렴은 호렴에서 불순물을 제거한 것으로 재제염보다는 거칠고 굵으며 간장이나 채소나 생선의 절임용으로 쓰인다. 소금의 짠맛은 신맛과 함께 있을 때는 신맛을 약하게 느끼게 하고, 단맛은 더욱 달게 느끼게 하는 맛의 상승작용이 있다. 그러므로 단맛의 과자나 정과 등을 만들 때는 설탕의 약 50% 내·외가 적당하고, 바로 먹는 김치는 이보다 낮게 하며, 젓갈류는 10~15%의 염도가 적당하다.

(2) 간장

간장과 된장은 콩으로 만든 우리 고유의 발효식품으로 음식의 맛을 내는 중요한 조미료이다. 간장의 '간'은 소금의 짠맛을 나타내고, 된장의 '된'은 되직한 것을 뜻한다. 재래식으로는 늦가을에 흰 콩을 무르게 삶아 네모지게 메주를 빚어 따뜻한 곳에 곰팡이를 띄워서 말려두었다가 음력 정월 이후 소금물에 넣어 장을 담근다.

충분히 장맛이 우러나면 국물만 모아 간장으로 쓰고, 건지는 모아 소금으로 간을 하여 따로 항아리에 꼭꼭 눌러두고 된장으로 쓴다. 요즘에는 점차로 집에서 장을 담그지 않고 공장에서 제조하여 시판되는 제품들을 쓰는 가정이 차츰 많아졌다. 따라서 시중에서 판매되고 있는 장은 재래식의 장맛과는 달라져서 차츰 음식의 맛도 많이 변해가는 실정이다. 음식에 따라 간장의 종류를 구별하여 써야 한다. 국, 찌개, 나물 등에는 색이 옅은 청장(간장)을 쓰고, 조림, 포, 초 등의 조리와 육류의 양념은 진간장을 쓴다. 간장은 주방에서 조리할 때 조미료로서만이 아니라, 상에서 쓰이는 초간장, 양념간장 등을 만드는 데 쓰인다.

전유어나 만두, 편수 등에 곁들여 낼 때의 초간장은 간장에 식초를 넣고, 양념간장은 고춧가루, 다진 파, 마늘 등을 넣어야 맛이 더 있다.

(3) 된장

된장은 조미료뿐만 아니라 단백질 급원식품 역할까지도 하였다. 재래식으로는 콩으로 메주를 쑤어서 알맞게 띄워 소금물에 담가 40일 쯤 두어 소금물에 콩의 여러 성분들이 우러나면 간장을 떠내고 남은 건더기가 된장이 된다. 이 방법은 간장으로 영양분이 많이 우러나고 남은 것이라 영양분도 적고 맛이 덜하다. 근래에는 공업적으로 된장을 만드는데, 콩과 밀을 섞어 발효시켜서 만든다. 된장은 주로 토장국과 된장찌개의 맛을 내는데 쓰이고, 상추쌈이나 호박쌈에 곁들이는 쌈장과 장떡의 재료가 된다.

(4) 고추장

고추장은 우리 고유의 간장, 된장과 함께 발효식품으로 세계에서 유일한 매운맛을 내는 복합 발효조미료이다. 탄수화물이 가수분해로 생긴 단맛과 콩단백에서 오는 아미노산의 감칠맛, 고추의 매운맛, 소금의 짠맛이 잘 조화를 이룬 식품으로, 조미료인 동시에 기호식품이다. 재래식 고추장은 메주, 고춧가루, 찹쌀, 엿기름, 소금 등이 원료이다.

찹쌀을 가루로 하여 반죽하여 쪄서 메줏가루를 혼합하여 저어 당화되어 묽어지면 고춧가루를 섞고 소금으로 간을 맞추어 숙성시킨다. 지역에 따라 찹쌀대신 멥쌀, 밀가루, 보리 등도 쓰인다.

고추장용 메주는 콩에 쌀가루를 섞어서 빚기도 하고 버무릴 때 소금 대신 청장으로 간을 맞추기도 한다. 고추장은 된장과 마찬가지로 토장국이나 고추장찌개의 맛을 내고, 생채나 숙채, 조림, 구이 등의 조미료로 쓰인다. 고추장을 볶아서 찬으로도 하고, 그대로 쌈장으로 많이 쓰인다. 그리고 상에 놓이는 회나 강회 등을 찍어먹는 초고추장을 만들고 비빔밥이나 비빔국수의 양념고추장도 만든다. 경상도와 전라도 지방에는 메줏가루를 넣지 않고 조청을 고아서 고춧가루를 섞고 소금으로 간을 한 엿꼬장도 있다.

(5) 설탕, 꿀, 조청

설탕은 단맛을 내는 조미료로 가장 많이 쓰이는데, 우리나라에는 고려시대에 들어왔으나 귀하여 일반에게는 널리 쓰이지 못하였다. 예전에는 꿀과 집에서 만든 조청이 감미료로 많이 쓰였다. 설탕은 사탕수수나 사탕무의 즙을 농축시켜 만드는데 높을수록 단맛이 산뜻해진다. 당밀분을 많이 포함한 흑설탕과 황설탕보다 정제도가 높은 흰설탕이 단맛이 가볍다. 같은 흰설탕이라도 결정이 큰 것이 순도가 높으므로 산뜻하게 느낀다. 달게 느끼는 정도는 흑설탕, 황설탕, 흰설탕, 그래뉴당, 모래설탕, 얼음설탕의 순으로 차츰 강하게 느낀다.

조청은 곡류를 엿기름으로 당화시켜 오래 고아서 걸쭉하게 만든 묽은 엿으로, 누런색이고 독특한 엿의 향이 남아있다. 요즈음에는 한과류와 밑반찬용의 조림에 많이 쓰여진다.

엿은 조청을 더 오래 고아서 되직한 것을 식히면 딱딱하게 굳는다. 엿은 간식이나 기호품으로 즐기나 음식에는 조미료로서 단맛도 내면서 윤기를 낸다.

꿀은 꿀벌이 꽃의 꿀과 꽃가루를 모아서 만든 천연 감미료이다. 인류가 구석기 시대부터 이용한 가장 오래된 감미료이다. 꿀은 꿀벌의 종류와 밀원이 되는 꽃의 종류에 따라 색과 향이 다르다. 투명하면서 농도가 묽은 것도 있고, 되직한 불투명한 흰색의 침전물이 많은 것도 있다. 꿀은 약 80%가 과당과 포도당이어서 단맛이 강하고 흡습성이 있어 음식의 건조를 막아준다. 단맛과 향이 좋은데 고가이므로 음식의 감미료보다는 과자, 떡, 정과 등에 쓰이고, 만병통치의 효능이 있어 약재로 많이 쓰인다. 예전에는 죽이나 떡을 상에 낼 때, 종지에 담아 함께 내었으며, 한문으로는 '백청' 또는 '청'이라 하였다.

(6) 식초

식초는 음식의 신맛을 내는 조미료이다. 신맛은 음식에 청량감을 주고 생리적으로 식욕을 증가시키며 소화액의 분비를 촉진시켜 소화 흡수도 돕는다. 식초의 종류는 크게 양조 식초, 합성 식초, 혼성 식초로 나눌 수 있다. 그 중 양조 식초는 곡물이나 과실을 원료로 하여 발효시켜 만든 것으로 원료에 따라 쌀초, 술찌개미초, 엿기름초, 현미초, 포도주초, 사과초, 주정초, 소맥초 등이 있다.

합성식초는 빙초산을 만들어 물로 희석하여 식초산이 3~4%가 되도록 한다. 이는 양조식초와 같이 온화하고 조화를 이룬 감칠맛이 없다. 혼성식초는 합성식초와 양조식초를 혼합한 것으로 시중에 이러한 제품이 많다. 양조식초는 각종 유기산과 아미노산이 함유된 건강식품이다.

재래식 식초는 처음부터 누룩과 찹쌀밥을 섞어서 물을 넣어 발효시키는 법이 여러 가지 있으나,

대개의 가정에서는 시어진 술이나 먹다가 남은 술로 만들었다. 술을 항아리에 담아 부뚜막에 올려 놓아 2~3개월이 지나면 자연에 존재하는 초산균이 침입하여 에틸알코올을 산화시켜 초산이 생기면서 황록색의 투명한 액이 위쪽에 모이는데, 이것을 따라서 식초로 쓰고, 다시 덜어낸 만큼 술을 부어두면 계속 초가 만들어진다. 이는 요즈음의 식초와는 다른 아주 독특한 향이 있다.

한국음식은 대개 차가운 음식에 식초를 넣는다. 생채와 겨자채, 냉국 등에 넣어 신맛을 낸다. 식초는 녹색의 엽록소를 누렇게 변색시키므로 푸른색 나물이나 채소에는 먹기 직전에 무쳐야 한다. 식초는 간장이나 고추장에 섞어 초간장, 초고추장 등을 만들어 상에서 조미품으로 쓰인다.

(7) 파

파는 자극성 냄새와 독특한 맛으로 향신료 중에 가장 많이 쓰인다. 파의 종류에는 굵은파, 실파, 쪽파, 세파 등 여러 가지가 있고 나는 시기가 각기 다르다. 여름철에는 가늘고 푸른 부분이 많은 파가, 가을철에는 굵고 흰 부분이 많은 파가 많고, 세파는 여름철에 나온다. 파의 흰 부분은 다지거나 채 썰어 양념으로 쓰는 것이 적당하고, 파란 부분은 채 또는 크게 썰어 찌갯국에 넣는다. 고명으로는 가늘게 채로 썰어 쓰도록 하며, 파의 매운맛을 내는 물질은 가열하면 향미 성분이 부드러워지고 단맛이 강해진다.

(8) 마늘

마늘은 독특한 자극성의 맛과 향기를 가져서 파와 더불어 많이 쓰이며, 특히 육류요리에는 빠지지 않는다. 마늘은 밭에서 나온 밭마늘이 논마늘보다 육질이 단단하여 오래 보관할 수 있고, 6쪽 마늘을 상품으로 친다. 나물이나 김치 또는 양념장 등에는 곱게 다져서 쓰고, 동치미나 나박김치에는 채 썰거나 납작하게 썰어 넣는다. 연한 풋마늘은 푸른잎까지 모두 채 썰어 양념으로도 쓰고 일반 채소처럼도 쓰인다.

(9) 생강

생강은 쓴맛과 매운맛을 내며 강한 향을 가지고 있어 어패류나 육류의 비린내를 없애주고 연하게 하는 작용을 한다. 생선이나 육류로 익히는 음식을 조리할 때는 생강을 처음부터 넣는 것보다 재료가 어느 정도 익은 후에 넣는 것이 효과적이다.

생강은 육류나 어패류를 조리할 때 향신료로서 뿐만 아니라 음료나 한과를 만들 때에 많이 쓰인다. 생강은 음식에 따라 강판에 갈아서 즙만 넣기도 하고, 곱게 다지거나 채로 썰거나 얇게 저며서 사용한다. 생강은 되도록 알이 굵고 껍질에 주름이 없는 것이 싱싱하다. 그리고 식욕을 증진시키고 몸을 따뜻하게 하는 작용이 있어 한약재로도 많이 쓰인다.

(10) 후추

후추는 매운맛을 내는 향신료로서, 우리나라는 이미 고려 때 수입한 기록이 남아있는 것으로 보아 조선시대 중기 이후에 들어온 고추보다 훨씬 먼저 쓰여졌다.

후추는 생선이나 육류의 비린내를 제거하고 음식의 맛과 향을 좋게 하며 식욕도 증진시킨다. 검은후추는 미숙된 후추열매로 천일 건조한 것으로, 대개는 갈아서 가루로 쓴다. 향이 강하고 색이 검으므로 육류와 색이 진한 음식의 조미에 적당하다. 흰후추는 완숙한 후추열매를 물에 담가 껍질을 벗긴 것으로, 매운맛도 약하고 향이 부드러우며 색이 연하므로 흰살생선이나 채소류와 색이 연한 음식의 조미에 적당하다.

후추는 공기 중에 방치하면 향이 없어지고 매운맛도 약해지므로 소량씩 갈아서 잘 밀봉하여 쓰도록 한다. 통후추는 육류를 삶거나 육수를 만들 때에 넣고, 차를 다릴 때나 배숙 등 음료에도 쓰인다.

(11) 고추

한국음식의 매운맛은 주로 고추가 쓰여지지만 전래된 고추의 역사는 짧다. 우리나라에는 임진왜란 이후 17세기 초에 일본을 통해 들어왔다는 설이 가장 유력하다. 지금은 세계적으로 고추의 소비량이 으뜸이 될 정도로 우리나라 음식에 많이 쓰였으며, 매운맛이 한국음식의 대표적인 특징처럼 되었다.

고추의 매운맛은 품종이나 산지에 따라 차이가 크다. 고추는 완전히 성숙하기 전의 풋고추도 사용하며 붉은색의 말리지 않은 고추도 쓰이고, 말려서 가루로 하거나 실고추로 만들어 쓰기도 한다. 말리는 방법에 따라 태양에 말린 것을 '태양초'라 하는데, 붉은빛이 선명하고 매운맛이 강하다. 증기건조법으로 말린 것은 색이 진하여 음식의 색이 곱지 않고 맛 또한 덜하다. 품종은 개량종보다 재래종이 크기가 작고 맵다. 고추는 용도에 따라 굵은 고춧가루, 중간 고춧가루, 고운 고춧가루로 나누어 빻고, 실고추로 썰어 나박김치나 고명에도 쓰인다. 굵은 고춧가루는 김치에 적당하고, 중간 고춧가루는 김치나 깍두기에, 고운 고춧가루는 일반 조미용과 고추장으로 적당하다.

(12) 겨자

겨자는 갓의 씨를 가루로 빻아서 쓴다. 건조할 때는 매운맛이 없으나 물로 개어서 공기 중에 방치하면 매운맛이 난다. 재래종은 물에 개어서 따뜻한 곳에 엎어서 오래 두어야 매운맛이 나는데, 개량종은 개어서 고루 저어주면 바로 쓸 수가 있다.

(13) 천초

천초나무는 열매와 독특한 향, 매운맛을 내며 '산초'라고도 한다. 요즈음은 사찰이나 특별한 음식에만 쓰이고, 일반적으로는 널리 쓰이지 않으나 고추가 전래되기 이전에는 김치나 그 외의 음식에 매운맛을 내는 조미료로 쓰인 기록이 남아있다. 완숙한 열매는 말려서 가루로 하여 조미료로 쓰이는데, 추어탕이나 개장국 등 비린내와 기름기가 많은 음식에 쓰인다. 천초열매가 덜 여물어 아직 푸른색일 때 식초를 부어 삭혀서 간장을 부어 천초장아찌도 담근다. 천초는 건위와 구충작용이 있어 한약재료로도 쓰인다.

(14) 계피

계수나무의 껍질을 말린 것으로, 두껍고 큰 것은 육계라 하며 가는 나뭇가지를 계지라 한다. 육계를 계핏가루로 만들어 떡류나 한과류, 숙실과 등에 많이 쓰인다. 계피와 계지는 물을 붓고 다려서 수정과의 국물이나 계지차로 쓰인다.

(15) 참기름

참기름은 우리나라 음식에 가장 널리 쓰이는 기름으로 참깨를 볶아서 짠다. 우리의 음식 중 고소한 향과 맛을 내는데 쓰이고, 특히 나물을 무칠 때와 약과, 약식을 만들 때에 많이 쓰인다. 참기름은 튀김기름으로는 쓰지 않으며, 나물은 물론 고기양념 등 향을 내기 위해 거의 모든 음식에 넣는다. 한국음식이 다른 나라 음식과 맛에서 차이가 있는 것은 참기름, 깨소금, 파, 마늘, 고춧가루의 사용량이 크게 다르기 때문이다.

(16) 들기름

들기름은 들깨를 볶아서 짠 것으로, 참기름과는 다른 고소하고 독특한 냄새가 난다. 누구나가 일반적으로 좋아하는 향은 아니어서 널리 쓰이지는 않으나, 김을 발라 굽거나 나물에 넣는다. 들깨는 기름으로 짜서 쓰는 외에 들깨를 그대로 갈아서 즙을 만들어 나물을 무치거나 냉국과 된장국에 넣기도 한다.

(17) 콩기름

전유어나 지짐, 볶음 등 일반적인 조리용으로 가장 많이 쓰이는 기름으로, 무색무취의 투명한 것이 좋다. 우리나라 찬류의 조리법 중에는 튀김요리로, 부각이나 튀각 이외는 없다. 예전에는 기름이 귀하여 중히 여겼고, 찬류보다는 유과나 유밀과를 지질 때 많이 쓰였다.

(18) 깨소금

깨소금은 참깨에 물을 조금 부어 비벼 씻어 물기를 빼서 볶은 후, 소금을 약간 넣어 반쯤 부서지게 빻는다. 실깨는 겉껍질을 말끔히 없애서 씻어 뽀얗게 볶는 것이다. 깨는 잘 여문 것으로 고르고, 볶을 때는 번철이나 두꺼운 냄비에 나무주걱으로 저으면서 볶는다. 깨알이 익어서 통통하게 되고 손끝으로 비벼서 으깰 수 있을 정도로 볶아야 알맞고, 지나치게 볶아 색이 검으면 음식에 넣었을 때 품위가 없다. 볶아서 오래두면 습기가 스며들어 눅어지고 향이 없어지므로, 되도록 조금씩 볶아서 뚜껑을 꼭 막아두고 쓰도록 한다.

(19) 새우젓

새우젓은 작은 새우를 소금에 절인 젓갈로서 김치에 가장 많이 쓰인다. 소금 대신에 국, 찌개, 나물 등의 간을 맞추는 조미료로 쓰이는데, 소금간보다 감칠맛이 난다. 특히 호박, 두부, 돼지고기로 만든 음식과 맛이 잘 어울린다. 그리고 돼지고기 편육에는 새우젓국에 식초, 파, 고춧가루 등을 섞어 초젓국을 만들어 곁들여 낸다. 젓국만 쓸 때는 건지가 들어가지 않게 꼭 짜서 쓴다.

(20) 초간장

초간장은 간장과 식초를 주재료로 하여 만든 양념간장으로, 식초에 설탕을 타서 잘 저은 다음, 간장을 넣고 섞은 뒤 잣가루를 넣어 만들며 주로 전에 곁들인다. 또는 파의 흰부분을 곱게 다져 식초, 고춧가루, 간장, 설탕, 깨소금을 넣어 고루 섞어 만들기도 하는데, 굴회에도 곁들인다. 그 밖에 식초나 여름귤의 신맛을 이용하여 귤즙을 만들어 간장, 설탕, 꿀, 곱게 다진파를 넣어 섞어 만들기도 하는데, 편육이나 전에 곁들인다.

2) 고명

고명이란, 음식의 맛보다는 모양과 색을 좋게 하기 위하여 음식 위에 뿌리거나 장식하는 것을 말한다. 고명의 대표적인 것으로는 다음과 같다.

(1) 달걀지단

달걀은 흰자와 노른자로 나누어서 각각 소금을 약간 넣어 기름을 두르고 불을 약하게 한 후, 풀어놓은 달걀을 부어 얇게 펴서 양면을 지져 용도에 맞는 모양으로 썬다. 지단은 고명 중에 흰색과 노란색을 가진 자연식품 중에 가장 널리 쓰인다. 채 썬 지단은 나물이나 잡채에, 골패형인 직사각형과 완자형인 마름모꼴은 국이나 찜, 전골 등에 쓴다. 줄알이란 뜨거운 장국이 끓을 때 푼 달걀을 줄을 긋듯이 줄줄이 넣어 부드럽게 엉기게 하는 것을 말하는데, 국수나 만둣국, 떡국 등에 쓰인다.

(2) 미나리초대

미나리를 깨끗이 씻어 줄기만을 약 12cm 정도의 길이로 잘라 굵은 쪽과 가는 쪽을 번갈아 대꼬치에 가지런히 빈틈없이 꿰어 칼등으로 자근자근 두들겨 네모지게 한 장으로 하여 밀가루로 얇게 묻힌 후, 푼 달걀에 담갔다가 번철에 기름을 두르고 양면을 지진다. 지나치게 오래 지지면 색이 나쁘다.

달걀의 흰자와 노른자를 따로따로 풀어 입히는 경우도 있다. 미나리가 억세고 좋지 않을 때는 가는 실파를 미나리와 같은 방법으로 부친다. 지져서 채반에 꺼내어 식은 후에 완자형이나 골패형으로 썰어 탕, 전골, 신선로 등에 넣는다.

(3) 고기완자

완자를 '봉오리'라고도 하며, 대개는 소고기의 살을 곱게 다져 양념하여 고루 섞어 둥글게 빚는다. 때로는 물기를 짠 두부를 으깨어 섞기도 하며, 완자의 크기는 음식에 따라 직경 1~2cm 정도로 빚는다.

둥글게 빚은 완자는 밀가루를 얇게 입히고, 풀어놓은 달걀에 담가 옷을 입혀 번철에 기름을 두르고 굴리면서 전체를 고르게 지진다. 면이나 전골, 신선로의 고명으로 쓰이고 완자탕의 건지로 쓴다. 고기의 양념은 간장 대신에 소금으로 하는 경우가 많고, 파, 마늘을 곱게 다지고 설탕이나 깨소금은 조금 넣는다.

(4) 고기고명

소고기는 곱게 다져서 간장, 설탕, 파, 마늘, 깨소금, 참기름, 후춧가루 등으로 양념하여 볶아 식힌 후 다시 곱게 다져 국수장국이나 비빔국수의 고명으로 쓴다. 고명은 소고기로 가늘게 채 썰어 양념하여 떡국이나 국수의 고명으로 얹는다. 지방에 따라 떡국에 고기산적을 작게 만들어 얹기도 한다.

(5) 버섯류

대개 말린 표고버섯, 목이버섯, 석이버섯, 느타리버섯 등은 불려서 손질하여 고명으로 쓴다.

① 표고버섯 : 표고버섯은 만드는 음식에 따라 적당한 크기의 것으로 골라서 물에 불려 부드럽게 한 후, 기둥을 떼어내고 용도에 맞게 썬다. 전을 부칠 때는 작은 것으로 하고, 채로 썰어 쓰려면 어느 크기라도 괜찮으나 크고 두꺼운 것을 얇게 저민 다음 채로 썰도록 한다.

마른표고는 먼저 물에 얼른 헹구어 씻어낸 후, 잠길 정도의 미지근한 물이나 찬물을 부어서 위에 떠오르지 않게 접시로 눌러두어 충분히 부드러워질 때까지 불려, 기둥은 떼고 용도에 맞게 썬다. 표고를 담근 물은 성분이 많이 우러나서 맛이 좋으므로 국이나 찌개의 국물로 이용하면 좋다. 물에 담글 때 지나치게 더운물로 불리면 색깔도 검고 향기도 좋지 않다. 고명으로 쓸 때는 고기 양념장과 마찬가지로 양념하여 볶는다.

② 석이버섯 : 석이버섯은 되도록 부서지지 않는 큰 것으로 골라, 뜨거운 물에 불려서 양손으로 비벼 안쪽의 이끼를 말끔하게 벗겨내고 배꼽을 떼어낸다. 여러 번 물에 헹구어 바위에 붙어 있던 모래를 말끔히 없앤다.

석이는 한 번에 많이 쓰지 않고 번번이 손질하려면 번거로우므로, 시간의 여유가 있을 때에 넉넉히 준비하여 말렸다가 쓸 때는 물에 담갔다가 바로 쓸 수 있도록 하는 것이 편리하다. 석이를 채로 썰 때는 말아서 썰고 다져서 달걀흰자에 섞어 석이지단을 부친다. 채 썰어 보쌈김치, 국수, 잡채, 떡 등의 고명으로 쓰인다.

(6) 실고추

붉은색이 고운 말린고추를 갈라서 씨를 발라내고 젖은 행주로 덮어 부드럽게 하여 두 개 정도씩 합하여 꼭꼭 말아 채 썰고, 시중에 파는 것은 짧게 잘라서 쓰도록 한다. 나물이나 국수의 고명으로 쓰이고 김치에도 많이 쓰인다.

(7) 다홍고추, 풋고추

말리지 않은 다홍고추나 풋고추를 갈라 씨를 빼고 채로 썰거나 완자형, 골패형으로 썰어 웃기로 쓴다. 익힌 음식의 고명으로 사용할 때는 끓는물에 살짝 데쳐서 얹는다. 잡채나 국수의 고명으로도 쓴다.

(8) 실파와 미나리

가는 실파나 미나리줄기로 데쳐서 3~4cm 길이로 썰어 찜, 전골이나 국수의 고명으로 쓴다. 푸른색을 좋게 하려면 넉넉한 물에 소금을 약간 넣고 데쳐내어 바로 찬물에 헹구어 완전히 식혀 쓰면 색이 아주 곱다.

(9) 통깨

참깨를 잘 일어 씻어 볶아서 빻지 않고 나물, 잡채, 적, 구이 등의 고명으로 뿌린다.

(10) 잣

잣은 대개 딱딱한 껍질을 벗기고 얇은 껍질까지 벗겨서 시판되고 있다. 잣은 되도록 굵고 통통하며 기름이 겉으로 배이지 않고 보송보송한 것이 좋다. 잣은 뾰족한 쪽의 고깔을 뗀 후 통째로 쓰거나, 길이로 반으로 갈라 비늘잣으로 하거나 잣가루로 하여 쓴다.

잣가루는 도마 위에 종이를 겹쳐서 깔고 잘 드는 칼로 곱게 다진다. 보관할 때는 종이에 싸서 두어야 여분의 기름이 배어나와 잣가루가 보송보송하다. 통잣은 전골, 탕, 신선로 등의 고명이나 차, 화채에 띄우고, 비늘잣은 만두소나 편의 고명으로 쓴다. 잣가루는 회나 적, 구절판 등의 완성된 음식을 그릇에 담은 위에 뿌려서 모양을 내며 초간장에도 넣는다. 한과류의 재료로 강정이나 단자 등의 고물로 쓰이고 잣박산, 마른안주로도 많이 쓰인다.

(11) 은행

은행은 딱딱한 껍질을 벗기고, 달구어진 번철에 기름을 두르고 굴리면서 볶아 마른종이나 행주로 싸서 비벼 속껍질을 벗긴다. 소금을 약간 넣고 끓는물에 은행을 넣어 삶아 벗기는 방법도 있다. 신선로, 전골, 찜의 고명으로 쓰고, 볶아서 소금으로 간을 하여 두세 알씩 꼬치에 꿰어 마른안주로도 쓴다.

(12) 호도

딱딱한 껍질은 벗기고 알맹이가 부서지지 않게 꺼내어, 반으로 갈라 뜨거운 물에 잠시 담갔다가 대꼬치 등 날카로운 것으로 속껍질을 벗긴다. 호도살을 너무 오래 담가두면 불어서 잘 부수어지고 껍질 벗기기가 어렵다. 많은 양을 벗길 때는 여러 번에 나누어 불려 벗긴다. 찜이나 신선로, 전골 등의 고명으로 쓰인다. 속껍질까지 벗긴 호두알은 녹말가루를 고루 묻혀 기름에 튀겨 소금을 약간 뿌려 마른안주로 한다.

(13) 대추

대추는 실고추처럼 붉은색의 고명으로 쓰이는데, 단맛이 있어 어느 음식에나 적합하지는 않다. 마른대추는 찬물에 재빨리 씻어 건져 마른행주로 닦고, 칼로 씨만 남기고 살은 발라내어 채로 썰어 고명으로 쓴다. 찜에는 크게 썰어 넣고 보쌈김치, 백김치, 식혜, 차에 채로 썰어 띄운다. 보통

음식보다는 떡이나 과자류에 많이 쓰인다.

(14) 알쌈

소고기를 곱게 다져 양념하여 콩알만큼씩 떼어 타원형으로 빚고, 번철에 지져 소를 만든다. 그리고 달걀을 풀어 번철에 한 숟가락씩 떠놓은 다음, 너무 익기 전에 숟가락을 앞으로 당겨 타원형으로 부친다. 소를 한쪽에 놓고 반으로 접어 반달 모양으로 지지는데, 고막 크기 정도로 작게 지지는 것이 좋다. 신선로, 된장찌개의 고명으로 쓰고, 술안주로도 쓴다.

(15) 감국잎

국화잎을 씻어 녹두녹말을 묻혀 끓는물에 데친 다음, 찬물에 헹궈 채반에 건져 고명으로 쓴다.

2. 한국음식의 기본조리법

1) 조리 칼 사용법

칼을 사용할 때는 검지손가락을 칼등에 얹듯 대고, 다른 손가락은 편하게 느껴지도록 칼자루를 잡은 다음 가볍게 힘을 주어 칼을 든다. 칼을 잡을 때 힘을 주지 말아야 하는 것이 중요한 포인트인데, 힘을 주어 잡으면 유연성이 결여되어 손을 벨 염려가 있기 때문이다.

식품을 썰 때는 일반적으로 왼손으로 재료를 누르고 써는데, 손가락 끝을 안쪽으로 구부린 채 손가락의 첫째 마디를 칼에 대는 듯하게 하고, 몸 전체에 리듬을 주는 듯한 동작으로 부드럽게 썬다. 이때 몸은 왼쪽을 약간 앞으로 오게 하고, 오른쪽이 약간 뒤로 물러선 듯한 자세를 취한다. 도마는 조리대의 가장자리에 평행으로 놓고 썰되, 몸은 조리대와 주먹 하나 정도의 간격을 두도록 한다.

(1) 잡아당겨 썰기

칼의 안쪽은 들어올리고 칼끝을 재료에 비스듬히 댄 채 잡아당기듯이 써는 방법이다. 오징어를 채 썰 때에 이 방법을 이용한다. 재료는 썰어진 채 도마 위에 그대로 있으므로, 그 밑에 칼은 뉘어서 넣고 살짝 들어서 그릇으로 옮겨 담으면 된다.

(2) 밀어 썰기

무, 양배추, 오이 등을 채 썰 때 사용하는 방법이다. 오른쪽 검지손가락을 칼등에 대고 칼을 끝 쪽으로 미는 듯하게 가볍게 움직이면 곱게 썰어진다. 위에서 아래로 내리누르듯이 힘을 주면 채소의 섬유질이 파괴되어 썰어진 단면이 거칠어진다. 큼직한 호박이나 무 등을 토막 낼 때도 쓰이는데, 이때는 칼을 안쪽에서 끝 쪽으로 밀어넣는 듯한 기분으로 재료에 넣고 왼손으로 칼끝 쪽을 누른 채 이쪽저쪽으로 번갈아 힘을 주면서 쪼개듯이 썬다. 밀쌈이나 김밥 등 말랑말랑하고 속에 무엇이 들어있는 재료를 썰 때 무조건 힘을 주어 물러 썰면 속재료가 빠져나가고 지저분해진다. 우선 칼끝을 재료에 넣은 다음, 안쪽으로 잡아당기는 듯한 동작으로 얇게 썬다.

(3) 눌러 썰기

다져썰기의 방법으로, 왼손으로 칼끝을 가볍게 누르고 오른손을 상·하, 좌·우로 누르는 듯하게 써는 것이다. 흩어진 것은 다시 모아 같은 동작을 반복하면 곱게 다져진다.

(4) 저며 썰기

재료의 왼쪽 끝에 왼손을 얹고, 오른손으로는 칼을 눕혀서 재료에 넣은 다음 안쪽으로 잡아당기는 듯한 동작으로 얇게 써는 방법이다.

2) 데치기

(1) 목적

① 딱딱하고 질긴 재료를 부드럽게 한다.
② 떫고 아린맛을 없앤다.
③ 색깔을 선명하게 살린다.
④ 여분의 수분을 없앤다.
⑤ 조리시간을 단축한다.

(2) 방법

① 찬물에서부터 넣어 데치는 방법 : 우엉, 무, 청둥호박, 죽순, 고구마, 감자 등 쉽게 익지 않는 재료라든가 가열해도 색이 변할 염려가 없는 식재료를 데치는 방법이다. 만약 익으면 부서지

기 쉬운 재료에는 백반을 약간 넣으면 방지할 수 있다.

② 끓는물에 데치는 방법 : 시금치, 쑥갓, 미나리 등의 푸른 채소류와 완두 등과 같이 가열하면 변색하기 쉬운 재료라든가, 쉽게 익는 재료, 어패류 등을 데치는 방법이다. 삶을 때 소금이나 백반을 넣으면 색상이 선명하게 삶아지는 효과가 있다.

(3) 삶는 방법

① 재료를 물로 씻은 후 물기를 충분히 뺀다.

②) 더운물은 넉넉히 사용한다.

③ 불은 반드시 강한 불로 한다.

④ 뚜껑을 열고 삶는다.

⑤ 재료를 한꺼번에 다 넣지 말고 적당량씩 넣어 데친다.

3) 볶기

(1) 생강, 파, 마늘을 적절히 이용

닭고기나 돼지고기 등 육류나 어패류를 재료로 한 볶음요리를 맛있게 만들기 위해서는 주재료를 넣기 전에 먼저 파, 마늘, 생강을 곱게 다져넣고 기름에 볶는다. 2~3차례 휘저으면서 이들의 맛과 향이 기름에 배어드는데, 이때 재료를 넣어 볶으면 좋지 않은 냄새도 제거되고 맛있게 조리된다.

(2) 센불(강한 불)에서 단시간에 볶기

볶음요리의 가장 중요한 포인트이다. 약한불에서 오랫동안 가열하면 재료에서 불필요한 물기가 생겨 맛이 없어질 뿐만 아니라 영양분의 손실도 커진다. 또한 볶음요리에서만 즐길 수 있는 약간 설익은 듯한 상큼한 맛도 빼앗기게 된다. 익기 어려운 재료는 미리 한 단계 가열시킨 다음 볶으면 된다.

(3) 녹말의 이용

녹말가루를 풀어서 넣으면 음식이 잘 식지 않을 뿐만 아니라 먹음직스러운 윤기가 생겨 구미가 돋아진다. 볶는 방법이나 재료에 따라 어느 정도 물기가 더해지는 요리에 적당량의 녹말가루를 같은 분량의 물에 풀어서 조리의 마무리단계에 넣고 휘저으면 된다.

(4) 참기름의 이용

불을 끄기 직전에 참기름을 몇 방울 떨어뜨린다. 볶을 때는 식용유를 쓰며, 참기름은 가열하는 도중에 넣으면 참기름 특유의 향기가 없어지기 때문에 쓰지 않고, 조리의 모든 과정이 끝나고 불을 끄기 직전에 몇 방울의 참기름을 넣으면 고소한 참기름의 맛이 그대로 남아 향긋한 냄새와 함께 감칠맛이 난다.

4) 튀기기

튀김요리는 기름을 사용하게 되는데, 식재료에 따라 다소 다르지만 기름의 끓는 온도인 180℃가 가장 적당하다. 식품은 기름 속에서 가열을 하면 그 식품이 가지고 있는 수분이 감소하면서 기름을 대신 흡착하여 고소한 맛을 지니게 하고, 기름으로 인하여 칼로리도 많이 증가하는 이점이 있다. 기름 속에 있던 식품이 기름 위로 떠오르는 것은 식품 속의 수분이 빠지기 때문이다.

식품을 그냥 튀기면 대개 40%의 수분이 감소하고, 옷을 입히고 튀기면 20%의 수분이 감소한다. 기름의 흡착률은 그냥 튀긴 것은 3%, 옷을 입힌 것은 5~10%이다. 튀김은 고온으로 단시간에 조리하는 요리이기 때문에 내성분이 흘러나오는 비율이 다른 조리법에 비하여 적고 비타민 및 다른 영양 손실이 가장 적다.

(1) 튀김용 도구

① 튀김냄비 : 깊고 바닥이 평평하며 두터운 냄비가 좋다.

② 튀김국자 : 보통 국자보다 좀 크고 구멍이 뚫려 있는 것을 준비한다. 튀기는 도중 기름에 남는 튀김 찌꺼기나 튀김을 건질 때 사용한다.

③ 튀김망 : 튀김냄비로부터 튀김을 건져서 기름이 빠질 동안 담아놓을 수 있는 망인데, 튀김이 겹쳐지지 않도록 어느 정도 큰 것이 좋다.

④ 튀김젓가락 : 길이가 긴 대나무제품이 좋다. 튀김옷을 재료에 입힐 때, 튀김재료를 가열된 기름에 넣을 때, 튀기는 도중 재료를 저어줄 때 사용한다.

(2) 튀김재료 손질

① 새우 : 소금물에 씻어 건져 머리를 떼고 꼬릿쪽 한마디의 껍질만 남기고 벗긴다. 등쪽에 꼬챙이를 넣어 내장을 뺀 다음 꼬리끝을 긁어주고, 배쪽에 3~4군데 칼집을 넣어 힘줄을 잘라주면 튀겼을 때 꼬부라지지 않는다.

② 오징어 : 여러 가지 모양으로 튀길 수가 있는데, 배를 가르지 않고 고리 모양으로 썰어서 튀기는 것이 보기에 좋다. 오징어의 다리를 잡아당겨 몸통 속의 내장을 떼어내고 껍질을 벗긴 다음 적당한 두께로 썬다. 오징어살의 군데군데에 칼집을 넣어주면 먹기에 좋다.

③ 고기류 : 가능한 힘줄과 기름기가 없는 살코기가 튀김용으로 적합하다. 얇게 저며 칼집을 낸 다음 잘게 썬다. 위에다 튀김옷을 입혀 튀겼을 때의 크기가 밤톨만하다면 고기의 크기는 그보다 적게 써는 것이 좋으며 밑간을 하여 재워두었다가 튀겨야 맛이 있는데, 고기에 따라 진간장, 청주, 소주, 생강즙, 후춧가루 등으로 양념한다. 다진고기는 튀길 때 밑간재료에 녹말가루를 섞어서 다진고기가 잘 뭉쳐지도록 한다.

④ 채소류 : 감자나 고구마, 당근 등은 껍질을 벗기고 얄팍하게 썰어 튀김옷 없이 튀기는 것이 깨끗하고 맛이 있다. 쑥갓, 깻잎 등은 깨끗이 씻어 물기를 거둔 다음 튀김옷을 입혀 튀기면 바삭하게 튀겨지고, 팽이버섯은 뿌리를 잘라낸 다음 튀긴다.

⑤ 생선 : 튀김요리용 생선은 크기가 비교적 작은 보리멸, 도루묵, 조기, 가지미를 꼽을 수 있다. 이런 생선들은 대개 토막내지 않고 통째로 튀기게 되는데, 비늘이 있는 것은 비늘을 긁고 내장은 제거하되 머리, 꼬리, 지느러미 등은 잘라내지 않고 튀기는 편이 모양새가 좋다.
생선냄새를 없애기 위해 청주, 생강즙, 레몬들을 밑간할 때 사용한다. 통째로 튀기기 때문에 자칫하면 속은 설익기 쉬우므로 기름의 온도를 약간 낮게(160~170℃) 해놓고 속까지 완전히 익을 때까지 튀기는 것이 좋다.

(3) 튀김옷 만들기

① 지나치게 섞지 않는다.
② 튀김옷을 만들기 위한 밀가루는 차게 보관하고 사용하기 전에 걸러 사용한다.
③ 튀김옷물은 달걀노른자 1개에 물(얼음물) 1컵의 비율로 하고 달걀노른자를 잘 풀어준다.
④ 튀김옷물과 밀가루의 비율은 1:1 정도가 좋다.
⑤ 튀김옷은 튀김요리를 조리할 때 즉시 만들어 사용하고 양을 조절하여 남지 않게 한다.
⑥ 빵가루를 튀김옷으로 할 경우, 재료에 밀가루를 묻히고 달걀을 곱게 푼 것에 담갔다가 건져서 빵가루를 묻혀 튀긴다.
⑦ 밀가루는 박력분을 사용한다.

(4) 튀김요리 주의점

① 한꺼번에 많은 양의 기름을 넣지 않는다.

② 신선한 재료를 써야 한다.

③ 재료에 따라서 튀김기름의 온도를 조절하여야 한다.(생선, 육류, 야채)

④ 튀김을 기름에서 건져서 바로 겹쳐놓으면 습기가 생겨 좋지 않으므로, 기름을 흡수할 수 있는 한지를 깔고 그 위에 펴놓는다.

⑤ 대체로 재료에 수분이 많고 큰 것은 저온(165~170℃)에서 튀긴다.

(5) 튀김기름의 온도

① 150℃ : 옷이 바닥에 가라앉았다 한참 후에 떠오른다.

② 160℃ : 옷이 바닥에 가라앉았다 떠오른다.

③ 170℃ : 옷이 중간쯤 가라앉았다 떠오른다.

④ 180℃ : 옷이 표면에서 부드럽게 펴진다.

⑤ 190℃ : 기름에 연기가 약간 나고 옷은 잘게 부서지듯 표면에서 쫙 펴진다.

(6) 튀김기름의 취급 보관

튀김을 끝낸 기름은 고운체에 밭쳐서 불순물을 제거하고 병에 넣어 밀봉하여 보관한다. 가급적이면 한 번 사용한 기름은 재사용하지 않는 것이 좋으므로 조리작업을 시작하기 전 기름의 양을 조절하여 폐유를 최소화해 버린다.

5) 조리기

(1) 조림요리의 특징

조린다는 것은 식품을 액체(조림국물) 속에서 가열하는 조리방법이다. 조림국물이 가열되면서 열이 식품에 전해지고 이와 함께 국물맛도 배게 된다. 식품을 조리면 국물맛이 식품 속에 배어들기도 하며, 동시에 식품의 성분이 조림국물로 녹아나오기도 하여 조림국물의 맛을 좋게 한다. 다른 조리법에 비하여 가열시간이 비교적 오래 걸리므로 영양분의 손실이 크다.

고기나 생선을 재료로 한 조림요리가 식으면 그 조림국물이 묵처럼 굳어지는 것을 볼 수 있다. 그 이유는 고기나 생선 속에 포함되어 있는 콜라겐이라는 단백질이 물과 함께 오랜 시간 가열됨으로써 젤라틴이라는 부드러운 물질로 변하게 되고, 그 젤라틴이 식어서 묵처럼 되기 때문이다.

푸른색 채소를 재료로 하였을 경우, 조리가 다 되고 나면 색상이 어둡고 누렇게 퇴색된다. 이것은 채소의 푸른 빛깔을 내는 엽록소가 열에 의해 파괴되기 때문이다. 또한 엽록소는 산에 의해서 퇴색

되는 성질이 있는데, 간장으로 간을 하여 조리면 간장의 산성에 의해 변색이 더욱 촉진된다. 푸른색 야채조림의 색깔을 유지시키려면 단시간에 조리하여야 하며 아울러 뚜껑을 열어놓고 조리한다.

(2) 조리는 방법

① 조림국물이 끓을 때 생선을 넣는다 : 재료가 잠길 만큼의 조림국물을 만들어 끓이다가 생선을 넣으면 생선이 부서질 염려가 적다. 이것은 생선구이를 할 때 프라이팬이나 석쇠를 먼저 달구어 조리하는 것과 같은 것으로, 생선 표면의 단백질을 급속히 응고시켜 살이 부서지지 않게 하기 위함이다.

② 알맞은 조미료, 향신료를 사용한다 : 돼지고기에 생강즙을, 생선조림에 청주를 넣어서 조리하는 것은 식품의 독특한 냄새를 없애기 위해서이다. 또 음식에 윤기와 단맛을 내기 위해 물엿이나 설탕을 넣는 것도 좋은 방법이다.

③ 조림요리의 포인트 : 조림요리의 포인트는 조림국물의 간이 재료에 잘 배어들고, 재료의 맛과 영양이 조림국물에 녹아나와 재료와 국물의 맛이 어우러지는 것이다. 녹색채소 조림의 경우는 다르겠지만, 대개의 조림요리는 심심한 국물을 넉넉하게 만들어 붓고 약한불로 천천히 조려서 충분히 맛을 내야 한다.(생선조림, 고기조림, 감자조림, 무조림 등)

④ 백반이나 소다를 이용한다 : 밤이나 고구마를 조릴 때 백반을 소량 넣으면 살이 단단해져서 잘 부스러지지 않는다. 이것은 백반이 밤이나 고구마의 펙틴성분과 결합하여 조직을 단단하게 만들기 때문이다. 뿐만 아니라 백반은 단백질을 굳히는 작용도 한다. 백반을 사용할 때 적당한 분량을 사용하는데, 대략 물 1ℓ에 백반 1작은술 정도가 알맞다. 한편 섬유소가 많은 채소나 콩 종류를 조릴 때 소다를 넣으면 부드러워지는데, 이는 소다가 섬유소를 연화시키는 작용을 하기 때문이다.

⑤ 우엉이나 연근을 조릴 때 식초를 넣으면 맑고 깨끗하게 조려진다 : 식초는 재료의 색을 변하지 않게 해줄 뿐만 아니라, 연근의 끈적끈적한 성분을 약화시켜 주기도 한다.

6) 찜하기

(1) 찜하기의 원리

① 물이 끓으면 찜통 안은 수증기로 채워지고, 이 뜨거운 증기에 의해 음식은 골고루 익게 된다. 찜요리 중의 하나인 달걀찜을 보면, 찌는 도중 강하게 가열하면 달걀의 응고가 갑작스럽게 이루어지기 시작한다. 달걀 속의 수분은 끓을 때 기포가 되어 굳기 시작한 달걀 속에서 터져

공포(空泡)를 만들고, 가열을 계속하면 달걀찜에 구멍이 뚫리게 되므로 처음은 중불에서 끓기 시작하면 약한불에서 익혀야 고운요리가 될 수 있다.

② 군만두나 익히기 어려운 재료, 도톰한 재료를 구울 때 겉은 타고 속은 익지 않은 채로 있게 된다. 이러한 경우 어느 정도 구워져서 표면이 먹음직스러운 빛깔을 내면, 냄비나 프라이팬에 물을 끼얹고 뚜껑을 덮어 증기로 익히면 속까지 완전히 익게 된다. 이런 방법, 즉 굽기와 찌기 두 가지 방법으로 조리하는 것을 '찜구이'라고 한다.

③ 재료는 물이 끓을 때 넣는다. 고온에서 가열해서는 안 되는 달걀요리 같은 경우에는 예외이지만, 대개의 경우는 물이 끓어서 김이 오를 무렵에 넣는 것이 바람직하다. 처음부터 넣어두면 수증기가 재료의 표면에서 식어 물방울로 되므로 습기가 차서 음식이 질퍽하게 된다.

④ 찜요리를 할 때 찜솥의 물 분량은 물넣는 부분의 70~80% 가량 넣는 것이 적당한다. 이보다 물을 많이 부으면 물이 끓을 때 올라와서 식품을 젖게 하여 요리의 맛을 빼앗기게 된다. 반대로, 물이 너무 적으면 식품이 다 익기도 전에 물이 졸아서 중간에 물을 더 부어야 하는데, 이때는 끓는물을 부어주어 온도차가 나지 않도록 해야 한다.

⑤ 음식을 찌는 도중에 생기는 수증기는 식어서 물방울로 변하여 떨어진다. 일반적으로 흔히 쓰이는 금속제 그릇은 습기를 흡수하지 못하므로 깨끗한 헝겊을 덮어 수분이 음식으로 떨어지지 않도록 배려하고, 조리 도중 뚜껑을 열지 않도록 한다.

⑥ 저온가열이 필요할 때는 뚜껑을 비스듬히 덮어서 수증기가 조금 세어나가게 하여 내부의 온도를 낮춰주도록 한다.

7) 건식품 말리기와 불리기

(1) 말리기

① 시래기 : 무청을 데쳐서 말리는 것인데, 배추로도 만든다.(시금치나 양배추도 가능하다.) 잎을 깨끗이 씻은 다음 넉넉한 물에 소금을 넣고 살짝 데쳐 소쿠리에 건져서 물기를 뺀다.(이때 물에 헹구지 않고 그대로 식힌다.) 물이 빠지면 끈으로 엮어 바람이 잘 통하는 그늘에 매달아 1주일쯤 말린다.

② 무말랭이 : 무를 썰어(채썰기, 막대썰기, 은행잎썰기, 통썰기 등) 통풍이 잘되는 곳에 펼쳐놓고 말린다. 가끔 뒤집어주어야 한다.

③ 산나물 : 쌀뜨물을 준비한 다음 산나물을 넣고 조금 끓여서 소쿠리에 건진다. 쌀뜨물을 사용하는 것은 산나물의 아린맛을 우려내기 위함이다. 말릴 때는 가끔 뒤집어주어야 한다.

④ 표고버섯 : 되도록 크기가 비슷한 것을 고르도록 하고, 표고의 먼지를 털고 꼭지 부위에 실을

꿰어 하나씩 연결한 다음, 통풍이 잘되는 곳에 비를 맞지 않게 하여 그늘에서 1~2주간 말린다. 실에 꿰어 말리는 것이므로 실을 매달아두면 된다. 달그락거리는 소리가 나도록 바싹 말린다.

⑤ 호박 : 두께가 4㎜ 정도가 되게 통썰기 하여 실에 꿴 다음 통풍이 잘되는 그늘에 매달아 말린다.

⑥ 생선류 : 깨끗하게 손질한 다음 생선의 배를 갈라서 한 장으로 편 다음 소금을 뿌린다. 추운 겨울 대관령 같은 고지대에서 생선을 건조시키는 것을 생각해 보면 알 수 있듯이, 저온 건조한 바람에 말리는 것이 이상적이다.

(2) 불리기

① 표고버섯 : 물에 씻은 다음 미지근한 물을 넉넉히 붓고 1시간 이상 불려야 제맛이 난다. 줄기를 눌러보아 딱딱한 것이 없어야 잘 불려진 것이다. 급할 때는 꼭지부터 따서 미지근한 물에 담가 설탕을 약간 넣으면 빨리 불려지며 맛도 좋다.

② 미역 : 미역은 3~5월 사이에 채취된 것이 가장 질이 좋다. 건미역은 물에 담가 5분쯤 불리고 잘 씻은 다음, 질긴 줄기는 떼어 낸다. 미역으로 초무침을 하고 싶을 때는 더운물에 잠시 담갔다가 식촛물에 씻어서 사용하면 맛이 있다.

③ 호박 : 말린호박을 물에 씻은 후 소금을 뿌려 가볍게 비빈 다음, 소금기를 씻어내고 물에 4~5분 동안 담가둔다. 바싹 마른 것은 먼저 미지근한 물로 비벼 씻은 다음, 소금을 뿌리고 다시 한 번 비벼 씻어서 소쿠리에 건져둔다.

④ 고사리 : 먼지를 씻고 나서 70℃ 정도의 따뜻한 물을 넉넉히 준비하여 뚜껑을 덮은 채 둔다. 물이 식으면 다시 따뜻한 물을 부어 덮어두는 과정을 2~3회 반복한다. 이런 과정에서 어느 정도 부드러워진 고사리에 다시 물을 붓고 삶아낸 다음 찬물에 헹구어진다.

⑤ 무말랭이 : 그릇에 담고 물을 부어 2~3분 동안 비벼 씻은 다음, 가볍게 흔들어 소쿠리에 건지면 밑에 먼지와 모래가 가라앉는다. 그런 다음 다시 물을 넉넉히 붓고 불린다. 불리는 시간을 단축하고자 할 때는 미지근한 물에 10분 정도 담가 불린 후 헹구어 건진다.

⑥ 시래기 : 대강 헹구어 20~30분간 불린 다음 15분 정도 삶는다. 시래기는 다른 건재료와는 달리 삶아내어도 충분히 불려지지 않고 씁쓸한 맛이 남게 된다. 따라서 시래기를 삶아낸 다음, 다시 물에 담가두면 질기고 씁쓸한 맛이 제거된다.

⑦ 콩류 : 검은색이나 붉은색 계통의 콩 종류는 그대로 씻어서 삶으면 충분히 불려지지만, 흰콩은 하룻밤 물에 불려 삶아서 사용해야 한다. 검은콩을 불리는 다른 방법으로는 콩 1컵을 씻어서 물 3컵, 소금 1/3Tsp을 섞은 물에 하룻밤 동안 담가두었다가 조리하기도 한다.

⑧ 말린생선 : 대구나 명태 등을 말리는 데는 오랜 시간이 걸리기 때문에, 그동안 지방산이 산화되어 특유의 떫은맛이 생긴다. 그런데 말린생선을 쌀뜨물에 담가 불리면 떫은맛이 없어진다.

⑨ 말린해삼 : 기름기가 없고 깨끗한 냄비에 해삼을 넣고 물을 넉넉히 부어 10분 정도 끓인 다음, 불을 끄고 그 물에 담근 채로 하룻밤 두었다가 다시 앞과 같은 방법을 2번 반복하여 건져, 창자를 빼고 다시 불에 올려 끓기 직전까지 뜨겁게 하였다가 불을 끈다. 이런 과정을 5~6회 반복하여 불린다. 그런데 같은 과정을 거치더라도 빨리 불려지는 것이 있으므로 먼저 불은 것은 골라낸다. 일단 불린해삼을 찬물에 담가두거나 오래 보관할 때는 물에 담근 채 냉동시켜 보관한다.

3. 한국음식의 전문용어

한국요리의 조리 전문용어에는 우리가 일상적으로 사용하는 단어 이외에 우리가 잘 모르는 특수한 용어가 있는데, 이들 단어는 고어에서 나온 것과 지방 방언에서 유래된 것 등 여러 가지가 있다. 한국요리의 정확한 이해를 돕기 위해서는 이들 용어에 대한 명확한 지식이 필요하다.

- 씻기 : 모든 식품에 응용되며 조리의 전제가 되는 것으로 식품에 부착되어 있는 흙, 먼지, 미생물, 농약 등의 불순물을 씻어내는 것이다.
- 담그기 : 담그기에는 물 속에 담그는 것과 조미료 속에 담그는 것의 두 가지 경우가 있다. 물 속에 담그는 목적은 조리 전에 물에 담가 식품을 팽윤시키는 데 있다.(미역, 무말랭이, 젤라틴, 박오가리 등) 조미료에 담그는 경우는 냄새 제거, 맛의 상승효과 등을 위해서인데, 예를 들면 냄새나는 고등어를 생강, 마늘 등의 휘발성 조미액에 담근다.
- 절이기 : 재료에 소금이나 간장, 설탕, 꿀 등을 넣어 저장하는 조리법이다.(예 : 배추를 소금에 절인다. 유자를 설탕에 절인다.)
- 썰기 : 식품을 적당한 크기로 절단하는 것을 말하며 어슷썰기, 반달썰기, 막썰기, 얄팍썰기, 채썰기, 네모썰기, 다지기 등의 기초적인 것과, 식품의 색이나 모양을 살린 매화, 국화, 난초, 솔잎 등의 모양으로 장식적인 멋을 살리는 방법도 있다.
- 다지기 : 재료를 여러 번 반복하여 쳐서 잘게 만드는 조리법으로 실백, 파, 마늘, 육류의 식재료를 곱게 만들기 위해 이용한다.
- 섞기(혼합) : 재료를 한데 섞는다든지, 조미료를 같이 넣어 혼합하는 방법을 말한다. 재료의 성질, 비율, 혼합하는 방법 등에 따라 음식의 맛에 상당한 영향을 미치므로 주의를 요한다. 섞

기 및 혼합의 목적은 재료의 분포상태를 균일하게 하거나 온도 및 조미료의 분포를 고르게 하여 맛의 침투를 촉진시키기 위한 것이다.

- 누르기 : 액즙을 짜거나 압착에 의하여 모양이나 조직을 변화시키는 방법이다, 예를 들면 과즙을 짜거나, 야채·과일을 갈거나 초밥·주먹밥들을 만들 때, 혹은 편육·생선묵 등의 모양 만들기에 이용된다.
- 빚기 : 지에밥(고들밥)과 누룩을 버무려 술을 담그거나 가루를 반죽하여 경단, 만두, 송편, 주악같은 것을 만드는 조리법이다.
- 데치기 : 끓는물에 재료를 넣어 살짝 삶아내는 조리법이다.
- 삶기 : 식품을 끓는물 속에서 가열함으로써 재료 중의 수분과 불미성분을 용출하고, 경한 것은 연하게 하여 지미를 증가하며 좋은 색깔이 나게 하여 식용을 증진시키며 소화의 효율화를 위함과 동시에 살균도 된다.
- 끓이기 : 삶기와 같이 끓는물 속에서 가열하는 것이나, 삶기는 그 식품만을 연하게 하고 나머지 물은 이용되지 않으나, 끓이기에 있어서는 조미료를 사용하여 식품 자체 내에 조미료가 침투되도록 하는 방법이다. 장시간 요하는 것이므로 두꺼운 용기나 이중냄비를 이용함이 좋다.
- 중탕 : 식품에 직접 열을 가하지 않고, 바깥용기에 물을 적당히 하여 오랜 시간 중불에서 끓이면서 음식물을 담은 내부용기에 열이 전달되게 하는 조리법이다.
- 뜸들이기 : 음식물을 찌거나 삶을 때 충분히 익히기 위하여 가열한 뒤, 뚜껑을 열지 않고 잠시 그대로 두어 재료가 푹 익히게 하는 방법이다.
- 고으기 : 약재나 소고기, 사골, 우족, 닭, 잉어 등의 재료를 물을 넉넉히 붓고 오랫동안 푹 끓이는 조리법이다.
- 쑤기 : 죽이나 풀 등을 끓여서 익히는 방법이다.
- 왼죽 : 쌀을 통째로 하여 쑨 죽이다.
- 원미죽 : 쌀을 굵게 동강나게 쑨 죽이다.
- 무리죽 : 쌀과 물을 함께 갈아서 쑨 죽이다.
- 미음(米飮) : 쌀이나 좁쌀에 많은 양의 물을 부어 푹 끓인 후 체에 거른 죽이다.
- 응이, 의이(薏苡) : 율무가루, 녹말, 수수가루로 걸쭉하게 쑨 묽은 죽이다.
- 찌기(찜) : 식품을 직렬 아닌 이중냄비나 수증기에 의하여 익히는 방법으로, 시간은 걸리지만 영양소의 손실이 적고 온도분포가 고르므로 모양이 흩어질 염려가 없다.
- 선(膳) : 호박, 오이, 배추, 가지, 두부 등과 같이 식물성의 재료를 사용하여 찜과 같은 방법으로 조리하는 것을 선(膳)이라고 한다.
- 굽기 : 가장 오래된 조리법이나, 다른 방법에 비하여 열효율이 나쁘고 온도조절이 어렵다. 그

러나 눋고 타는데 따라 독특한 방향이 생기는데, 이 굽는 방법에도 직접 재료에 불을 대는 방법과 간접적으로 굽는 방법이 있다.

- 튀기기(튀김) : 식품을 고온의 기름에서 단시간에 익히는 것으로, 영양소의 파괴가 적고 기름에 의하여 풍미가 첨가된다.
- 튀각 : 호도나 다시마, 가죽나무순 등을 그대로 기름에 튀긴 것이다.
- 부각 : 재료에 풀칠을 하여 바짝 말려두었다가 먹을 때 기름에 튀겨 안주나 마른찬으로 하는 것이다.
- 볶기 : 식품을 한 가지 혹은 두 가지 이상의 재료를 섞어서 조미료를 첨가하여 뭉근하게 혹은 센불에서 빛깔을 살리면서 익히는 것으로, 튀기는 것보다 시간과 기름이 적게 드는 방법이다.
- 무치기 : 나물이나 기타 식재료에 양념을 섞어 버무리는 조리법이다.
- 버무리기 : 식재료를 한데 골고루 뒤섞는 조리법이다.(예 : 떡가루를 버무리다. 김칫속을 버무리다.)
- 지지기 : 국물을 조금 붓고 끓여 익히거나 식재료를 뜨거운 번철에 기름을 두르고 전을 부치는 조리법이다.
- 부치기 : 번철에 기름을 두르고 밀전병이나 빈대떡 같은 것을 익히는 조리법이다.
- 조림 : 식품을 물이나 또는 국물, 조미료를 합해서 익혀내는 조리법이다. 재료가 익은 후에도 그 조림의 국물을 끼얹어가면서 윤이 나게 조리하는 것이 좋다.
- 초(抄) : 조림을 달게 하거나 녹말풀을 입혀 국물이 없이 윤기 있게 조린 것으로, 홍합초, 전복초, 반초, 대추초 등이 있다.
- 장과 : 장아찌의 다른 말로서 재료를 간장, 고추장, 된장, 식초 등에 담가서 만든 음식으로(주로 밑반찬류), 즉시 먹을 수 있는 장점이 있고 익혀서 만든 숙장과가 있다.
- 자반 : 감자반, 미역자반, 매듭자반과 같이 기름에 볶는 것과, 똑똑이 자반처럼 간장에 조리는 것, 생선을 소금에 절인 것 등을 말한다.
- 국 : 우리나라 식생활의 가장 기본찬으로, 국물을 목적으로 할 때는 생선뼈, 수조육류의 뼈 등을 처음부터 물에 담가서 수용성인 성분을 충분히 나오게 하기 위하여 센불에서 중불로 은근히 끓인다. 국에는 소금과 간장으로 맛을 내는 맑은장국과 된장이나 고추장으로 맛을 내는 토장국의 두 종류로 구별할 수 있다.
- 감정 : 탕과 조치의 중간음식으로 국물도 있고 건지도 많으며 게감정, 오이감정 등이 있다. 흔히 고추장으로 간을 한다.
- 찌개(조치) : 찌개는 통속명칭이고, 조치는 옛날 중국요리에서 나온 이름이다. 대개 국처럼 국물이 많지 않고 찜보다는 국물이 많은 것으로 국보다 간이 좀 진하다. 찌개의 재료는 그 범위

가 매우 넓고 한정이 없으며, 식품을 몇 가지씩 배합하여 만드는 예가 많아서 영양구조상 매우 좋은 요리이다.

- 전골 : 옛날의 전골냄비는 쇠나 놋쇠로 만들어졌으나, 요즈음은 옛날 것이 없고 다만 프라이팬 모양으로 생겨 가운데 국물이 고일만큼의 깊이를 가지고 있다. 전골이란 국처럼 국물이 많은 것도 아니고, 볶음처럼 물이 아주 적은 것도 아니다. 보통 여러 가지 채소와 수육 등을 전골냄비에 빛깔 좋게 담고, 조미료는 아주 담백하게 하여 식탁에서 즉석요리로 끓이는 것이 더 별미스럽다.
- 전유어 : 생선이나 육류, 기타 야채류 등을 기름에 지져 익혀내는 것이다. 식품을 깨끗이 다루어 적당한 크기로 썰어서 밀가루를 묻히고, 그다음 달걀을 씌워서 기름을 두른 번철에 약한불로 얌전히 지지는 것을 뜻한다.
- 화양적 : 재료를 각각 양념하여 익혀 꼬치에 꿴 것이다.
- 누름적(지짐누름적) : 재료를 꼬치에 꿴 다음, 전을 부치듯이 지져낸 것이다.
- 지짐 : 빈대떡이나 파전처럼 재료 자체에 부재료를 섞어서 직접 기름에 지져내는 것이다.
- 생채 : 무, 오이, 도라지, 배추 등의 주재료를 갖은 양념으로 싱싱하고 산뜻하게 무치는 것이다. 여기에는 주로 식초가 산뜻한 맛을 내며, 겨자즙에 무치는 겨자채, 깨즙에 무치는 깨즙채 등이 있다.
- 숙채 : 주로 야채요리인데 고비, 도라지, 콩나물, 시금치, 숙주나물, 버섯 등을 갖은 양념으로 볶는다든지 끓는물에 데쳐서 갖은 양념으로 무치는 요리이다.
- 산적 : 산적이란, 우리나라 고유의 음식 중에서도 아주 특색 있는 요리의 일종이다. 주로 육류, 채소 등을 대꼬챙이에 꿰어서 갖은 양념으로 간하여 굽는다든지, 번철에서 익혀내는 것이다.
- 편육 : 편육이란, 육요리 중에서도 특히 소고기와 돼지고기를 주로 많이 다루게 되는데, 고기를 덩어리 채로 삶아서 살을 다시 단단하도록 눌렀다가 얇게 써는 것이다. 이것은 초간장이나 초고추장, 새우젓국 등에 찍어먹는다.
- 족편 : 동물성단백질 중 콜라겐이라는 단백질을 가진 육류를 오래 끓이면 묵처럼 되는데, 이것을 굳힌 것으로, 소의 껍질과 족을 고아서 만들며 겨울음식이다. 초간장을 곁들인다.
- 묵 : 도토리가루, 메밀가루, 녹두가루 등으로 풀을 쑤어 응고시킨 것으로서, 겨울 음식의 하나이다.
- 포(脯) : 북어, 대구, 민어, 전복, 새우, 관자, 문어, 소고기 등을 그대로 말리거나 얇게 져며 양념한 후 말린 것으로, 마른찬이나 안주용으로 쓰인다.
- 식해(食醢) : 엿기름가루나 밥, 메조밥에 고춧가루, 파, 마늘, 생강 등의 양념을 섞어 생선을 넣어 삭혀서 만든 것인데, 젓갈류의 일종이다. 함경도의 가자미식해, 안동식해가 유명하다.

- 식혜(食醯) : 찹쌀이나 멥쌀로 밥을 되직하게 지어, 엿기름가루를 우린 물을 부어 삭힌 음식이다.(감주:甘酒)
- 쌈 : 김, 상추, 배추속대, 취, 깻잎, 생미역 등으로 밥과 반찬을 함께 싸서 먹는 것이다.
- 거피내다 : 팥이나 녹두, 참깨, 들깨, 동부 등의 겉껍질을 벗기는 것을 말한다.
- 완자 : 육류를 다지거나 생선류를 다져서 갖은 양념을 하여 은행알처럼 작고 둥글게 빚어서 전을 부치듯 조리한 것으로, 봉오리, 모리라고도 한다. 둥글납작하게 만들어서 전을 부친 것을 완자전이라고 한다.
- 물내린다 : 곡류를 가루로 빻아서 떡을 만들 때 수분함량이 적으면 잘 익지 않는다. 이때 수분을 적당히 주어 촉촉한 상태로 만드는 것을 뜻한다.
- 지단 : 달걀을 황색, 백색으로 나누어 얇거나 약간 두껍게 각종 음식의 고명으로 쓰는 것을 말한다.
- 미나리초대 : 미나리는 줄기만을 다듬어 가는 꼬챙이에 꿰어 전을 부쳐 음식의 고명에 쓰는 것을 말한다.
- 고명 : 지단, 미나리초대, 은행, 호두, 완자처럼 맛에도 영향을 미치지만 주로 장식적인 목적을 갖는다.
- 회 : 육회, 어회, 두부회 등을 들 수 있는데, 식품 자체의 신선함을 이용하여 초고추장이나 겨자즙, 양념장 등에 찍거나 무쳐서 먹는 간단한 조리방법으로 만든 요리이다.
- 숙회 : 회 중에서도 열을 가하여 익힌 문어회, 오징어회 등을 말한다.
- 강회 : 미나리, 실파, 두릅 등과 같이 익혀서 여기에 장식적 가치를 더하기 위해서 모양을 낸 것이다. 즉 편육, 실고추, 잣 등을 꿰어 손으로 돌돌 말아놓은 것이다.
- 유밀과 : 밀가루를 주재료로 하여 기름과 꿀을 부재료로 하여 만든 과자로 약과, 다식과, 만두과, 매작과 등이 있다.
- 강정 : 찹쌀가루를 주재료로 하여 만든 것을 기름에 튀겨 부푼 것에 각색고물을 묻힌 것인데, 가정 고물에 따라 깨강정, 세반강정, 잣강정 등이 있다.
- 다식 : 곡식가루나 송화를 꿀로 반죽하여 뭉쳐 다식판에 박아 모양을 만든 것이다.
- 전과 : 과일이나 채소 중 무르지 않은 것을 꿀이나 조청으로 조린 것을 말하며, 정과라고도 한다.
- 화채 : 우리나라 음료 중 차게 하여 마시는 것을 통칭하여 말한다. 원소병, 송화밀수, 딸기화채, 진달래화채, 오미자화채 등이 있다.
- 황화채(黃化菜) : 말린 원추리꽃을 말하며, 물에 불려 반쪽으로 쪼개서 참기름에 볶아 잡채에 사용했다.

4. 한국음식의 종류

1) 주식류(主食類)

(1) 밥

우리 식사의 주식은 밥이고 탄수화물이 주가 된다. 밥짓는 조건은 쌀의 종류, 쌀의 양, 건조도에 따라 물의 양, 솥의 종류, 불의 세기 정도가 결정된다. 쌀은 상온수에서 1~2시간 정도 담가두는 것이 적당하며, 밥물은 쌀 중량의 1.5배, 쌀 부피의 1.2배가 적당하다. 밥의 종류는 흰밥, 보리밥, 팥밥, 콩밥, 강낭콩밥, 찰밥, 차조밥, 밤밥, 콩나물밥, 무밥, 굴밥, 비빔밥, 볶음밥, 야채밥, 잡곡밥, 채소밥, 생굴밥 등이 있으며, 다음과 같이 한다.

① 쌀이 물을 흡수하여 호화되고 뜸들어가는 정도에 따라 함께 알맞게 익을 수 있도록 마른콩을 불리고, 붉은팥은 미리 삶고, 거피팥은 타고, 보리는 미리 삶거나 압착한다.
② 채소나 고기를 섞을 때에는 미리 볶아서 수분을 증발시켜 쌀을 섞는다.
③ 생굴밥을 할 때에는 생굴의 맛이 많이 배이게 하려면 처음부터 함께 섞어 넣고, 밥물을 줄이도록 한다. 그리고 생굴이 동글동글하게 남도록 하려면 밥이 끓을 때 섞는 편이 좋다.

(2) 죽, 미음, 응이

죽, 미음, 응이는 곡류를 주재료로 한 유동식 음식이다. 죽, 미음, 응이는 물의 양에 따라 달리 불려지며 죽보다 미음이, 미음보다 응이가 더 묽다. 죽은 보통 쌀을 통으로 하는 왼죽, 쌀을 굵게 동강나게 쑨 원미죽, 쌀을 물에 넣고 갈아서 쑤는 무리죽이 있다. 죽, 미음, 응이상은 반상과는 달리 상차림이 간단한데, 죽이나 미음, 응이는 함에 담아 따로 덜어먹을 공기와 수저, 그리고 조미하는데 필요한 간장이나 소금, 꿀(설탕) 등이 놓인다. 그 밖에 국물이 있는 김치와 젓국조치와 마른 찬이 놓인다. 궁중에서는 초조반(조반전)으로 죽, 미음, 응이 등이 있었다.

(3) 국수

한국요리의 국수는 평상시의 식탁에 오르기보다는 두고두고 길게 기리려는 뜻으로, 생일잔치나 결혼잔치, 명절 때 등 손님접대용 교자상에 밥 대신 차렸고, 국수를 주로 하는 국숫상에 쓰였다. 크게 차리는 교자상에는 떡과 유과 종류, 고기류가 주된 음식으로 차려지고, 국수는 간단한 자리만 차지한다. 이와 반대로 국수상에는 온면, 냉면 등 면류가 주가 되고, 냉채, 전종류, 잡채류, 나박김치나 장김치 등 국물이 있는 김치류와 과일, 화채 등이 차려진다. 국수의 종류에는 냉면 등에 사용되는 메밀국수, 잡채 등에 사용되는 녹말국수(당면), 그리고 밀국수, 달걀국수 등이 있다.

국수장국에도 여러 종류가 있는데, 예를 들어, 소장국은 고기를 쓰지 않는 간장국물이다. 육수는 옛날에는 꿩고기가 많이 사용되었지만, 요즈음은 소고기를 많이 쓴다. 깻국은 참깨를 볶아서 빻아 앙금을 걸러 국수를 마는데, 얼음을 띄워 시원하게 만들며, 콩국은 콩을 삶아 껍질을 벗겨 맷돌에 갈아 체를 거른 뒤 소금으로 간하여 콩국수를 만든다. 이들은 대표적인 여름음식들이다.

(4) 만둣국, 떡국

만둣국이나 떡국은 겨울음식으로, 특히 설음식으로 알려져 있다. 예부터 북쪽에서는 만둣국을, 남쪽에서는 만둣국 대신 떡국을 만들었다. 그러나 근래에는 떡국과 만둣국을 혼합한 떡만둣국이 생겼다. 만두는 껍질의 종류에 따라 메밀만두(메밀을 재료로 한 것), 밀만두(밀가루를 사용한 것), 어만두(얇게 저민 생선을 사용) 등이 있다. 모양에 따라서는 개성만두(껍질의 양귀를 맞붙여 둥글게 만든 것), 서울 지방만두(반죽을 우물 파듯이 얇고 우묵하게 하여 속을 넣고 양편을 배 모양으로 만들고 양귀에 구멍을 조금 남겨서 국물이 교환되게 한 것) 등이 있다.

● 만두피(만두껍질) 반죽하는 법

메밀가루로 만든 껍질은 반죽할 때 밀가루로 일단 풀을 쑨 다음 여기에 메밀가루를 넣어 반죽한다. 만두껍질이 너무 질긴 것은 좋지 않기 때문에 녹말가루는 섞지 않고, 밀가루의 경우는 냉수로 되게 반죽하여 젖은수건을 씌워 두고 쓴다. 만두는 껍질이 얇고 속이 많아야 맛이 있고, 얇게 하려면 가루반죽에 달걀흰자를 섞어서 반죽하면 질겨져 찢어지지 않게 얇게 밀 수 있다. 밀어놓은 만두피는 젖은 수건으로 덮어놓고 빚어야 하며, 그래도 마르면 가장자리에 물을 칠해서 빚어야 한다.

2) 부식류(副食類)

(1) 탕(湯)

'탕'은 일상식으로 국물요리이다. 우리나라의 식생활은 밥을 주식으로 하고 여기에 따르는 찬을 마련하여 일상의 조석식사로 하는 것이 전통적인 기본형인 만큼 국은 밥에 따르는 뺄 수 없는 반상음식 품목 중의 하나이다.

종류로는 맑은장국, 토장국, 곰국, 냉국으로 크게 나눌 수 있는데, 그 중 설렁탕이나 곰탕, 갈비탕, 육개장 등에 밥을 말아서 탕반(湯飯)을 만드는데, 이 탕반 형식의 일품요리는 우리나라 별미음식의 하나이기도 하다. 탕류에는 수조육류는 물론 각종 어패류, 채소류, 해조류 등 모든 것이 쓰인다. 특히 살코기뿐만 아니라 갈비, 꼬리, 사골과 같은 뼈를 위시하여 내장, 선지까지 이용하여 별미로운 탕을 만든다.

(2) 찌개, 지지미, 감정

한국요리의 찌개요리는 된장찌개, 고추장찌개, 젓국찌개로 크게 나눌 수 있고, '찌개'보다 국물을 많게 한 요리를 '지지미', 국물을 적게 한 것을 '감정'이라고 하며, 감정은 흔히 고추장으로 한다. 된장으로 찌개를 끓일 때는 토장국과 마찬가지로 쌀뜨물을 이용해야 좋다.

된장찌개의 재료는 매우 다양한데 가장 보편적인 것이 두부로 끓인 것이고, 이 두부 된장찌개도 봄철이면 달래, 냉이, 햇고사리 등을 섞어 끓이면 좋다. 그리고 여름철에는 풋고추를 넣고 가을에는 버섯류를 넣으면 더욱 맛이 좋다. 막장으로 찌개를 끓일 때는 너무 오래 끓이지 말고 잠깐 끓여야 맛이 좋다. 막장은 보리, 밀과 같은 녹말성 원료를 띄워서 담근 된장이다. 이 막장은 추운지방보다 남쪽지방에서 많이 만드는데, 이것은 보리생산이 많은 풍토적인 특징에 기인한 것이다.

청국장찌개는 겨울철 특유의 별미이다. 잘 뜬 청국장은 실같은 진이 나고 독특한 맛을 낸다. 청국장을 끓일 때는 돼지고기를 넣고 끓이면 좋고, 겨울 김치와 두부를 건더기로 넣었을 때 맛이 가장 좋다.

고추장찌개는 고추장으로 간을 맞추어 끓인 찌개로, 찹쌀고추장이나 보리고추장을 넣고 건더기도 두부, 호박, 감자, 양파 등 채소류와 생선을 주재료로 하여 끓인 고추장찌개가 일품이다.

새우젓찌개는 서울을 중심으로 한 중부지방 특유의 찌개로 소화가 용이하여 많이 이용하고 있다.

(3) 찜

'찜'은 여러 가지 수조 육류, 어패류, 채소류 등 어떤 것으로든 만들 수 있다. 이 찜은 무르게 익히면서도 재료의 양분이나 제맛을 보존할 수 있는 조리법이다. 특히 우리나라에서는 이 찜요리가 잘 발달되어 왔다.

찜의 종류로는 닭, 갈비, 우족, 우육, 수조육을 큰 덩어리째 사용하고, 생선도 도미, 조기와 같이 모양과 색깔이 아름다운 것을 선택하여 모양 그대로 찜을 하며, 해삼이나 전복 등도 그 모양을 살려서 조리한다. 찜은 토막을 내서 익힐 때는 끓는물이나 기름에 볶아 표면을 익힌 후 물을 붓고 무르게 익힌다. 그 다음에 간을 맞추고 국물을 조린다. 먼저 표면을 익히는 것은 재료 안의 성분이 유출되지 않도록 하는 것이다. 쉽게 무르도록 하려면 맹물에 익히는 것이 가장 빠르지만, 전혀 간을 하지 않고 익히면 고기의 성분이 국물에 녹아나와 맛이 덜해진다. 이러한 점을 고려하여 처음에는 싱겁게 조미하여 알맞게 익힌 다음에 필요량의 조미료를 다 넣어 무르게 하는 것이 '찜요리'의 기본방법이다. 전통적인 찜요리법은 중탕으로 하는 것이었으나 요즈음은 직접 조리하는 경우가 많아졌다.

(4) 선

찜과 같은 방법으로 조리하되 호박, 오이, 가지, 배추, 두부와 같이 그 재료를 식물성식품으로 할 경우 '선'이라 한다. 오이, 가지, 호박선 등은 늦은 여름부터 가을까지가 제철이다. 한 여름철은 넝쿨에 달린 애호박이, 늦가을에는 배추선의 맛이 좋다. 대체로 채소의 선은 무르게 익은 부드러운 맛을 즐길 수는 있으나 날채소와 같은 싱그러운 맛은 없다 하겠다.

(5) 조림(조리개), 초

'조림'은 밥상에 오르는 일상의 찬이다. 조림 중에는 생선조림, 채소조림 등 조석 반찬용으로 조리하는 것이 있고 저장성이 큰 조리, 즉 장조림 등이 있다. 생선조림 방법은 고장에 따라서 각기 다르다. 해안지방에서는 갓 잡은 생선을 조릴 때 슴슴하게, 마치 지지미와 같은 식으로 조린다. 그러나 내륙지방에서는 조금 더 짜게 바짝 조려 생선의 살을 단단하게 조림한다. 생선조림을 할 때 살이 희고 담백한 생선의 경우 간장, 기름, 설탕, 실고추, 파, 마늘, 생강 등으로 조린다. 비린내가 많은 생선이나 살이 붉은 생선일 때는 고추장을 가미하여 조린다. 생선조림에 생강을 넣으면 비린내를 제거해 주고 맛을 돋우어 준다.

장조림은 기름기 없는 부위의 고기가 적당하며, 보통 두깨살이나 사태가 좋다. 홍두깨살로 장조림 할 경우는 근섬유가 가지런히 조직되어 있어 결을 따라 잘 찢어지므로 손으로 찢어서 사용한다. 사태는 잘 찢어지지 않아 칼로 썰어서 사용한다. 조리할 때는 물이 끓을 때 넣어 잠깐 고기를 익히다가 간장, 통마늘, 설탕, 통고추, 생강, 통파, 통후추 등을 넣어 끓이는데, 너무 오래 끓이면 고기가 뭉클어지고 국물이 묵처럼 엉기게 되므로, 익은 다음 불에서 내린다.

'초'는 조림을 달게 만들어 녹말풀을 입혀 국물 없이 윤기 있게 조리는 것으로 홍합초, 소라초, 전복초 등이 있다.

(6) 전골, 볶음

'전골'은 각색 재료를 준비하여 전골냄비를 즉석에 설치하고 즉석에서 조리하여 먹는 요리이다. 주방에서 볶아 상에 올리면 '볶음'이라 하는데, 볶음은 여러 가지 재료를 배합하는 일이 적고 주재료가 뚜렷하다.

(7) 구이, 적

한국요리의 '구이'는 수조육류의 구이요리뿐만 아니라, 생선, 조개, 채소류에 이르기까지 그 종류가 매우 다양하다. 특히 육적, 어적 등은 전통적인 제물의 하나이다. 이러한 '적'의 조미법은 소금으로 간을 한 것, 간장·기름·향신료 등을 배합한 양념장에 재웠다가 굽는 것으로 크게 나눌 수 있다. 소고기는 살코기, 염통, 콩팥, 갈비 등이 모두 구이에 이용되는데, 얇게 저며 양념하여 쉽게 굽는 너비아니구이가 보다 넓게 보급되고 있다. 또 맛이 소박한 방자구이(소금구이)로 담백한 맛을 즐길 수 있다.

소고기와 버섯, 채소 등을 길쭉하게 썰어 양념하여 꼬치에 꿰어 구운 것을 산적이라고 하며 움파산적, 송이산적, 어산적, 떡산적, 잡산적 등이 있다. 화양적(누름적)은 재료를 각각 양념하여 익혀 꼬지에 꿴 것이며, 지짐누름적은 재료를 꿴 다음 전을 부치듯이 지져낸 것이다.

(8) 전유화, 지짐

전(煎)은 기름을 두르고 지졌다는 뜻으로, 궁중에서는 전야 또는 전유어라고 하지 않고 '전유화'라고 부드럽게 발음하였다. 전의 재료로는 생선, 고기, 채소 등 광범위하고 일반적으로 밀가루를 묻혀 달걀을 씌워 지지는 것이 통례이다. 전을 잘 부치려면 그 재료의 크기가 알맞고 두께도 적당하며, 전을 지지는 과정에는 불을 조정하여 표면을 노릇노릇하게 익히고 물기가 돌지 않아야 한다. 전의 재료는 소금과 후추로 조미한 다음, 밀가루를 얇게 묻힌 다음 달걀을 풀어서 여기에 전감을 담갔다가 건져 전을 지진다.

전을 지질 때는 깨끗하고 길이 잘든 프라이팬에 기름을 둘러 고루 펴고 뜨거워지면 부치도록 한다. 부쳐 낸 전유어를 뜨거운 상태에서 겹쳐두게 되면 김이 서려서 물기가 돌고 옷이 벗겨지기 쉬우니 펴서 식혀야 한다. 여러 가지 전유어를 부쳤을 때는 색을 맞추어 곁들여 담고 초장과 함께 낸다. '지짐'은 빈대떡이나 파전처럼 재료 자체에 부재료를 섞어서 직접 기름에 지져내는 것을 말한다.

(9) 회, 숙회

'회'는 육류나 어패류 또는 채소류를 생으로 또는 살짝 데쳐서 초고추장이나 겨자장, 소금기름 등에 찍어먹도록 한 요리이다. 회는 특히 그 재료의 신선함을 요하며, 생회를 일반적으로 회라 칭한다. 생회로는 생선회, 육회 등이 있고, '숙회'로는 생선살을 녹말가루에 묻혀 끓는물에 살짝 데친 어채(魚菜), 강회, 두릅회 등이 있다.

(10) 족편과 묵

'족편'은 소머리, 소족 등을 고아서 식혀 응고시킨 냉채음식이다. 소머리나 소족에는 콜라겐이라는 단백질이 많고, 오래 고면 힘줄 부위는 맑은 액으로 용해되나 식히면 맑은 상태로 응고되는 특성이 있다. 이런 특성을 이용하여 만든 것이 족편이며, 족편을 만들 때는 사태, 알지단, 버섯 등을 함께 섞어서 맛과 보기를 더욱 좋게 만든다. 또한 닭고기나 꿩고기를 소족과 함께 섞어 용봉족편을 만들고, 또는 건대구와 닭을 섞어 생선의 껍질이나 지느러미에 있는 콜라겐을 이용하여 만들기도 한다. 충청도에서는 박대나 넙치껍질을 모아 끓여 묵처럼 굳히는 법도 있는데, 족편은 겨울철에 많이 하는 음식으로 오돌오돌한 맛으로 초장에 찍어먹기도 한다.

묵은 전분질을 풀로 쑤어 응고시킨 것으로 도토리묵, 청포묵, 메밀묵 등이 있다.

(11) 편육(片肉)

소고기나 돼지고기를 통째로 삶아서 물기를 빼고 칼로 얇게 저민 것이나, 고기부위 중에서도 '편육'으로 사용하는 부분이 있는데, 소고기로는 양지머리(차돌박이), 업진육, 우설, 우랑, 우신, 유통, 소머리가 적당하고, 돼지고기는 편육감으로 삼겹살과 머리를 사용한다. 편육을 잘 삶는 방법은 끓는물을 소금으로 간을 하고, 고기는 덩어리째 넣어 속까지 익히고 깨끗하게 삶아야 하며, 우설에는 군냄새가 있으므로 향채를 섞어서 삶는 것이 좋다.

편육을 시식할 때는 편육요리에 미리 양념을 하지 않고 초장이나 겨자장, 새우젓국을 찍어먹으므로, 편육 자체는 복합적인 맛이 아니고 고기의 순수한 맛을 볼 수 있는 냉채음식이다.

(12) 포

'포'는 소고기나 생선, 어패류의 연한 살을 얇게 저미거나 다져서 혹은 통째로 말리는 것을 말하는데, 간장이나 소금으로 간을 하여 말려두고 마른찬이나 술안주로 쓴다. 포는 너무 춥거나 더울 때는 말릴 수 없으므로 바람이 좋고 햇볕이 잘 나는 봄, 가을이 좋다.

포의 종류로는 육포(소고기를 결대로 저며 양념하여 말린 것), 대추포(곱게 다진 살코기를 갖은 양념을 하고 대추모양으로 빚어 실백을 박은 것), 편포(살코기를 도독하게 저미고 한편에 가로·세로로 잔칼질을 많이 하여 반을 지어 갖은 양념으로 조미하여 말린 것), 편포쌈(편포에 실백을 싸서 말린 것), 민어포(민어살을 얇게 떠서 만든 것), 기타(생선을 통째로 배를 갈라 말린 대구포, 상어포, 오징어포 등), 바짝 말린 포는 한지로 만든 종이 봉지에 넣어서 서늘한 곳에 보관한다.

(13) 튀각, 부각

'튀각'은 호두나 다시마, 가죽나무순 등을 그대로 기름에 튀긴 것을 말하며, '부각'은 재료에 풀칠을 하여 바짝 말려 두었다가 먹을 때 기름에 튀겨 안주나 마른 찬으로 사용한다. 부각의 재료는 감자, 고추, 깻잎, 김, 가죽 등이 많이 이용되며 절에서 만드는 동백잎, 국화잎 등 특별한 것도 있다. 튀각은 한국의 흔하지 않은 고유한 튀김요리 가운데 하나로, 절에서는 지방분을 이 부각에서 섭취한다.

(14) 젓갈

'젓갈'은 반상에 오르는 밑반찬 중의 하나이다. 젓갈 담그는 법은 소금에 절여 오래 저장하였다가 먹을 때 양념을 하는 것과, 갖은 양념을 소금과 함께 하여 단시일 내에 익혀서 먹을 수 있는 것이 있다. 생선과 조개류를 소금에 절여서 오래두면 단백질이 분해되어 독특한 맛과 풍미를 가지게 된다. 젓갈은 소화도 잘 되고 식욕을 돋우어 준다. 뼈 채로 담그면 숙성과정에 뼈가 연해지므로 뼈째 먹을 수 있어 칼슘의 급원식품이기도 하다.

젓갈류 중 엿기름가루나 밥을 섞어 생선을 삭히는 식해라는 것이 있는데, 함경도 가자미식해는 메조로 밥을 지어 식혀서 소금과 고춧가루 양념에 섞어 삭힌 것으로 유명하다.

(15) 장과(장아찌)

'장아찌'는 재료가 풍부한 것, 또는 쓰다 남은 것들을 오래두고 먹을 수 있도록 간장, 고추장, 된장 또는 식초 등에 담가놓는 것이다. 이 장아찌는 꺼내서 다시 무치는 것인데 참기름, 깨소금, 설탕 등으로 무친다. 갑장과는 저장식품이 아니라 갑자기 만들었다고 해서 붙여진 이름으로, 익혀서 만들었다고 해서 숙장과라고도 한다.

(16) 나물(숙채)

'나물'은 우리나라 음식 중 가장 기본적인 것이며 대중적인 음식이다. 나물이라고 하면 생채와 숙채의 총칭이나, 나물은 보통 숙채를 이르는 말이다. 나물은 생채보다 훨씬 광범위하여 재료도 거의 모든 채소를 쓰고 있다. 나물을 익히는 방법에는 대부분 푸른채소는 끓는 소금물에 살짝 데쳐서 파랗게 무치고, 또 말린 것은 물에 불려 볶아서 익히기도 하고, 고사리, 취 등은 물에 푹 삶아 두었다가 볶기도 한다. 그러나 잡채를 할 때처럼 채소의 색채를 살리고 물기가 흐르지 않도록 할 때에는 냄비에 기름을 먼저 넣고 기름의 온도가 높아졌을 때 채소를 넣어 단시간에 익히면서 수분이 급히 증발하도록 한다.

나물을 맛있게 하려면 연한 부분을 써야 하며, 너무 무르지 않게 데치고 물기를 꼭 짜서 무치도록 한다. 나물의 양념에는 참기름, 깨소금을 비교적 넉넉히 넣고 무쳐야 부드럽고 맛이 있으며, 재료는 대개 가느다란 채로 썰어서 사용하는 것이 좋다. 또 나물은 무쳐서 오래되면 맛이 싱거워지고 색상이 변하는 등 좋지 않으므로 시식 직전에 무치는 것이 이상적이다.

(17) 쌈

김, 상치, 배추속대, 취, 호박잎, 깻잎, 생미역 등으로 밥과 반찬을 함께 싸서 먹는 것을 '쌈'이라고 한다. 정월대보름에는 특히 복쌈이라고 하여 김이나 배춧잎, 취 등으로 쌈을 싸먹는다. 쌈은 채소를 먹으면서 고기, 생선, 된장, 고추장, 참기름 등을 고루 먹을 수 있어 영양섭취에 매우 용이한 요리의 하나이다.

(18) 생채

'생채'는 각 계절마다 새로 나오는 채소의 싱싱한 것을 그대도 먹을 수 있게 초장이나 초고추장, 겨자에 무친 것이다. 양념으로는 식초와 설탕을 사용하는 것이 특징이며 파, 마늘을 많이 쓰지 않고 진한 맛보다는 산뜻한 맛을 내는 것이 좋다. 생채 재료에는 무, 배추, 미역, 도라지, 더덕, 오이 등 생식 가능한 채소류가 주가 된다. 해초류도 생채로 함께 무치기도 한다.

(19) 김치

'김치'는 한국 고유의 채소 저장식품으로서, 특히 겨울김치(김장)는 신선한 채소가 귀한 겨울에 대비하여 준비하는 비타민C의 주요 공급원이다. 김치의 주재료는 배추와 무이며 파, 마늘, 생강, 갓, 미나리 등을 부재료로 하고, 젓갈을 넣고 소금의 농도를 맞추어 만듦으로써 변질되지 않을 뿐만 아니라 김치가 익는 동안에 유산이 알맞게 생겨 정장작용에도 좋다.

① 배추 절이기 : 배추를 소금에 절이는 것은 먼저 배추의 수분을 적당하게 방출시켜 조직세포를 파괴시킴으로써 저장 중에 배추가 물러지는 것을 막고 부패균의 번식을 억제하려는 것이다.
② 젓갈의 사용 : 젓갈에는 조기젓, 새우젓, 멸치젓, 황새기젓 등이 보편적이다. 기후가 추운 고장에서는 깨끗이 잘 삭은 날젓국을 그대로 써서 젓갈의 효소작용을 이용하여 김치의 맛을 상큼하게 할 수 있으나, 더운 고장에서는 반드시 달인 다음 걸러서 사용해야 한다.

5. 한국음식의 식기와 조리기구

1) 나무로 만든 세간과 도구

① 찬장 : 음식이나 음식을 담는 그릇 등을 넣어두는 나무로 만든 장이다.

② 탁자장 : 층층이 선반으로 되어있는 찬장이다.

③ 뒤주 : 나무로 궤짝을 만들어 모서리에 기둥을 네 개 세우고 발을 단 다음, 윗뚜껑을 반만 열 수 있게 하여 곡식을 담아 두는 세간이다. 쌀뒤주는 크기가 크고 다른 잡곡들을 담는 뒤주는 작다.

④ 목판 : 음식을 담아 나르는 장방형의 좌판으로, 얇은 널판에 좁은 전을 사방으로 대었으며, 크기가 여러 가지이다.

⑤ 함지 : 통나무의 속을 파낸 다음 둥글게 만든 것으로, 좁은 전이 있거나 옆에 손잡이를 만든 귀함지가 있다. 가루나 떡을 담을 때에 쓴다.

⑥ 찬합 : 음식을 담는 그릇으로 나무와 칠기, 사기로 동그랗거나 네모로 만들었다. 한층 또는 여러 층으로 되어있다.

⑦ 구절판 : 팔각모판 가장자리의 여덟 칸과 가운데 아홉 칸으로 나누어진 목기이다. 밀전병을 가운데 담고 가장자리에 찬을 담아 싸서 먹는 구절판을 담는다. 지금은 그릇명이 음식명으로 되었다.

⑧ 되·말·홉 : 곡물의 양을 재는 나무로 만든 계량기이다.

⑨ 이남박 : 둥근 목기에 홈을 파서 곡물을 씻을 때에 돌·흙을 고르는 도구이다.

⑩ 체 : 가루를 빻아서 곱게 칠 때 쓰는 도구로, 나무쪽을 휘어서 바퀴로 삼고 말총으로 쳇불을 짜서 메운 것이다. 고운 겹체와 중간 체, 굵은 어레미 따위가 있다.

⑪ 쳇다리 : 체를 걸쳐놓아 가루가 잘 빠질 수 있게 한 것으로, 나무가 양 갈래로 벌어져 있다.

⑫ 밀판 : 넓은 나무판으로 가루반죽을 넓게 미는데 쓰인다.

⑬ 방망이 : 가루를 반죽하여 넓게 미는데 쓰이는 나무방망이다. 크기가 여러 가지로 홍두깨처럼 큰 방망이도 있다.

⑭ 다식판 : 깨, 콩가루 등을 꿀로 반죽한 것을 넣고 다식을 박아내는 나무로 된 틀이다. 나무에 여러 가지 문양이 조각되어 있다.

⑮ 떡살 : 쌀로 만든 절편에 문양을 찍는 도장이다. 원형·막대형 등인 크기와 형태가 여러 기지이고, 떡을 하나씩 찍을 수 있는 것과 연결하며 찍을 수 있는 것이 있다. 도자기로 만든 것과 나무로 만든 것이 있다.

⑯ 양념절구 : 부엌에서 쓰이는 작은 절구로, 깨소금을 빻거나 여름철 고추·생강·마늘 등의 양

념을 찧는 데 쓰인다.

⑰ 안반 : 시루에 쪄낸 무리떡을 쳐서 끈기 나게 하는 도구이다. 세차게 떡메로 치므로 두꺼운 나무를 움푹 파서 만든다. 떡메는 자루가 길게 달린 떡을 치는 방망이이다.

2) 돌로 만든 도구

① 디딜방아 : 발로 디디어 곡식을 찧거나 빻는 데에 쓰이는 방아로, Y자 모양의 굵은 나무 한 끝에 공이를 박고 두 갈래진 양끝을 발로 디디게 되었으며, 공이 아래의 방아 확이 땅에 묻혀 있어 이곳에 곡식을 담는다.

② 연자방아 : 연자매라고도 하며, 둥글고 판판한 돌판 위에 그보다 작고 둥근 돌을 옆으로 세워 얹어서 이를 소나 말에 돌려 곡식을 찧거나 밀을 빻는 데 쓰인다.

③ 절구 : 곡식껍질을 벗기거나 가루를 낼 때 쓰인다. 속이 우묵하게 생긴 기구로 통나무나 돌을 깎아서 만들거나 무쇠로 만든 것도 있다. 절구의 크기에 따라 거기에 맞는 절굿공이가 딸린다.

④ 맷돌 : 곡식을 타거나 가루를 낼 때 쓴다. 두 짝으로 위의 돌에 구멍이 뚫려 있어 그 곳에 곡식을 넣고 나무손잡이를 돌리면 두 짝 사이에서 곡물이 타개지거나 가루로 되어 나온다. 마른 것은 맷돌 밑에 맷방석을 깔아서 받고, 젖은 것을 갈 때는 매판을 받치고 한쪽 주둥이로 흘려 받는다. 또는 자배기 등 큰 그릇에 쳇다리를 놓고 위에 맷돌을 얹는다.

⑤ 풀맷돌 : 곱게 갈기 위해 돌을 곱게 쪼아 만든 맷돌로, 풀쌀을 가는 데 쓰인다.

⑥ 확돌 : 학독이라고도 하며, 독은 돌의 사투리이다. 적은 것은 양념을 찧는 데 쓰이고, 전라도 지방에서는 넓적하고 커다란 돌을 둥글게 파서 줌돌로 곡물이나 채소를 으깨는 데 많이 쓰인다. 특히 마늘, 고추양념을 가는 데 많이 쓰인다.

3) 조리도구

① 칼 : 음식을 만들 때에 썰고 다지는 데 쓰인다. 쇠를 달구어 날을 세우고 나무로 자루를 박는다. 우리나라 식도는 특이한 곡선을 이룬 모양으로 크기가 여러 가지다. 작은 칼은 창칼이라 한다. 떡을 써는 전용 떡칼도 있다.

② 도마 : 식칼질을 할 때 받치는 긴 네모의 두꺼운 나무토막이나 널빤지이다. 굵은 나무를 옆으로 토막 내어 둥근 모양으로 만들기도 하였다.

③ 국자 : 국이나 국물을 뜨는 자루가 긴 도구이다.

④ 복자 : 한 쪽의 부리가 달려 있어 기름이나 국물을 따를 때에 쓸 수 있는 도구이다.

⑤ 석자 : 철사로 잘게 그물처럼 엮어서 만든 국자 모양의 도구로, 기름에서 튀긴 것을 건질 때

나 물에서 건지만 건질 때 쓴다.

⑥ 깔때기 : 나팔의 모양으로 밑에 구멍이 뚫린 기구로, 액체를 입이 좁은 병에 부을 때 쓰인다.

⑦ 강판 : 넓적한 쇠붙이나 도자기로, 한 쪽 바닥이 몹시 거칠거나 잔톱니가 나와 있어 생강, 과실, 무 등을 갈 때 쓰인다.

⑧ 바가지 : 박을 갈라서 속을 파고 말려서 물을 푸거나 곡물을 풀 때 곡류를 씻어 돌을 골라낼 때 쓰인다. 조롱박이도 작은 그릇에 대용으로 많이 쓰인다.

⑨ 시루방석 : 시루밑은 떡을 찔 때 가루가 빠지지 않도록 풀로 엮어 만든 것이고, 시루방석은 짚으로 둥글게 엮어 위에 덮는 뚜껑이다.

4) 대나 싸리로 만든 도구

① 조리 : 싸리나 대오리로 엮어 조그마한 삼태기 모양으로 만들어, 쌀을 일어 돌이나 뉘를 고르는 데 쓰인다.

② 채반 : 싸리나 대오리로 표면을 쓰기 위해 넓게 만들어, 곡물이나 음식을 널어 말리거나 전이나 부침을 지져서 놓는 데 쓰인다.

③ 소쿠리 : 대, 싸리, 버들을 엮어서 만든 반구형이다. 물건을 담거나 채소를 씻어서 건질 때 쓴다.

④ 광우리 : 광주리라고도 하며 대, 싸리, 버들 등으로 엮은 커다란 그릇이다.

⑤ 바구니 : 대, 버들, 싸리, 칡넝쿨 등으로, 정방형으로 짜고 점차 위로 올라가 높이는 폭과 비슷하고 둥글게 마무리한 그릇으로 음식뿐 아니라 마른곡물들도 담아두는 데 쓰인다. 다래끼는 작은 것으로 흔히 달걀을 넣어둔다.

⑥ 도시락 : 고리버들로 만든 작은 고리짝같이 만들어 밥과 반찬을 담는다.

⑦ 고리 : 갯버들가지를 장방향으로 엮고, 같은 모양의 뚜껑을 만들어 덮은 그릇이다. 큰 것은 의류나 식기를 담아 보관한다. 작은 고리는 엿이나 떡을 만들어 선물을 담을 때 쓰인다.

⑧ 용수 : 대나무나 싸리로 길이가 길고 폭이 좁게 만든 것으로, 예전에는 술이 고이면 박아서 가운데 모이는 맑은 술을 떠냈다. 작은 것은 수저를 꽂아두고 쓴다.

⑨ 키 : 곡식을 까불러서 쭉정이, 티끌, 검부러기 등을 골라내는 그릇으로, 고리버들이나 대쪽을 납작하게 쪼개어 앞은 넓고 평평하게, 뒤는 좁고 우긋하게 만든다.

5) 불에 쓰는 도구

① 무쇠솥 : 가마솥, 중솥, 작은 솥이 있는데, 밥을 짓거나 국을 끓일 때 쓴다.

② 두멍솥 : 채소를 데쳐 내거나 많은 국을 끓일 때 쓰인다. 전이 밖으로 나오게 만들어져 있어 편리하고, 뚜껑은 나무로 만들어 두 짝을 맞추어 덮는다.

③ 쟁개비 : 냄비의 본래 이름으로, 무쇠나 구리로 만든다.

④ 노구 : 쇠로 만든 작은 솥으로 자유로이 옮기어 걸게 되어 있다. 노구솥이라고도 하며, 놋쇠로 만든 작은 것을 통노구라 한다.

⑤ 새옹 : 놋쇠로 만든 작은 솥으로 배가 부르지 않고 바닥이 평평하며 전과 뚜껑이 있다. 흔히 밥을 지어 새옹째 상에 갖다놓는다.

⑥ 번철 : 전을 지질 때 쓰며, 솥뚜껑을 젖혀 놓은 모습으로 둥글넓적하게 생겼다.

⑦ 석쇠 : 구이를 할 때 쓰고, 쇠망이나 철사로 얽어서 만든다.

⑧ 풍로 : 화로의 한 가지로, 아래로 바람이 통하도록 되어 있고 흙이나 쇠붙이로 만든다.

⑨ 삼발이 : 둥근 쇠에 다리 세 개가 달린 기구로, 화로의 재속에 박아서 주전자나 냄비를 불에 올릴 때 쓰인다.

⑩ 다리쇠 : 화로 위에 냄비나 주전자 등을 올려놓을 때 걸치는 기구로, 쇠붙이로 두 귀가 나오게 고리를 만들며 걸쇠라고도 한다.

⑪ 시루 : 떡을 찔 때 쓰는 것으로, 밑에 구멍이 있고 위는 벌어져 있다. 질시루가 가장 많고, 옹기시루, 놋시루, 구리시루가 있는데, 요즘에는 알루미늄으로 된 양은시루도 나왔다. 시루의 크기에 맞는 솥 위에 얹어서 사용한다.

⑫ 소주고리 : 소주를 증류할 때 쓰는 도구로, 오지나 쇠, 구리로 만들어졌다.

⑬ 전골틀 : 벙거지를 잦아놓은 듯한 쇠나 곱돌로 만든 전골틀을 벙거짓골 또는 전립투 또는 전립골이라 한다. 식사를 하면서 상 옆에 둔 화로에 얹어서 사용한다.

⑭ 신선로 : 상 위에서 직접 열구자탕을 끓일 수 있게 냄비에 화통이 붙어있는 형상이다. 화통에 숯불을 피워서 상 위에 올리면 실용성도 있으면서 운치도 있다.

⑮ 주전자 : 술을 데우는 것으로 뚜껑, 손잡이, 귓대가 있다.

6) 토기·옹기류

① 독 : 배가 부르고 운두가 높으며 전이 달린 큰 오지그릇이나 질그릇으로 장류, 김치, 술 등을 담아두는데 쓰인다. 장독, 김칫독, 술독 등이 있다.

② 항아리 : 아래 위가 좁고 배가 불쑥 나온 질그릇으로 고추장, 김치, 술, 초, 젓갈, 장아찌 등을 담아두고 쓴다. 항아리 중에 위쪽에 작은 주둥이가 달려서 간장, 초 등의 액체를 따라 쓰기에 편리한 것도 있다.

③ 동이 : 항아리처럼 생긴 것으로 물을 길을 때 쓰며, 양손으로 잡을 수 있도록 손잡이가 달려 있고 키가 작은 편이다.

④ 방구리 : 모양은 동이와 같으나 크기가 작다.

⑤ 소래기 : 운두가 조금 높고 접시 모양으로 생긴 그릇으로 독뚜껑이나 그릇으로 쓴다.

⑥ 자배기 : 운두가 약간 높고 입이 벌어진 그릇이다.

⑦ 푼주 : 입이 넓고 밑이 좁은 사기그릇이다.

⑧ 귀대접 : 귀가 뾰쪽 나온 대접으로, 국물을 따를 때 쓰인다.

⑨ 뚝배기 : 상에 오를 수 있는 유일한 토기로 오로지 구운 것이며, 불에서 끓이다가 상에 올려도 한동안 식지 않아 찌개를 담는데 이용된다. 설렁탕, 장국밥 등도 담는다. 아가리가 넓으며 속이 조금 깊고, 보통 다흑색의 잿물칠을 하였으며 제 뚜껑이 없고 겉모양이 좀 투박하다. 투가리라고도 하며, 특히 작은 것을 알뚝배기라 한다.

⑩ 술병류 : 술을 담기 위한 병으로, 자라처럼 생긴 자라병, 기름을 담는 목이 좁은 기름병, 입이 달리 귓병, 목이 긴 거위병, 술담는 작은 장군 등이 있다.

⑪ 백항아리 : 사기로 만들었으며, 위·아래가 좁고 배가 부른 항아리로, 층층으로 쌓아둘 수 있도록 크기가 여러 가지이고, 조미료나 음식을 담는다.

⑫ 용충항 : 본래는 궁중의 어용으로 용을 그린 데서 유래된 이름이다. 키가 크고 뚜껑도 있는 경우가 많다.

⑬ 석간주항아리 : 붉은빛인 석간주 흙으로 빚어 구운항아리로 색깔이 검붉다. 백항아리처럼 층층이 여러 층을 만들고 밑반찬이나 조미품을 담아서 쓴다.

⑭ 양념항아리 : 오로지 작게 빚은 단지를 셋 또는 네 개를 한데 모아 붙여서 구워낸 소금, 고춧가루 등을 담기 위한 용기이다.

⑮ 질밥통 : 시루와 비슷한 모양이나 구멍이 없고 뚜껑이 있다. 녹말을 가라앉힐 때에 쓰고 밥도 담아두면 잘 쉬지 않는다.

7) 식기와 기명

우리의 식기는 만들어진 재질로 나누어 보면 유기, 은, 스테인리스 등의 그 속으로 만든 식기와 흙으로 빚어 구운 토기, 도기, 자기가 있다. 그리고 유리그릇 대나무로 만든 죽제품과 나무로 만든 목기가 있다.

일상의 반상차림에 쓰이는 그릇은 반상기라 하는데, 원래는 철에 따라 여름철과 겨울철에 식기를 구별하여 쓴다. 단오날부터 추석까지는 여름철 식기로 도자기로 된 것을 쓰고, 그 외의 계절에는 유기나 은기를 쓴다. 반상기는 밥주발, 탕기, 조치보, 김치보, 종자, 쟁첩, 대접으로 이루어져 있다. 형태는 일반적인 주발의 형태와 바리, 합의 모양을 따서 한 벌을 모두 같은 형태와 문양을 똑같이 맞춘다. 기명이란 음식을 담는 그릇들을 이르는데, 주로 상에 오르는 대표적인 그릇들은 다음과 같다.

① 주발 : 유기나 사기, 은기로 된 밥그릇으로 주로 남성용이며, 사기주발을 사발이라 한다. 아래는 좁고 위는 차츰 넓어지며 뚜껑이 있다.

② 바리 : 유기로 된 여자용 밥그릇으로, 주발보다 밑이 좁고 배가 부르며 위쪽은 좁아들고 뚜껑에 꼭지가 있다.

③ 탕기 : 국을 담는 그릇으로, 주발과 똑같은 모양으로 주발 안에 들어가는 한 둘레가 작은 크기이다.

④ 대접 : 위가 넓고 운두가 낮은 그릇으로, 숭늉이나 면, 국수를 담는 그릇이며 요즘에는 국대접으로 흔히 쓰인다.

⑤ 조치보 : 찌개를 담는 그릇으로 주발과 같은 모양으로 탕기보다 한 치수 작은 크기이다.

⑥ 보시기 : 김치류를 담는 그릇으로, 쟁첩보다 약간 크고 조치보다는 운두가 낮다.

⑦ 쟁첩 : 전, 구이, 나물, 장아찌 등 대부분의 찬을 담는 작고 납작하며 뚜껑이 있다. 반상기의 그릇 중에 가장 많은 수를 차지한다. 반상의 첩수에 따라 한상에 올리는 숫자가 정해지는데, 5첩반상이면 쟁첩에 담은 찬을 5가지 놓고, 9첩이면 9가지를 놓는다.

⑧ 종자 : 간장, 초장, 초고추장 등의 장류와 꿀을 담는 그릇으로, 주발의 모양과 같고 기명 중에 크기가 제일 작다.

⑨ 합 : 밑이 넓고 평평하여 위로 갈수록 직선으로 차츰 좁혀지고, 뚜껑의 위가 평평한 모양으로 유기나 은기가 많다. 작은 합은 밥그릇으로도 쓰이고, 큰 합은 떡, 약식, 면, 찜 등을 담는다.

⑩ 조반기 : 대접처럼 운두가 낮고 위가 넓은 모양으로 꼭지가 달리고 뚜껑이 있다. 떡국, 면, 약식 등을 담는다.

⑪ 반병두리 : 위는 넓고 아래는 조금 평평한 양푼 모양의 유기나 은기의 대접으로 면, 떡국, 떡, 약식 등을 담는다.

⑫ 접시 : 운두가 낮고 납작한 그릇으로 찬, 과실, 떡 등을 담는다.

⑬ 옴파리 : 사기로 만든 입이 작고 오목한 바리이다.

⑭ 밥소라 : 떡, 밥, 국수 등을 담는 큰 유기그릇으로, 위가 벌어지고 굽이 있으며 둘레에 전이 달려 있다.

⑮ 쟁반 : 운두가 낮고 둥근 모양으로, 다른 그릇이나 주전자, 술병, 찻잔 등을 담아놓거나 나르

는데 쓰이며, 사기, 유기, 목기 등으로 만든다.

⑯ 놋양푼 : 음식을 담거나 데우는데 쓰는 놋그릇으로, 운두가 낮고 아가리가 넓어 반병두리와 같은 모양이나 크기가 크다.

8) 수저

우리나라는 고대로부터 오늘날까지 식사를 할 때의 도구로 숟가락과 젓가락을 함께 사용하는 세계에서 유일한 민족이다. 수저는 사람의 식생활을 영위하는 가장 기본적인 도구로 중히 여겨서, 첫돌에도 마련해 주고 혼례 때에도 새로 장만한다. 개인마다 정해진 수저를 쓰며, 손님용은 따로 갖춘다. 숟가락과 젓가락은 같은 재질의 금속으로 되었으며 은수저, 유기수저, 백동수저, 스테인리스 수저 등이 있다.

9) 상

상은 모양과 생산자, 크기 다리의 생김새, 칠의 색에 따라 여러 가지로 나눈다.

① 원반 : 둥근 모양의 상으로 작은 소반부터 여럿이 둘러앉을 수 있는 큰 두레반까지 크기가 다양하다. 다리의 모양은 전체가 하나의 둥근 원통형인 것, 병풍처럼 나무판 12쪽을 이어 만든 것, 다리가 네 개로 양쪽의 다리만을 둘씩 가로질러 놓은 것이 있다. 칠의 색깔은 임금님의 수랏상에 쓰이는 원반은 주칠인 붉은색이며, 검은색이나 갈색, 자주색 등 여러 색이 있다.

② 책상반 : 책상반은 장방형 소반으로 일상의 반상에 가장 많이 쓰인다. 통영반, 해주반, 나주반 중에도 책상반이 많다.

③ 팔모반 : 팔모반은 윗면이 8각형으로, 다리는 병풍처럼 팔면의 목판으로 짜여져 있으며 다과상으로 많이 쓰인다. 크고 붉은 칠을 한 것은 돌상차림을 할 때 쓰기도 한다.

④ 공고반 : 번상이라고도 하는 작은 팔각반으로 다리가 병풍처럼 둘러있는데, 앞뒤가 크게 뚫려 있어 머리에 이면 앞이 다 보이게 만들었다. 관청에 번을 할 때나 식사를 차려서 내갈 때 쓰던 상이다.

⑤ 귀상 : 윗면이 반달처럼 반원형으로 된 상으로 곁반으로 쓰인다.

⑥ 단각반 : 팔각이나 십이각의 윗면이 돌릴 수 있는 회전반의 다리가 중심에 하나만 있다. 주안상을 차리는 데 알맞다.

⑦ 해주반 : 황해도 해주에서 만든 상으로, 장식이 아주 간결한 책상반 모양이다.

⑧ 나주반 : 전라도 나주의 명반으로, 상의 둘레에 꽃잎처럼 곡선으로 굴리고 다리에도 조각을

많이 새긴 호족반이다. 네모진 책상반도 있다.

⑨ 통영반 : 경상도 통영지방에서 만든 상으로, 책상반으로 자개로 문양을 내어 매우 화려하다. 다리는 넷으로 양쪽을 가로질러 막혀 있다. 대부분 반상차림에 많이 쓰인다. 둥근 원반에도 자개를 박기도 한다.

⑩ 구족반 : 개다리소반이라고도 하며, 다리의 굽이 안쪽으로 향해 있는 윗면은 둥글러나 꽃처럼 곡선이 둘려 있다.

⑪ 호족반 : 호랑이 다리처럼 상다리의 굽이 바깥을 향해 끝이 올라가 있는 모양이다. 나주반에는 호족반이 많다.

⑫ 교자상 : 여러 사람을 한상에서 대접할 때 쓰이는 장방형의 큰 상으로 옻칠이나 자개로 장식되어 있다.

⑬ 가자틀 : 집에서 떨어진 산정이나 정자에서 여럿이 회식을 할 때에 가마처럼 생긴 가자틀에 음식을 모아 얹어서 인부들이 들어 날랐다. 이를 방안에 옮겨놓고 둘러앉아서 먹게 된 것이 교자상의 연유인 듯하다.

10) 기본 조리도구

(1) 칼

우리나라 재래식 식칼의 모양은 칼끝이 날카롭게 올라가 있고 손잡이가 둥근 나무로 되어 있다. 현재는 재래식 식칼은 거의 쓰지 않고 대개 서양식과 일본식 칼의 변형된 모양이 많이 쓰이고 있다.

① 일반조리용 칼 : 전문인의 업무용 칼은 날의 길이가 30cm 이상인 것으로 순강철로 만든 칼을 많이 쓴다. 가정용이나 여성에게는 날의 길이가 25cm 정도로, 스테인리스로 만든 칼이 다루기가 쉽고 간수하기에도 편리하다.

② 창칼 : 서양식 창칼은 프렌치나이프와 똑같은 모양의 칼로, 날의 길이가 12cm 정도의 작은 칼로 페티나이프라고 한다. 우리나라의 식칼에도 작은 모양의 창칼이 있으나 대체로 서양식 칼을 많이 쓴다. 채소나 과일의 껍질을 벗기거나 뿌리를 다듬을 때에 쓰인다.

③ 그 외 용도의 칼 : 뼈 있는 생선이나 육류를 토막 낼 때는 칼의 날이 두껍고 무거운 칼이 적당하다. 그리고 생선을 포 뜰 때는 가늘고 긴 생선회 전용의 일본식 칼이 편리하다.

(2) 도마

① 나무도마 : 나무도마는 적당한 굳기와 탄력성이 있어 칼날이 부드럽게 닿는다. 플라스틱에

비하여 상처가 나기 쉽지만 매일매일의 뒤처리를 잘하면 깨끗하게 쓸 수 있다. 재질은 은행나무, 후박나무, 버드나무 등이 단단하여 좋다.

② 플라스틱도마 : 플라스틱도마는 나무도마에 비해 미끄러지기 쉽고 날이 닿는 감촉이 나쁘다. 상처가 깊이 생기지 않고 냄새도 배지 않으므로 위생적이라 할 수 있다.

(3) 행주

행주는 식용의 식품들을 직접 다루는 조리용, 그릇의 물기를 닦거나 윤을 내는 그릇용, 그리고 조리대, 작업대 등을 훔치는 용도의 세 가지로 구분된다.

(4) 가열조리용 기구

① 냄비류 : 큰 냄비는 많은 분량의 육수를 끓이거나 찜을 할 때에 많이 쓰인다. 되도록 두꺼운 재질로 깊고 둘레가 좁은 것이 오랫동안 가열하는 동안에 증발량이 적어서 좋다. 일반조리에 가장 많이 쓰이는 중간 크기의 냄비는 양손잡이와 한손잡이가 있다. 직경이 20cm까지는 한손잡이가 쓰기에 좋다.

② 찜냄비 : 증기를 이용하여 음식을 쪄서 조리할 때 이용한다. 예전에는 물을 담은 부분과 찌는 공간이 하나인 깊이가 아주 깊은 찜통인 일명 들통이라는 것을 이용하였으나, 이는 도중에 물을 보충하기도 어렵고 쓰기에도 불편하다. 물을 담는 냄비와 위에 얹는 구멍 뚫린 부분이 따로 되어 있는 것이 편리하다.

③ 번철·프라이팬 : 예전의 번철은 솥뚜껑을 엎어 놓은 모양으로 둘레도 큰 편이다. 요즘은 서양식 프라이팬을 쓰고 있다. 재질은 쇠로 만든 두꺼운 것이 좋다.

④ 석쇠 : 직화에 굽는 조리에 이용한다. 김을 굽거나 생선·고기 등을 굽는다. 연기가 많이 나므로 요즘은 알루미늄 호일을 깔고서 굽는 경우도 종종 있다. 석쇠는 쓰고 나서는 음식물이 타서 붙은 것을 반드시 없애고 씻어서 말려 두어야 한다.

(5) 그 외 조리기구

① 소쿠리·망체 : 씻은 채소를 건져 물기를 빼거나 삶은 국수를 헹구어 건질 때는 밑이 둥근 대소쿠리나 플라스틱이나 스테인리스망으로 만든 체가 편리하다.

② 체 : 떡가루나 각종 가루를 곱게 칠 때 쓰인다. 망의 눈금이 거친 어레미와 중간 눈금의 체와 고운 눈금의 체가 있다.

③ 채반 : 싸리나 대·플라스틱으로 만들어진 것으로, 소쿠리와 마찬가지로 씻은 채소나 국수를

건져놓기도 한다. 그리고 전이나 빈대떡을 지져내고 담고, 채소나 육포 등을 널어서 말릴 때 많이 쓰인다.

④ 국자·뒤지개·나무주걱·대나무 젓가락 : 국자는 국물 있는 음식을 덜 때에 쓴다. 뒤지개는 음식을 번철에 지질 때나 뒤집을 때에 쓰인다. 나무 주걱은 밥을 풀 때나 죽을 쑤거나 볶는 조리를 할 때에 쓰인다. 조리용 젓가락은 대나무로 만든 것이 쓰기에 편리하다. 튀김용은 길이가 긴 대나무로 만든 젓가락이 좋고, 일반 조리용은 30cm 정도의 길이가 적당하다.

⑤ 온도계 : 조리용 온도계로는 알코올 온도계·수은 온도계와 튀김용 젓가락에 붙은 온도계가 있다. 튀김기름의 온도를 재기 위해서는 200~300℃까지 잴 수 있는 알코올이나 수은 온도계가 적합하다.

⑥ 조리용 가위 : 손으로 잡아서 움직이기 편하고 적당히 무게가 있으면서 날이 잘 맞는 것으로 고른다. 녹이 슬지 않는 스테인리스로 만든 것이 좋다.

⑦ 강판 : 과일을 갈아 과즙을 내거나 생강·무 등을 갈 때 쓴다. 알루미늄제와 플라스틱으로 만든 것은 값은 싸지만 날이 쉽게 없어진다.

⑧ 절구 : 깨소금을 빻거나 곡물을 가루로 하거나 떡을 칠 때 필요하다. 큰 것보다 직경이 30cm 정도의 돌절구가 여러 가지로 이용하기에 편리하다.

⑨ 시루 : 시루떡을 찔 때 시루에 맞는 시루 밑을 깔고 떡가루를 앉혀서 찐다. 시루는 크기가 맞는 솥이나 냄비에 얹어 번가루를 반죽하여 시루와 냄비 사이에 붙여서 김이 새어나가지 않게 한다.

⑩ 맷돌·전기 믹서 : 곡물을 가루를 내거나 불린 콩이나 녹두를 가는 데 쓰인다. 요즘은 가정에서는 적은 분량인 경우는 전기믹서를 많이 이용한다.

6. 한국음식의 조리용어해설

【 가 】

가달박 : 자루바가지. 손잡이가 있게 만든 나무바가지.

가락 : 가늘고 갸름하게 토막진 물건.

가랑무 : 뿌리가 두 개나 세 가랑이로 갈라진 무.

가랑파 : 실파.

가래 : 떡이나 엿 같은 것을 둥글고 길게 늘여 놓은 토막.

가루자반 : 메밀가루에 밀가루를 조금 섞고 소금물로 반죽하여 잣, 후추, 석이를 소로 해서 넣고 기름에 띄워 지진 반찬.

가룻장 : 보리쌀을 갈아 쪄서 메줏가루와 버무려 소금물로 담근 장.

가룻국 : 밀가루를 묽게 푼 물. 열무김치 같은 풋김치를 담을 때 넣음.

가리 : 소나 돼지 등의 갈비를 일컫는 말.

가리맛 : 가리맛과의 바닷조개.

가마 : 가마니의 준말.

가마 : 가마솥의 준말.

가막조개 : 가막조갯과의 민물조개.

가보 : 민어부레 속에 소고기, 두부, 오이 같은 것으로 소를 넣고 끝을 매어 삶아 익힌 음식.

가시다 : 물로 부시어 다시 깨끗하게 씻음.

가을보리 : 가을에 씨를 부려 이듬해 초여름에 거드는 보리.

가조기 : 생선의 배를 타 넓적하게 펴서 소금을 치지 않고 말린 조기.

간납 : 제사에 쓰는 소의 간이나 처녑 또는 어육으로 만든 저냐.

간막국 : 소의 머리, 가슴, 족, 허파, 염통, 간, 꼬리 등 몸의 모든 부분을 한 토막씩 넣고 소금물에 끓인 국.

간수 : 호렴에서 생긴 씁쓸한 물.

갈분 : 칡뿌리를 짓찧어 물에 담가서 그 가라앉은 앙금을 말려서 얻은 가루.

갈비새김 : 소나 돼지의 갈비에서 발라낸 고기.

감떡 : 찹쌀과 곶감을 절구에 넣어 찧고, 대추를 다져 함께 시루에 찌고, 잣과 호두 다진 것을 함께 섞어 경단처럼 만들어 꿀을 바른 떡.

감복 : 마른전복을 물에 불려서 꿀, 기름, 간장 등에 재운 음식.

감분 : 감자녹말.

감정 : 고추장찌개로 궁에서 부르던 말.

감투밥 : 밥그릇을 위로 높이 담은 밥.

갑회 : 육회의 한 가지, 소의 양, 처녑, 간, 콩팥 등으로 만든 회.

강고도리 : 물치나 가다랭이 등의 살을 삶아 뭉쳐서 소나무 등을 태워 훈연하면서 말렸다가 다시 햇볕에 말린 식품. 조미료로 쓰인다.

강남투생이 : 물에 불린 옥수수를 갈아 그대로 쪄서 팥고물을 묻힌 떡.

강된장찌개 : 보통 된장찌개보다 됨직하게 된장맛을 강조하여 끓인 찌개.

강반 : 쪄서 말린 쌀.

강술 : 안주 없이 마시는 술 / 진한 술.

강엿 : 고아서 켜지 않고 그대로 굳힌 검은 엿.

강자 : 삶은 사슴머리의 고기를 잘게 썰어 돼지고기를 다져서 끓인 국에 넣고 염시, 갱각, 식초, 파 등을 넣고 끓인 국.

강정 : 쌀가루를 술로 반죽하여 쪄서 반을 지어 그늘에서 말린 후 튀겨 낸 것에 각색고물을 묻힌 것.

강회 : 실파, 미나리를 가볍게 데치고 편육, 버섯, 알리단 등을 썰어 예쁘게 말아 초고추장을 곁들여 내는 음식.

개비 : 가늘게 쪼갠 나무토막의 조각.

개역 : 볶은 곡식의 가루.

개장국 : 개를 통으로 그슬려서 깨끗이 씻어 각을 뜨고 내장을 빼고 토장을 푼물에 미나리 한 손 묶음과 구멍 뚫은 호두 열 개(냄새를 없애기 위하여) 정도를 고기와 같이 끓인다. 다 끓으면 미나리와 호두는 건져내고, 파, 부추는 길쭉하게 썰어 넣고 풀어 끓인 후 고기는 뜯어서 고춧가루, 후춧가루, 천초가루를 친 양념에 주물러 국에 넣고 먹는 음식.

개피떡 : 설기떡을 쪄서 절구에서 친 떡을 얇게 밀어 둥글게 가운데 소를 둥글게 빚어 넣고 반달 모양으로 만든 떡.

객청 : 제사 때 손님이 거처할 수 있게 마련한 대청이나 방.

갱 : 채소와 다시마 등을 넣고 끓인 국. 제사에 쓴다.

갱기 : 놋쇠로 만든 국그릇의 하나, 모양은 반 변두리 같으며 크기는 그보다 작다.

갱죽 : 끓인 김칫국이나 장국 또는 고깃국에 찬밥이나 쌀을 넣고 끓인 죽.

갸자 : 음식을 나르는 들 것.

거갑탕 : 장국에 녹말을 풀고 주로 조갯살, 송이, 은행 등을 넣고 휘저어가면서 끓여 익힌 음식이다.

거냉 : 조금 데워서 찬기운만 없애는 것이다.

거르다 : 체 같은 것으로 받쳐서 국물과 건더기를 갈라낸다.

거리 : 오이, 가지 등의 50개를 단위로 하는 말이다.

거상 : 잔치나 귀한 손님의 접대에 큰 상을 차려서 낼 때 먼저 풍류와 가무를 연주하는 일이다.

거섶 : 비빔밥에 섞는 나물.

거피한다 : 곡류 등의 껍질은 벗김.

거피팥 : ① 팥의 껍질을 벗긴 것. ② 팥의 한 품종으로 껍질이 얇아서 벗기기 쉬운 까닭에 떡고물로 많이 쓰임.

건건이 : 간단한 반찬.

건교자 : 술안주로만 차린 교자상.

건단 : 꿀물 같은 것에 담그지 않고 그냥 먹는 경단 같은 것.

건짐국수 : 삶은 칼국수를 찬물에 헹구어 장국에 만 음식.

건치 : 말린 꿩고기. 새색시가 처음 시부모를 뵐 때 올리는 예물의 하나.

걸다 : 액체가 묽지 않고 짙다. 음식의 가짓수가 많다. 음식을 닥치는 대로 가리지 않고 아무 것이나 잘 먹는다.

걸랑 : 소의 갈비를 싸고 있는 고기.

걸밥 : 먹다 남은 음식물.

겅그레 : 솥에 무엇을 찔 때 물건이 솥 안의 물에 잠기지 않도록 받침으로 놓는 물건.

겨잣장 : 겨자를 내어 간장, 식초로 조미하여 만든 장.

겨죽 : 쌀겨로 쑨 죽.

견사 : 고운가루를 치는데 씀. 쳇불에 깁으로 맨 체.

견짓살 : 닭의 죽지 밑의 흰 살.

결이다 : 기름을 발라 말리다.

경단 : 찹쌀가루나 찰수수가루를 끓는물로 익반죽하여 끓는물에 삶아 내어 여러 가지 고물을 묻혀 만든 떡.

경대면 : 밀가루에 소금을 넣고 반죽하여 엷게 밀어 납작한 끈같이 썰어 끓는물에 삶아 찬물에 건져 헹구어 낸 칼국수의 한 가지.

곁두리 : 일꾼들이 끼니 외에 참참이 먹는 음식. 샛밥, 곁밥, 겻누리.

곁상 : 상에다 음식을 다 벌려 차릴 수 없을 때에 큰상이나 원상 곁에 덧붙여 놓는 작은 상.

고고리 : 가지나 오이의 꼭지.

고내기 : 자배기보다 운두가 높고 아가리가 큰 오지그릇.

고도리 : 고등어.

고두밥 : 아주 된밥. 고들고들한 밥. 찐밥.

고들개 : 소의 위벽 살. 처녑의 너덜너덜한 부분.

고락 : 낙지나 문어의 복부 또는 뱃속의 검은 물이나 물주머니.

고량 : 수수.

고리 : 고리버들의 가지나 대오리 같은 것으로 엮어 만든 상자.

고배 : 과일이나 떡 등을 높다랗게 괴어 올려 담은 것 또는 괴어 놓는 그릇.

곡 : 곡식을 되는데 쓰는 그릇 또는 세는 단위.

곡연 : 흔히 중구일(9월 9일)에 임금이 가까운 사람들과 내원에서 하는 조그마한 잔치.

곡회 : 친구끼리 여럿이 모여 하는 연회.

곤이 : 물고기의 뱃속에는 있는 알 뭉치.

곤자소니 : 소 대장의 골반 안에 있는 끝부분.

곤쟁이 : 새우의 한 가지. 보리새우와 비슷하나 몸이 몹시 작다. 서해안에 서식하며 소금에 절여 젓을 담는다.

곤죽 : 부패된 죽.

골금짠지 : 무말랭이와 말린 고춧잎 등을 찹쌀풀에 양념을 버무려 담근 반찬. 곤짠지.

골동반 : 비빔밥, 비빔국수는 골동면이다.

골무떡 : 가래떡을 3cm 정도로 짧게 자른 떡쑥을 넣은 푸른 떡과 송기를 넣은 붉은 떡을 흰떡을 함께 담아내기도 한다. 꿀이나 기름소금에 찍어먹는다.

골왕이 : 우렁이, 골뱅이.

골저냐 : 소의 머릿골을 삶아서 저민 것이나 등골을 밀가루에 묻혀서 달걀을 씌워 지진 저냐.

골탕 : 등골을 한 치 길이씩 잘라 밀가루를 묻혀 달걀을 씌워서 지져 끓는 맑은 장국에 넣어 잠깐 끓인 국. 두골은 삶아서 저며서 저냐로 부쳐 넣는다.

골파 : 밑동이 마늘조각처럼 여러 개가 붙고 잎이 여러 갈래로 나는 파의 한 가지 분총.

곯다 : 속으로 묽어져 상하다. 곡식 같은 것이 담은 그릇에 차지 않는다.

곰 : 고기나 뼈다귀를 함께 넣어 푹 끓인 진한 국.

곰국 : 주로 소고기를 오랜 시간 끓여서 고은 국.

곰삭다 : 젓갈 같은 것이 오래 묵어 푹 삭음.

과정 간정 : 유과 전과, 다식 등 우리나라 고유의 과자류를 말한다.

과편 : 과일에 설탕을 넣어 잼처럼 졸인 것을 말한다.

괴다 : ① 술, 간장, 초 따위가 익느라고 거품이 솟아나는 것. 발효하다. ② 그릇에 떡, 과일을 차곡차곡 쌓아올리다.

구절판 : 아홉으로 나누어진 기명에 채소, 고기류 등을 고르게 담고 가운데 밀전병을 놓은 음식을 말한다.

깨죽 : 참깨를 갈아서 장국을 만들어 메밀국수를 말은 냉국.

【 나 】

나깨 : 메밀의 속껍질.

나복 : 무.

나이떡 : 액땜으로 음력 정월보름에 식구의 나이수대로 숟가락으로 쌀을 떠서 만들어 먹는 떡.

낙낙하다 : 달짝지근하다. 크기, 수효, 무게 같은 것이 좀 남음이 있다. 넉넉하다.

난로회 : 음력 10월에 흔히 초하룻날 여러 사람이 모여 화롯가에 앉아 열구자 같은 음식도 갖추고, 적도 부치고 고기도 구우면서 먹고 노는 일. 추위를 막는다고 먹는 시식.

난총 : 부추.

날반 : 애벌만 찧은 쌀로 지은 밥.

내리다 : 가루 등을 체에 치다.

너비아니 : 소고기를 얇고 넓적하게 저며 양념하여 구운 음식.

농병 : 양고기나 돼지고기에 파를 섞은 것을 소로 한 만두를 광주리에 담아 찐 것.

뇌다 : 더욱 보드랍게 하려고 다시 고운체로 치다. 체로 여러 번 치다.

누름적 : 재료를 양념하여 구운 다음 색깔을 맞추어 꼬챙이에 꿴 음식으로 화양적, 잡누름적 등이 있다.

느티떡 : 느티나무 새순을 따서 시루에 찐 떡.

【 다 】

다관 : 차를 끓여서 담아둔 그릇.

다듬다 : 푸성귀 같은 것의 못쓸 부분을 떼어버리고 말끔하게 하다.

다리쇠 : 화로 위에 걸쳐놓고 냄비나 주전자 같은 것을 올려놓게 만든 기구.

다반 : 찻그릇 등을 올려놓는 조그마한 쟁반, 차반.

다식 : 곡식, 콩, 깻가루를 꿀로 반죽하여 다식판에 찍어낸 것.

다지다 : 칼로 여러 번 쳐서 잘게 만드는 일. 파, 마늘, 고추장 등으로 양념장을 만들 때 쓰인다.

다탕 : 차, 과일, 과자 같은 간단한 음식.

닦다 : 볶다, 덖다.

단자 : 찹쌀가루에 석이나 대추 등을 다져 섞어서 찐 후, 다시 쳐서 먹기 좋은 크기로 잘라 꿀을 묻혀 고명을 묻혀 낸 떡류, 주로 웃기떡으로 쓰인다.

달다 : 꿀맛과 같다. 끓이는 음식같은 것을 너무 끓여 물이 거의 졸아들다. 물건이 몹시 뜨거 워지다. 너무 촘촘하다.

달이다 : 끓여서 진하게 만들다.

달치다 : 바싹 졸아들어 눌러 붙다.

담북장 : 삶은콩을 짚으로 덮고 더운 방에 며칠을 두어 진이 나도록 띄운 후 소금, 마늘, 생강, 굵은고춧가루를 넣어 찧은 장.

대끼다 : 애벌 찧은 수수나 보리 등에 물을 쳐가며 깨끗하게 찧다.

대추편포 : 곱게 다진 살코기에 갖은 양념을 하고 대추 모양으로 빚어 실백을 박아 말린 마른반찬.

더덕북어 : 한겨울에 명태를 덕장에 걸어 얼려가며 말린 북어.

덕장 : 물고기를 말리려고 막대기 같은 것을 기둥 사이에 걸어 매어놓은 곳.

덖다 : 물기를 조금 있는 고기나 채소 등에 덧물을 붓지 않고 눋지 않을 정도로 볶아 익히다.

데치다 : 끓는물에 잠깐 넣어 삶아 내다. 보통 대량의 맹물이나 묽은 소금물에 짧은 시간 내에 삶아내는 '삶는다'의 한 형태이다.

도 : 되.

도도미 : 구멍이 굵게 엮어진 체.

도라젓 : 숭어 창자로 담근 젓.

되다 : ① 밥이나 죽 또는 반죽한 것의 물기가 적어 빡빡하다. ② 말이나 되 같은 것으로 곡식이나 기름 등의 양을 헤아리는 일.

되지기 : 밥이 거의 다되어 갈 무렵 찬밥을 그 위에 얹어 찌거나 데우는 것.

떡수단 : 가래떡을 염주알 만큼 빚어 꿀을 탄 오미자즙에 넣고 실백을 띄운 음료.

【 마 】

막장 : 메줏가루를 소금물에 걸찍하게 말아 삼삼하게 담근 간장을 떠내지 않은 된장. 메주는 모통메주나 따로 만든 막장메주를 쓴다. 보리밥이나 쌀죽을 섞어 넣고 고추장 담그듯이 담그기고 한다.

만청 : 배추 원종의 하나. 순무.

멱서리 : 짚으로 날을 촘촘히 속으로 넣고 결어 만든 곡식을 넣는 그릇.

면미 : 밀가루와 메밀가루를 섞어 반죽하여 기계로 눌러 쌀알처럼 만든 것.

명탁 : 맑게 거른 막걸리.

무설기 : 무를 채쳐서 섞어 찐 시루떡.

무솔다 : 푸성귀들이 축축한 습기로 물러져 썩다.

민강 : 생강을 사탕에 조린 과자.

밀쌈 : 얇게 부친 밀전병에 오이, 버섯, 알지단을 넣어 말아서 썬 여름철의 음식.

밀전병 : 밀가루를 반죽하여 둥글넓적하게 번철에 부친 떡.

【 바 】

바라기 : 사발 종류로서 식기의 한 가지. 보시기만 하며 입이 그보다 훨씬 벌어진 사기그릇.

바탱이 : 생김새가 중두리와 같으나 크기가 훨씬 작은 오지그릇.

박탁 : 반죽한 밀가루를 나뭇잎처럼 엷게 손으로 비벼서 떼어 끓는 장국물에 넣어 만든 수제비의 한 가지.

반기 : 잔치나 제사음식을 나누어 주기 위해 소반에 담은 음식.

반대기 : 가루를 반죽한 것이나 고기 다진 것 등을 둥글넓적하게 만든 조각.

반백 : 현미가 반쯤 섞인 쌀.

반병두리 : 놋쇠로 만든 국그릇의 한 가지. 둥글고 바닥이 넓적하며 양푼처럼 생겼다.

방구리 : 물을 깃는 질그릇. 모양이 동이와 같으나 몸이 작다.

밭다 : 건더기가 생긴 액체를 체 같은 장치를 통하여 액체만 받아 내다.

배반 : 주석에서 사용되는 그릇의 총칭.

벙거짓골 : 전골을 끓이는 냄비. 벙거지를 젖혀 놓은 듯한 모양을 하고 있다.

변시 : 편수. 밀가루나 메밀가루를 엷게 밀어 한리 사방으로 썰어 돼지고기, 파 등의 만두소를 넣고 피라미 모양으로 싸서 오무려 찌거

나 장국에 끓여 익혀내는 음식.

보리수단 : 햇보리를 삶아 낱알에 녹말가루를 묻혀 데쳐 내어 꿀을 탄 오미자물에 넣고 실백을 띄운 화채.

보살감두 : 식품으로서 돼지의 자궁.

보시기 : 김치 같은 것을 담는 작은 사방.

보풀떡 : 쑥굴이.

복달임 : 복날 강가 같은 시원한 곳에 가서 음식을 장만하여 먹고 노는 일.

복자 : 술이나 기름을 되는데 쓰는 금속으로 만든 그릇.

부각 : 김, 깻잎 등에 찹쌀풀을 발라 바싹 말려서 튀긴 마른반찬.

부꾸미 : 찹쌀가루, 밀가루, 수수가루 등을 반죽하여 둥글고 넓적하게 빚어서 번철에 지진 떡.

부디기 : 삶은국수를 가마에서 건져내는 데에 쓰는 기구.

부루 : 상추.

부름 : 정월 대보름에 깨물어 먹으면 부스름을 면함. 밤, 잣, 호두, 콩류.

부시다 : 그릇 같은 것을 물로 깨끗하게 씻는다.

부아 : 소의 허파.

【사】

산삼병 : 더덕을 짓이겨 찹쌀가루와 버무려 이겨 동전같이 만들어서 기름을 지져 꿀을 바르고 잣가루를 묻힌 떡.

산자 : 강정과 같은 방법으로 만드는데 모양을 네모나게 썰어 말렸다가 튀겨내어 여러 가지 고물을 묻혀낸 것.

산적 : 고기를 꼬챙이에 꿰어서 구운 음식의 총칭.

새갓통 : 귀때가 달린 바가지에 Y 모양의 손잡이를 위에 단 그릇.

새물 : 새로 나온 과실.

새앙 : 생강.

새옹 : 놋쇠로 만든 작은 솥. 배가 부르지 않고 평평하고 흔히 밥을 지어 솥째 상에 놓는다.

색병 : 밀가루나 쌀가루를 이겨 가늘게 늘여서 새끼모양으로 꼬아 기름에 띄워 지진 과자.

석청 : 산속 바위틈에 벌이 친 꿀.

선 : 채소를 위주로 한 찜요리. 오이선, 호박선, 가지선 등.

선식 : 생선반찬을 갖춘 밥.

세반가루 : 찐 찹쌀을 말리어 부스러뜨리거나 대강 빻은 가루.

세반강정 : 찐 찹쌀을 말리어 대강 빻은 세반가루에 굴이나 조청을 묻혀 만든 강정의 한 가지.

세찬 : 설날 세배 오는 사람에게 대접하는 시절음식.

소득밤 : 겉껍데기를 벗기지 않고 반쯤 말린 밤. 살빛이 누렇고 맛이 달다.

소래기 : 운두가 약간 높고 접시모양으로 생긴 넓은 질그릇.

소뢰 : 나라에서 제사지낼 때 양을 통째로 제물로 바치는 일.

소병 : 불에 구워 만든 떡.

송홧가루 : 소나무의 꽃가루, 빛이 노랗고 달착지근한 향내가 나며 다식, 밀수 등의 음식을 만드는 데 쓰인다.

쇠나다 : 솥 등의 녹이 끓인 음식물에 묻어나다.

쇠다 : 채소 같은 것이 너무 자라서 부드러운 맛이 없어지고 억세다.

수구레 : 소가죽에서 떼어낸 기름고기.

수단 : 쌀가루, 보릿가루, 밀가루 등을 반죽하여 경단같이 만들어서 꿀물이나 오미자물에 담가 먹는 고유의 음료, 6월 유두일에 만들어 먹는 시절음식.

수정과 : 생강물에 곶감을 담가 불리고 굴이나 설탕을 타서 단맛을 낸 음료.

숙회 : 생선을 얇게 떠서 녹말을 묻혀 끓는물에 데치거나 쪄서 만든 회.

시루떡 : 시루에 떡가루와 고물을 켜로 안쳐서 찐 떡.

신선로 : 수조어육류를 담아 한 그릇에 끓인 전골. 열구자탕, 구자라고도 함.

쌈 : 상추나 양배추, 호박잎, 깻잎, 콩잎 등으로 밥을 싸서 먹는 요리.

【 아 】

아맥 : 볶은 보리.

안반 : 떡을 반죽을 하거나 치거나 과방에서 음식을 만들 때 쓰이는 두껍고 넓은 나무판.

알쌈 : 달걀을 풀어 얇게 펴서 익힌 다음, 잘 다진고기를 싸서 반달처럼 만든 음식.

암치 : 소금에 절여 말린 민어 또는 소금에 절여 말린 민어의 암컷. 수컷은 '수치'라 한다.

애저 : 49일 된 돼지새끼를 잡아 통째로 삶아 건져 고기는 찢어 초고추장에 곁들여 먹고, 국물은 깻잎, 양파 등의 야채를 넣고 국을 끓임.

애탕 : 어린 쑥을 끓는물에 데치어 곱게 이기고, 고기도 다져서 함께 섞어 은행알 만큼 빚은 다음 달걀을 씌워서 펄펄 끓는 맑은장국에 넣어 익힌 국.

약과 : 밀가루를 꿀과 술로 고르게 반죽하여 기름에 튀겨낸 과자류.

약포 : 연한 소고기를 너비아니처럼 유자에 재웠다가 채반에 펴서 말려 꾸덕꾸덕하면 다시 진간장, 참기름, 꿀, 후춧가루 등을 섞은 것에 주물러 채반에 펴서 널어 말린다.

약포쌈 : 약포에 실백을 싸서 말린 것.

어선 : 흰살생선을 얇게 떠서 소고기, 채소류를 채 썰어 볶아 넣고 말아서 쪄낸 음식.

염포 : 얇게 썰은 고기를 소금에 절여 말린 포.

완자 : 소고기를 곱게 다져 소금, 파, 마늘, 후춧가루, 참기름 등으로 양념하고, 새알만하게 빚어 번철에서 부쳐 고명으로 썬다.

원소병 : 찹쌀가루를 반죽하여 경단보다 작게 빚어 끓는물에 익혀 국물에 담가먹는 우리 고유의 음료, 갖가지 물을 들인다.

유밀과 : 밀가루나 쌀가루에 참기름과 꿀을 넣고 반죽하여 여물지도 무르지도 않게 만들어 기름에 지진 과자의 한 부류.

율란 : 삶아 부순 밤에 계핏가루와 설탕으로 맛을 들여, 다시 밤 모양을 만들어 꿀을 바르고 잣가루를 뿌린 숙실과.

이명주 : 정월 대보름 풍습으로 아침상에서 마시는 귀밝이술.

익반죽 : 곡류의 가루에 끓는물을 넣어가며 하는 반죽.

임자수탕 : 영계 고아낸 국물에 깨를 볶아 받친 국물을 섞어 미나리초대, 오이채, 등전골을 띄워 만든 냉국.

【 자 】

자반 : 저장해 두고 쓰는 반찬을 말하며 생선을 소금에 절인 반찬. 채소류나 해조류에 간장이나 찹쌀풀을 발라 말린 것을 굽거나 기름에 튀겨서 만든 반찬. 짭짤하게 무치거나 조린 반찬. 잣박산 잣을 꿀이나 엿에 버물 반듯하게 모양 내어 만든 우리나라 고유의 과자.

잣즙 : 잣 갈은 것에 닭국물을 섞은 것.

장김치 : 무, 배추 등을 간자에 절여 미나리, 갓, 청각, 파 양념을 섞고 간장을 탄 물에 꿀을 쳐서 담근 김치.

장산적 : 다진 소고기에 조미한 후 얇게 반을 지어 구운 다음 다시 졸여 낸 것.

전과 : 과일이나 채소류를 얄팍하게 설탕이나 꿀에 졸인 숙과.

전유어 : 고기, 생선, 조개, 채소 등의 재료를 얇게 저며서 밀가루와 달걀을 풀어 묻히고 기름에 지져 익히는 요리. 전, 저냐, 전유화라고도 한다.

조과 : 자연식품을 가공하여 만든 한과.

조란 : 대추 찐 것에 설탕을 고루 섞어, 다시 대추 모양을 만들어 겉에 꿀을 바르고 설탕을 묻힌 것.

조청 : 쌀, 옥수수 등의 곡류로 밥을 지어 엿기름물을 부어 삭힌 뒤에 뭉근한 불에 오래 끓여 자루에 거른 후 다시 되직할 때까지 곤 일종의 물엿.

조치 : 국물이 바듯하게 끓인 찌개.

족편 : 소머리, 소족 등을 고아 식혀 응고시킨 냉채음식.

주악 : 찹쌀가루를 익반죽하여 소를 넣고 기름에 지지듯이 튀겨내는 전병.

즙청 : 꿀이나 조청에 푹 재워 달게 만드는 일.

증편 : 멥쌀가루를 물과 막걸리로 반죽하여 적당히 부풀린 다음 각각 고명을 얹고 찐 떡. 지단 달걀을 황·백으로 나눈 것에 소금간을 약간 하여 곱게 부친 것을 원하는 모양으로 썰어 고명으로 쓴다.

지짐누름적 : 꼬챙이에 재료를 꿰어 밀가루, 달걀을 씌워 전유어처럼 지져낸 것으로, 김치적, 두릅적 등이 있다.

짠지 : 무나 배추를 양념하지 않고 통으로 소금에 절여서 묵혀두고 먹는 음식.

【 차 】

차갈매 : 차가 가루가 되게 가는 맷돌.

차반 : 예물로 가져가는 맛 좋은 음식. 맛있게 잘 차린 음식.

처녑 : 소나 양 등 되새김질 하는 짐승의 제 3위.

천금채 : 상추.

천리포 : 짐승의 고기를 술, 식초, 소금에 주물러 하루 재웠다가 삶아서 말린 반찬.

첨장 : 단맛이 나는 간장.

첫국 : 빚어 담근 술이 익었을 때 박아놓은 용수에 첫 번으로 떠내는 맑은 술.

청장 : 진하지 않은 맑은 간장, 국간장.

초 : 조림처럼 간장을 넣고 끓이다가 국물이 조금 남았을 때 참기름을 치고 물에 푼 녹말즙을 넣고 걸쭉하게 조린 것.

초대 : 미나리와 실파를 꼬챙이에 나란히 꿰어 밀가루와 달걀을 입힌 후 지져서 마름모나 골패 모양으로 썰어 고명으로 썬다.

【 타 】

타래과 : 밀가루반죽을 얇게 밀어서 타래과의 모양을 만들어 기름에 튀겨 꿀이나 시럽에 묻혀 실백가루를 뿌린 것.

타래박 : 긴 자루에 바가지를 달아 맨 무를 푸는 기구. 두레.

탁료 : 막걸리.

탈삽 : 감의 떫은맛을 없애는 일.

탕파 : 더운물을 넣어 몸을 덥게 하는 그릇. 쇠나 자기로 만든다.

탕평채 : 청포묵, 미나리, 소고기, 김을 양념장에 무쳐내는 봄, 가을철의 음식.

태병 : 떠서 말린 파래.

태화탕 : 끓은물.

토렴 : 밥, 국수 등에 더운 국물을 여러 번 부었다가 따라내어 덥히는 일(퇴염).

토분 : 쌀을 쓿을 때 섞어서 찧는 흰 흙가루.

토장국 : 쌀뜨물에 된장을 풀어 넣고 끓인 국.

토화 : 가리맛 조개.

통드레 : 손으로 들고 다니는 물통.

튀각 : 다시마 등을 네모나거나 매어 태래과의 모양으로 만들어 튀겨낸 음식.

튀하다 : 새나 짐승의 털을 뽑기 위하여 끓인물에 잠깐 넣었다가 건져낸다.

【 파 】

파배 : 손잡이가 달린 술잔.

팔진미 : 중국에서 성대한 식상에서 갖춘다고 하는 진귀한 여덟 가지의 음식.

편떡 : 절편의 준말. 앵두, 모과, 산자, 오미자 등 과일을 지거나 삶아 끓여 체에 받혀 꿀을 치고 조리다가 다시 녹말을 넣고 되직하게 조려서 틀에 부어 굳힌 음식.

편쇠 : 번철.

편수 : 여름철에 먹는 만두로, 소를 넣고 네모나게 싸서 식힌 장국을 부은 것.

편육 : 고기를 삶아 익혀서 차게 눌렀다가 얇게 저며 써는 고기요리.

편틀 : 떡을 괴어 올리는데 쓰는 굽이 높은 그릇.

편포 : 살코기를 도독하게 저미고 한편에 가로 · 세로 잔칼집을 많이 하여 반을 지어 갖은 양념으로 조미하여 말린 것.

편포쌈 : 편포에 실백을 싸서 말린 것.

포렴 : 술집 등의 문에 늘인 베 조각.

포쇄 : 바람을 쐬고 볕에 쬐어 말림.

푸새 : 산과 들에 저절로 나서 자란 풀의 총칭.

푼주 : 밑이 좁고 위가 짝 벌려진 나부죽한 사기그릇.

핏골집 : 순대의 한 가지. 돼지의 창자 속에 피를 넣어 삶거나 찐 음식.

【 하 】

한식사리 : 한식 무렵에 잡은 고기.

합사발 : 뚜껑이 있는 사발.

합주 : 찹쌀로 빚은 여름에 만드는 막걸리의 한 가지.

향애단 : 쑥을 데쳐 찹쌀에 섞어 경단을 만들고 꿀에 버무려 실백, 녹두고물을 묻힌 것.

현구지 : 나무딸기.

현수 : 술.

현주 : 제사 때 술 대신에 쓰는 냉수화면 녹말가루를 오미자물에 풀어 익혀 얇게 굳힌 다음, 가늘게 썰어서 꿀물에 띄우고 실백을 띄운다.

화양적 : 햇버섯, 도라지, 고기 등을 조미하여 볶아서 꼬챙이에 꿴 것.

황률 : 마른밤.

황아채 : 묻어둔 배추뿌리에서 자란 순으로 만든 나물.

황육 : 소고기.

황채 : 늙은오이를 잘게 썰어서 양념하여 볶은 나물. 늙은호박을 볶은 나물.

회갓류 : 신선한 간, 처녑을 먹기 좋도록 손질하고 호두나 잣 등을 싸서 만든 것.

훈조 : 메주.

흑당 : 흑사탕. 조청.

흑임자 : 검은 깨.

희아리 : 병들어서 말라 희끗희끗한 얼룩진 고추.

NCS를 기반으로 한 한식조리

NCS를 기반으로 한 한식조리

실기편

NCS 1301010102_14v2 한식 밥·죽 조리
NCS 1301010103_14v2 한식 면류조리
NCS 1301010104_14v2 한식 국·탕 조리
NCS 1301010105_14v2 한식 찌개·전골 조리
NCS 1301010106_14v2 한식 찜·선 조리
NCS 1301010107_14v2 한식 조림·초·볶음 조리
NCS 1301010408_14v2 한식 전·적·튀김 조리
NCS 1301010109_14v2 한식 구이 조리
NCS 1301010110_14v2 한식 생채·숙채·회 조리
NCS 1301010111_14v2 김치 조리
NCS 1301010112_14v2 음청류 조리
NCS 1301010113_14v2 한과 조리
NCS 1301010114_14v2 장아찌 조리

채점대상에서 제외되는 경우

- 불을 사용하여 만든 작품이 작품 특성에 벗어나는 정도로 타거나 익지 않은 경우
- 오작 : 요리의 형태를 다르게 만들거나 해당과제의 지급재료 이외의 재료를 사용한 경우
- 미완성 : 문제의 요구사항대로 작품의 수량이 만들어지지 않은 경우
- 요구작품 두 가지 중 한 가지 작품만 만들었을 경우
- 주어진 시간 내에 완성하지 못한 경우

밥·죽

비빔밥

조리시간 **50** 분

요구사항

주어진 재료를 사용하여 다음과 같이 '비빔밥'을 만드시오.

1. 채소, 소고기, 황·백지단의 크기는 0.3×0.3×5㎝로 써시오.(단, 지급된 재료의 크기에 따라 가감한다.)
2. 호박은 돌려깎기 하여 0.3×0.3×5㎝로 써시오.
3. 청포묵의 크기는 0.5×0.5×5㎝로 써시오.
4. 밥을 담은 위에 준비된 재료들을 색 맞추어 돌려 담으시오.
5. 볶은고추장은 완성된 밥 위에 얹어 내시오.

수험자 유의사항

1. 밥은 질지 않게 짓는다.
2. 지급된 소고기는 고추장 볶음과 고명으로 나누어 사용한다.
3. 조리작품 만드는 순서는 틀리지 않게 하여야 한다.
4. 숙련된 기능으로 맛을 내야하므로 조리작업 시 음식의 맛을 보지 않는다.

재료 및 분량

불린쌀 150g 소고기(우둔) 50g 고사리(불린 것) 50g
애호박(길이 6㎝) 60g 도라지 50g 청포묵(길이 6㎝) ⅓모
달걀 1개 다시마(사방 5㎝) 1장 식용유 30㎖

*소고기·고사리 양념 : 간장 15㎖, 설탕 4g, 깨소금 2g, 후춧가루 2g, 참기름 4㎖, 마늘 10g, 대파 20g
*약고추장 : 고추장 20g, 양념한 다진소고기 10g, 물 6㎖, 설탕 6g

만드는 법

1 불린쌀로 밥을 고슬고슬하게 지어놓는다.
2 파, 마늘은 곱게 다진다.
3 애호박은 0.3×0.3×5㎝로 채 썰고, 소금에 살짝 절였다가 물기를 짠다.
4 도라지는 0.3×0.3×5㎝로 채 썰어 소금을 넣고 주물러 씻어 쓴맛을 뺀 다음, 물기를 제거한다.
5 청포묵은 0.5×0.5×5㎝로 채 썰어 끓는물에 데쳐낸 후 소금, 참기름으로 무친다.
6 고사리는 딱딱한 줄기를 자르고 5㎝ 길이로 잘라서, 양념장의 ½ 양을 넣고 양념한다.
7 소고기의 ⅔는 가늘게 채 썰고, ⅓은 곱게 다져서 남은 양념장으로 각각 양념한다.
8 달걀은 황·백지단을 부쳐 식으면 0.3×0.3×5㎝로 채 썬다.
9 다시마는 팬에 식용유를 붓고 튀겨서, 식으면 잘게 부순다.
10 팬에 식용유를 두르고 도라지, 애호박, 고사리, 소고기 순서로 볶는다.
11 팬에 다진 고기를 볶다가 고추장, 설탕, 물(1:1:1)을 넣고 부드럽게 졸여 약고추장을 만든다.
12 그릇에 밥을 담고 준비한 재료를 색맞추어 돌려 담은 후 볶은고추장을 얹어 낸다.

조리 포인트

- 쌀은 30분 전에 씻어서 불리고, 물은 불린쌀 부피의 1.2배로 붓는다.
- 밥짓기는 센불에서 약간 끓이다가 중간불로 줄인 다음, 약한불로 조절하여 뜸을 들인다.
- 소고기는 결대로 채 썰어야 부서지지 않는다.
- 고사리는 소량의 물을 붓고 볶아야 양념과 잘 어우러진다.
- 팬 사용은 무색(無色)에서 유색(有色), 무취(無臭)에서 유취(有臭)의 재료 순서로 볶아야, 양념이 묻어나지 않고 선명한 색을 얻을 수 있다.
- 다시마는 물에 적시지 않아야 잘 튀겨진다.

NCS

과정/과목명 : 1301010102_14v2 한식 밥·죽 조리

- 훈련목표 : 쌀을 주재료로 하는 쌀밥과 다른 곡류나 견과류, 채소류, 어패류 등을 섞어 물을 붓고 불에 강약을 조절하여 호화되게 하는 능력 함양
- 수준 : 2
- 최소훈련시간 : 20
- 훈련가능시설 : 강의실, 실습실
- 권장훈련방법 : 집체훈련

- 평가 시 고려사항 : 평가자는 다음 사항을 평가해야 한다.
  - 위생적인 조리과정
  - 식재료 선별능력
  - 식재료 전처리, 준비과정
  - 재료의 특성과 상태에 따라 물의 양을 가감할 수 있는 능력
  - 밥, 뜸들이기 능력
  - 화력조절 능력
  - 압력솥, 돌솥, 식기류의 안전한 취급 능력
  - 조리도구의 사용 전·후 세척

밥·죽

콩나물밥

조리시간 30분

요구사항

주어진 재료를 사용하여 다음과 같이 '콩나물밥'을 만드시오.

1 콩나물은 꼬리를 다듬고, 소고기는 채썰어 간장양념을 하시오.
2 쌀과 함께 밥을 지어 전량 제출하시오.

수험자 유의사항

1 콩나물 손질시 폐기량이 많지 않도록 한다.
2 소고기는 굵기와 크기에 유의한다.
3 밥물 및 불조절과 완성된 밥의 상태에 유의한다.
4 조리작품 만드는 순서는 틀리지 않게 하여야 한다.
5 숙련된 기능으로 맛을 내야하므로 조리작업 시 음식의 맛을 보지 않는다.

재료 및 분량

불린쌀 120g 콩나물 60g 소고기(길이 6㎝) 30g

*소고기양념 : 간장 10㎖, 대파 10g, 마늘 5g, 참기름 2㎖

만드는 법

1 파와 마늘은 곱게 다진다.
2 콩나물은 꼬리를 다듬고 깨끗이 씻는다.
3 소고기는 길이 5㎝, 두께 0.3㎝로 채 썰어 양념한다.
4 냄비에 불린쌀과 동량의 물을 넣고 그 위에 소고기, 콩나물을 얹어 뚜껑을 덮고 고슬고슬하게 밥을 짓는다.
5 밥이 완성되면 골고루 섞어서 그릇에 담아 낸다.

조리 포인트

• 소고기는 결대로 채 썰어야 부서지지 않는다.
• 쌀은 30분 전에 씻어서 불리고, 물은 콩나물의 수분을 감안하여 불린쌀 부피와 동량으로 붓고 질지 않도록 한다.
• 밥 짓기는 센불에서 끓이다가 중간불로 줄인 다음, 쌀알이 퍼지면 약한불로 뜸을 들인다.
• 쌀 위에 얹은 콩나물은 물에 잠기지 않아도 수증기로 익는다.
• 팬 사용은 무색(無色)에서 유색(有色), 무취(無臭)에서 유취(有臭)의 재료 순서로 볶아야, 양념이 묻어나지 않고 선명한 색을 얻을 수 있다.
• 밥 짓는 도중에 뚜껑을 열지 않아야 콩 비린내가 나지 않는다.

NCS **과정/과목명 : 1301010102_14v2 한식 밥·죽 조리**

• **훈련목표** : 쌀을 주재료로 하는 쌀밥과 다른 곡류나 견과류, 채소류, 어패류 등을 섞어 물을 붓고 불에 강약을 조절하여 호화되게 하는 능력 함양
• **수준** : 2
• **최소훈련시간** : 20
• **훈련가능시설** : 강의실, 실습실
• **권장훈련방법** : 집체훈련

• **평가 시 고려사항** : 평가자는 다음 사항을 평가해야 한다.
- 위생적인 조리과정
- 식재료 선별능력
- 식재료 전처리, 준비과정
- 재료의 특성과 상태에 따라 물의 양을 가감할 수 있는 능력
- 밥, 뜸들이기 능력
- 화력조절 능력
- 압력솥, 돌솥, 식기류의 안전한 취급 능력
- 조리도구의 사용 전·후 세척

밥·죽

장국죽

조리시간 30분

요구사항

주어진 재료를 사용하여 다음과 같이 '장국죽'을 만드시오.

1. 불린쌀을 반 정도로 싸라기를 만들어 죽을 쑤시오.
2. 소고기는 다지고 불린표고는 3cm 정도의 길이로 채 써시오.(단, 지급된 재료의 크기에 따라 가감한다.)

수험자 유의사항

1. 쌀과 국물이 잘 어우러지도록 쑨다.
2. 간을 맞추는 시기에 유의한다.
3. 조리작품 만드는 순서는 틀리지 않게 하여야 한다.
4. 숙련된 기능으로 맛을 내야하므로 조리작업 시 음식의 맛을 보지 않는다.

재료 및 분량

불린쌀 120g 소고기(우둔) 30g 마른표고버섯(중) 1개
소금 2g 진간장 10㎖ 국간장 10㎖

*소고기·표고버섯 양념 : 간장 6㎖, 대파 20g, 마늘 5g, 깨소금 3g, 후춧가루 1g, 참기름 10㎖

만드는 법

1 파와 마늘은 곱게 다진다.
2 불린쌀은 건져 물기를 빼고, 방망이로 싸라기 정도의 크기로 부순다.
3 표고버섯은 미지근한 물에 불린 다음 얇게 포를 떠서 3㎝ 길이로 가늘게 채 썰고, 소고기는 힘줄과 기름을 제거하고 곱게 다져서 양념장에 양념한다.
4 냄비에 참기름을 두르고 소고기와 표고를 볶다가 부수어 놓은 쌀을 넣고 볶은 다음, 쌀 부피의 6~7배의 물을 넣고 센불에서 끓이다가 중간불로 줄여서 끓인다.
5 주걱으로 눌지않도록 저어주다가, 쌀알이 충분히 퍼져 죽이 어우러지면 간장으로 색(色)을 내고 소금으로 간을 맞추어 그릇에 담아 낸다.

조리 포인트

- 쌀은 충분히 불려야 잘 퍼지며, ½ 정도의 싸라기로 부수어야 한다.
- 다진소고기는 덩어리지지 않도록 잘 볶는다.
- 물은 쌀의 6~7배, 불은 센불에서 중간불로 조절하여 눌지 않도록 저어주며 끓인다.
- 삭아서 농도가 묽어지는 것을 방지하기 위하여 마지막에 간장으로 색을 맞추고, 소금으로 간을 맞춘다.
- 시간이 지나면 죽이 퍼져서 되직하므로, 그릇에 담기 직전에 농도를 잘 맞추어 바로 제출한다.

NCS

과정/과목명 : 1301010102_14v2 한식 밥·죽 조리

- **훈련목표** : 쌀을 주재료로 하는 쌀밥과 다른 곡류나 견과류, 채소류, 어패류 등을 섞어 물을 붓고 불에 강약을 조절하여 호화되게 하는 능력 함양
- **수준** : 2
- **최소훈련시간** : 20
- **훈련가능시설** : 강의실, 실습실
- **권장훈련방법** : 집체훈련

- **평가 시 고려사항** : 평가자는 다음 사항을 평가해야 한다.
  - 위생적인 조리과정
  - 식재료 선별능력
  - 식재료 전처리, 준비과정
  - 재료의 특성과 상태에 따라 물의 양을 가감할 수 있는 능력
  - 밥, 뜸들이기 능력
  - 화력조절 능력
  - 압력솥, 돌솥, 식기류의 안전한 취급 능력
  - 조리도구의 사용 전·후 세척

면류

국수장국

조리시간 30분

요구사항

주어진 재료를 사용하여 다음과 같이 '국수장국'을 만드시오.

1. 호박은 돌려깎기 하여 0.3×0.3×5㎝, 황·백지단은 0.2×0.2×5㎝, 석이버섯은 채 썰어 고명으로 얹으시오.
2. 소고기는 육수를 내고, 삶은 고기는 0.2×0.2×5㎝로 고명으로 얹으시오.
3. 국수에 1.5배 분량의 장국을 붓고 오색고명을 얹어 내시오.

수험자 유의사항

1. 각 고명은 길이와 굵기가 일정하게 하고, 색깔이 선명하게 나도록 준비한다.
2. 국수가 불지 않도록 작업순서에 유의한다.
3. 조리작품 만드는 순서는 틀리지 않게 하여야 한다.
4. 숙련된 기능으로 맛을 내야하므로 조리작업 시 음식의 맛을 보지 않는다.

재료 및 분량

소면(마른국수) 80g 소고기(양지머리) 50g 달걀 1개
애호박(길이 6㎝) 40g 석이버섯(중) 2개 실고추 2g 식용유 5㎖
참기름 5㎖ 소금 5g 간장 10㎖ 대파 4㎝ 마늘 1쪽

만드는 법

1 소고기는 핏물을 빼고 찬물에 넣어 육수를 뽑은 다음, 면보에 걸러 간장으로 색을 내고 소금으로 간을 맞춘다.
2 삶은 소고기는 건져서 0.2×0.2×5㎝로 채 썬다.
3 호박은 0.2×0.2×5㎝로 채 썰어 소금에 살짝 절였다가 물기를 짠다.
4 석이버섯은 미지근한 물에 불려서 손질하여 채 썬 다음 소금, 참기름으로 가볍게 무친다.
5 팬에 기름을 두르고 호박, 석이버섯 순서로 볶는다.
6 달걀은 황·백지단을 부쳐 0.2×0.2×5㎝로 채 썬다.
7 실고추는 2㎝ 길이로 썬다.
8 국수는 충분한 양의 끓는물에서 삶아 찬물에 헹구고 가지런히 사리를 짓는다.
9 그릇에 국수를 담고 소고기와 애호박, 황·백지단을 올리고 석이버섯과 실고추를 차례로 얹은 다음, 뜨거운 장국을 부어 낸다.

조리 포인트

- 국수국물은 소의 양지머리 부위나 멸치를 많이 사용한다.
- 장국은 간을 조금 세게 맞춰야 국수를 말았을 때 싱겁지 않다.
- 불린 석이버섯은 안쪽에 소금을 넣고 손으로 비벼 이끼를 제거하며, 물기를 제거한 후 말아서 채 썬다.
- 달걀지단은 부쳐서 식힌 다음, 썰어야 으깨지지 않는다.
- 국수는 엉기지 않게 잘 펴서 넣고, 찬물을 2~3회 부으면서 삶아야 찰기 있게 빨리 삶아진다.
- 국수는 장국이나 고명을 준비한 다음, 마지막에 삶아야 불지 않는다.

NCS

과정/과목명 : 1301010103_14v2 한식 면류 조리

- **훈련목표** : 밀가루나 쌀가루, 메밀가루, 전분 가루를 사용하여 국수, 만두, 냉면을 조리하는 능력 함양
- **수준** : 3
- **최소훈련시간** : 20
- **훈련가능시설** : 강의실, 실습실
- **권장훈련방법** : 집체훈련

- **평가 시 고려사항** : 평가자는 다음 사항을 평가해야 한다.
  - 계량의 정확성
  - 재료의 전처리 준비과정의 적정성
  - 반죽상태의 적절성
  - 면류의 조리능력
  - 조리의 숙련정도
  - 면류 조리의 완성도
  - 기물의 사용능력
  - 위생적인 조리과정
  - 식재료 선별능력
  - 반죽 시 재료의 특성에 따라 물의 양을 조절할 수 있는 능력
  - 화력조절 능력
  - 식기류의 안전한 취급
  - 색상의 조화를 고려하여 그릇에 담는 능력

면류

비빔국수

조리시간 30분

요구사항

주어진 재료를 사용하여 다음과 같이 '비빔국수'를 만드시오.

1 소고기, 표고버섯, 오이는 0.3×0.3×5㎝로 썰어 양념하여 볶으시오.
2 황 · 백지단은 0.2×0.2×5㎝로 썰어 고명으로 사용하시오.
3 실고추와 석이버섯은 채 썰어 고명으로 사용하시오.

수험자 유의사항

1 국수는 불지 않도록 삶는다.
2 국수를 비빌 때 간장으로 간을 맞춘다.
3 고명을 색맞추어 조화롭게 얹는다.
4 조리작품 만드는 순서는 틀리지 않게 하여야 한다.
5 숙련된 기능으로 맛을 내야하므로 조리작업 시 음식의 맛을 보지 않는다.

재료 및 분량

소면(마른국수) 60g 소고기(길이 6㎝) 40g 마른표고버섯(중) 2개
오이(6㎝) 30g 소금 10g 식용유 20㎖

* 소고기·표고버섯 양념 : 간장 6㎖, 대파 10g, 마늘 5g, 깨소금 3g, 후춧가루 1g, 설탕 2g, 참기름 3㎖
* 국수양념 : 간장 6㎖, 설탕 2g, 참기름 3㎖
* 고명 : 달걀 1개, 실고추 2g, 석이버섯 3g

만드는 법

1 파와 마늘은 곱게 다진다.
2 오이는 돌려깎기 하여 0.3×0.3×5㎝로 채 썬 다음, 소금에 살짝 절여서 물기를 닦는다.
3 표고버섯은 미지근한 물에 불려 기둥을 자르고 얇게 포를 떠서 0.3×0.3×5㎝로 채 썰고, 소고기는 표고와 같은 크기로 채 썰어 각각 양념한다.
4 석이버섯은 미지근한 물에 불려 손질한 후 돌돌 말아 곱게 채 썰어 소금, 참기름으로 가볍게 무친다.
5 팬에 기름을 두르고 오이, 석이버섯, 표고버섯, 소고기 순서로 볶는다.
6 달걀은 황·백지단을 부쳐 식으면 0.2×0.2×5㎝로 채 썰고, 실고추는 길이 2㎝로 자른다.
7 국수는 충분한 양의 끓는물에서 삶아 찬물에 헹군 후 물기를 빼고 참기름과 간장, 설탕을 넣고 버무린 다음 소고기, 표고, 오이를 넣어 가볍게 섞는다.
8 그릇에 비빈 국수를 담고 황·백지단, 석이버섯, 실고추를 고명으로 얹는다.

조리 포인트

- 표고버섯은 미지근한 물에 약간의 설탕을 넣으면 빨리 불려진다.
- 국수는 엉기지 않게 잘 펴서 넣고, 찬물을 2~3회 부으면서 삶아야 찰기 있게 빨리 삶아진다.
- 국수는 모든 재료가 준비된 다음 삶아야 불지 않는다.
- 비빔국수가 불지 않도록 참기름, 간장, 설탕으로 밑간을 한다.
- 국수와 소고기, 표고, 오이가 뭉치지 않고 잘 섞여 색의 조화를 이루도록 비벼서 담아 낸다.

NCS

과정/과목명 : 1301010103_14v2 한식 면류 조리

- **훈련목표** : 밀가루나 쌀가루, 메밀가루, 전분 가루를 사용하여 국수, 만두, 냉면을 조리하는 능력 함양
- **수준** : 3
- **최소훈련시간** : 20
- **훈련가능시설** : 강의실, 실습실
- **권장훈련방법** : 집체훈련

- **평가 시 고려사항** : 평가자는 다음 사항을 평가해야 한다.
  - 계량의 정확성
  - 재료의 전처리 준비과정의 적정성
  - 반죽상태의 적절성
  - 면류의 조리능력
  - 조리의 숙련정도
  - 면류 조리의 완성도
  - 기물의 사용능력
  - 위생적인 조리과정
  - 식재료 선별능력
  - 반죽 시 재료의 특성에 따라 물의 양을 조절할 수 있는 능력
  - 화력조절 능력
  - 식기류의 안전한 취급
  - 색상의 조화를 고려하여 그릇에 담는 능력

면류

칼국수

조리시간 30분

요구사항

주어진 재료를 사용하여 다음과 같이 '칼국수'를 만드시오.

1 국수의 굵기는 두께가 0.2㎝, 폭은 0.3㎝가 되도록 하시오.
2 애호박은 돌려깎기 하고, 표고버섯은 채 썰어 볶아 실고추와 함께 고명으로 사용하시오.
3 국수와 국물의 비율은 1:2 정도가 되도록 하시오.

수험자 유의사항

1 주어진 밀가루로 밀가루반죽과 덧가루용으로 적절히 사용하고, 밀가루반죽 정도에 유의한다.
2 국수의 굵기와 두께가 일정하도록 한다.
3 멸치다시를 내어 맑게 처리하고, 고명의 색에 유의한다.
4 조리작품 만드는 순서는 틀리지 않게 하여야 한다.
5 숙련된 기능으로 맛을 내야하므로 조리작업 시 음식의 맛을 보지 않는다.

재료 및 분량

밀가루 100g 애호박(길이 6cm 이상) 40g
마른표고버섯(중) 1개 실고추 2g 식용유 10㎖

*표고버섯양념 : 간장 2㎖, 참기름 2㎖, 설탕 2g
*멸치육수 : 멸치(大 장국용) 20g, 물 3컵, 마늘 5g, 대파 10g, 소금 2g

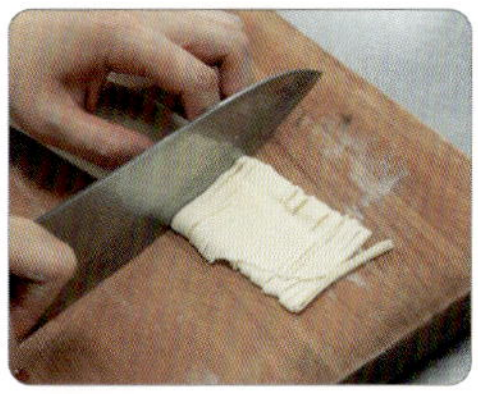

만드는 법

1. 밀가루는 체에 내려 소금물에 반죽(밀가루 : 물 = 4 : 1)하여 끈기가 생기도록 충분히 치댄 후, 젖은 면보나 비닐에 싸 둔다.
2. 멸치는 머리, 내장을 제거하여 찬물 3컵을 붓고 중간불에서 거품을 걷어내며 끓이다가, 국물이 우러나면 면보로 걸러서 육수를 만든다.
3. 파와 마늘은 곱게 다진다.
4. 애호박은 길이 5cm로 잘라 두께 0.2cm로 돌려깎아 0.2cm로 채 썰어 소금에 절였다가, 물기를 닦고 볶아 식힌다.
5. 표고버섯은 물에 불려 손질한 다음, 기둥을 떼어내고 얇게 저며 폭 0.2cm 정도로 채 썰어 양념하여 볶는다.
6. 숙성된 밀가루반죽은 두께 0.1cm로 밀어 달라붙지 않도록 덧가루를 뿌려 접은 후, 폭 0.2cm로 일정하게 썰어 펼쳐 놓는다.
7. 실고추는 2cm 길이로 자른다.
8. 멸치국물이 끓으면 국간장으로 색을 내고, 소금으로 약하게 간을 맞추어 칼국수를 넣고 바닥에 붙지 않도록 저어가며 끓인다.
9. 그릇에 칼국수를 담고 애호박, 표고버섯, 실고추를 고명으로 올린다.

조리 포인트

- 반죽이 질어지는 것을 방지하기 위하여 물을 한꺼번에 넣지 말고 두 번에 나누어 넣는다.
- 덧가루 사용과 반죽이 질어질 경우에 대비하여 밀가루를 남겨둔다.
- 반죽을 밀면서 달라붙지 않도록 묻히는 덧가루(밀가루)를 최대한 털어서 국물이 탁하지 않도록 한다.
- 너무 일찍 만들면 칼국수가 불어서 국물이 적어지므로, 끓이는 시간을 고려한다.

NCS

과정/과목명 : 1301010103_14v2 한식 면류 조리

- **훈련목표** : 밀가루나 쌀가루, 메밀가루, 전분 가루를 사용하여 국수, 만두, 냉면을 조리하는 능력 함양
- **수준** : 3
- **최소훈련시간** : 20
- **훈련가능시설** : 강의실, 실습실
- **권장훈련방법** : 집체훈련

- **평가 시 고려사항** : 평가자는 다음 사항을 평가해야 한다.
  - 계량의 정확성
  - 재료의 전처리 준비과정의 적정성
  - 반죽상태의 적절성
  - 면류의 조리능력
  - 조리의 숙련정도
  - 면류 조리의 완성도
  - 기물의 사용능력
  - 위생적인 조리과정
  - 식재료 선별능력
  - 반죽 시 재료의 특성에 따라 물의 양을 조절할 수 있는 능력
  - 화력조절 능력
  - 식기류의 안전한 취급
  - 색상의 조화를 고려하여 그릇에 담는 능력

면류

만둣국

조리시간 45분

요구사항

주어진 재료를 사용하여 다음과 같이 '만둣국'을 만드시오.

1 만두피는 지름 8㎝의 둥근 모양으로 하여, 5개를 만드시오.
2 황 · 백지단과 미나리초대 각 2개씩을 고명으로 사용하시오.[완자(마름모꼴) 모양]

수험자 유의사항

1 만두피는 일정한 크기로 얇게 밀도록 한다.
2 지급된 고기는 육수와 만두속 재료로 사용한다.
3 끓일 때 터지지 않도록 유의하고, 만두속은 잘 익어야 한다.
4 조리작품 만드는 순서는 틀리지 않게 하여야 한다.
5 숙련된 기능으로 맛을 내야하므로 조리작업 시 음식의 맛을 보지 않는다.

재료 및 분량

밀가루(중력분) 60g 소고기 60g 두부 50g 숙주 30g
배추김치 40g 대파 20g 마늘 5g 소금 2.5g 후춧가루 2g
깨소금 3g 참기름 10㎖ 국간장 10㎖ 산적꼬지 1개

*고명 : 달걀 1개, 미나리(줄기) 20g, 식용유 5㎖

만드는 법

1 밀가루는 체에 내려 소금물에 반죽(밀가루 : 물 = 4 : 1)하여 끈기가 생기도록 충분히 치댄 후, 젖은 면보나 비닐에 싸둔다.
2 소고기 20g은 핏물을 제거하여 찬물에 넣고 삶아 걸러서 육수를 만들고, 나머지 30g은 곱게 다진다.
3 파와 마늘은 곱게 다진다.
4 두부는 물기를 짜서 곱게 으깬다.
5 숙주는 소금물에 데쳐 잘게 다져 물기를 짜고, 김치도 다져 물기를 꼭 짠다.
6 다진소고기, 두부, 숙주, 김치, 파, 마늘, 소금, 후춧가루, 깨소금, 참기름을 고루 섞어 양념하여 소를 만든다.
7 숙성된 반죽을 지름이 8㎝가 되도록 얇고 둥글게 밀어서 만두피를 만든다.
8 만두피에 양념한 소를 넣고 반으로 접어 양끝을 붙여서 5개의 만두를 빚는다. 완성된 만두의 크기는 지름 4㎝ 정도가 되게 한다.
9 달걀은 황 · 백지단과 미나리초대를 붙여서 2×2㎝의 마름모꼴로 자른다.
10 육수를 끓여 국간장(色)과 소금으로 간을 맞추고 끓을 때에 만두를 넣어 떠오르면, 그릇에 만두와 육수를 담고 황 · 백지단과 미나리초대를 고명으로 얹어 낸다.

조리 포인트

- 반죽을 만두피 1개의 분량으로 분할하여 돌려가면서 가장자리를 얇게 민다.
- 소가 질어서 터지지 않도록 두부, 숙주, 김치의 물기를 꼭 짜서 소금으로 간을 한다.
- 숟가락에 일정한 양의 소를 둥글게 모아 만두피에 넣어야 크기가 일정하다.
- 미나리초대용 꼬치가 없으면 미나리 줄기만 다듬어 밀가루, 달걀물을 입혀 가지런히 팬에서 지져 낸다.
- 만두를 센불에서 끓이면 속이 터지거나 국물이 탁해지므로 중간불에서 끓인다.
- 만두피 양끝을 꼭 붙여야 속이 터지지 않으며, 덧가루를 적게 사용하여야 국물이 탁하지 않다.

NCS

과정/과목명 : 1301010103_14v2 한식 면류 조리

- **훈련목표** : 밀가루나 쌀가루, 메밀가루, 전분 가루를 사용하여 국수, 만두, 냉면을 조리하는 능력 함양
- **수준** : 3
- **최소훈련시간** : 20
- **훈련가능시설** : 강의실, 실습실
- **권장훈련방법** : 집체훈련

- **평가 시 고려사항** : 평가자는 다음 사항을 평가해야 한다.
  - 계량의 정확성
  - 재료의 전처리 준비과정의 적정성
  - 반죽상태의 적절성
  - 면류의 조리능력
  - 조리의 숙련정도
  - 면류 조리의 완성도
  - 기물의 사용능력
  - 위생적인 조리과정
  - 식재료 선별능력
  - 반죽 시 재료의 특성에 따라 물의 양을 조절할 수 있는 능력
  - 화력조절 능력
  - 식기류의 안전한 취급
  - 색상의 조화를 고려하여 그릇에 담는 능력

국·탕

완자탕

조리시간 30분

요구사항

주어진 재료를 사용하여 다음과 같이 '완자탕'을 만드시오.

1 완자는 직경 3㎝ 정도로 6개를 만들고, 국물의 양은 200㎖ 제출하시오.
2 고명으로 황·백지단(마름모꼴)을 각 2개씩 띄우시오.

수험자 유의사항

1 고기부위의 사용 용도에 유의하고, 육수국물을 맑게 처리하여 양에 유의한다.
2 주어진 달걀을 지단용과 완자용으로 분리하여 사용한다.
3 조리작품 만드는 순서는 틀리지 않게 하여야 한다.
4 숙련된 기능으로 맛을 내야하므로 조리작업 시 음식의 맛을 보지 않는다.

재료 및 분량

소고기(사태) 20g 소고기(우둔) 50g 국간장 10㎖ 소금 5g
밀가루 10g 키친타월(주방용 종이 18×20㎝) 1장

*완자양념 : 대파 10g, 마늘 5g, 소금 5g, 후춧가루 1g, 두부 15g, 참기름 5㎖, 깨소금 1g, 설탕 2g
*고명 : 달걀 1개, 식용유 20㎖

만드는 법

1 파와 마늘은 곱게 다진다.
2 소고기 사태살(20g)은 핏물을 빼고 찬물에서 거품을 걷어내며 끓인 다음 걸러서 맑은 육수를 만들고, 완자용 우둔살(50g)은 곱게 다진다.
3 두부는 물기를 짜고 곱게 으깬다.
4 완자용 소고기는 양념하여 끈기 있게 치댄 후, 지름 3㎝의 완자를 6개 빚어서 밀가루, 달걀물을 묻혀 기름 두른 팬에 굴려가며 지져 낸다.
5 달걀은 황·백지단을 부쳐 식으면 2×2㎝ 크기의 마름모꼴로 썬다.
6 육수가 끓으면 간장(色)과 소금으로 간을 맞추고 완자를 넣어 잠시 끓이다가 그릇에 담고, 황·백지단을 고명으로 띄운다.

조리 포인트

- 너무 센불에서 육수를 끓이면 국물이 탁해진다.
- 소고기는 힘줄과 기름을 완전히 제거하고, 두부는 물기를 꼭 짜서 곱게 다지고 배합(소고기 : 두부 = 2 : 1)을 잘한 후 많이 치대어야 완자의 모양이 매끈하게 된다.
- 완자는 팬에 기름을 조금만 두르고, 달걀물이 흘러내리지 않도록 받쳐서 팬에 굴려가며 익혀야 모양이 잘 나온다.
- 익혀 낸 완자는 키친타월 위에 놓고 기름기를 제거하여야 육수에 기름이 뜨지 않는다.
- 완자를 육수에 넣고 중간불에서 끓여야 모양이 흐트러지지 않고, 국물도 탁해지지 않는다.

NCS **과정/과목명 : 1301010104_14v2 한식 국·탕 조리**

- **훈련목표** : 재료를 사용하여 육수를 만들어 채소나 해산물, 육류 등을 넣어 조리하는 능력 함양
- **수준** : 3
- **최소훈련시간** : 20
- **훈련가능시설** : 강의실, 실습실
- **권장훈련방법** : 집체훈련

- **평가 시 고려사항** : 평가자는 다음 사항을 평가해야 한다.
  - 재료준비 과정
  - 조리순서 과정
  - 불의 세기 조절능력
  - 국물을 맑고 깨끗하게 우려내는 능력
  - 양념장의 활용능력
  - 재료의 특성에 따라 익히는 순서 능력
  - 조리의 숙련도
  - 국·탕 조리의 완성도

찌개·전골

두부젓국찌개

조리시간 20분

요구사항

주어진 재료를 사용하여 다음과 같이 '두부젓국찌개'를 만드시오.

1 두부는 2×3×1㎝로 써시오.
2 붉은고추는 0.5×3㎝, 실파는 3㎝ 길이로 써시오.
3 찌개의 국물은 200㎖ 제출하시오.

수험자 유의사항

1 두부와 굴의 익는 정도에 유의한다.
2 찌개의 간은 소금과 새우젓으로 하고, 국물이 맑고 깨끗하도록 한다.
3 조리작품 만드는 순서는 틀리지 않게 하여야 한다.
4 숙련된 기능으로 맛을 내야하므로 조리작업 시 음식의 맛을 보지 않는다.

재료 및 분량

두부 100g 굴 30g 실파(중) 1뿌리 마늘 5g 홍고추 ½개
새우젓 12g 소금 2g 참기름 2㎖

만드는 법

1 굴은 연한 소금물에 흔들어 씻으면서 껍질을 잘 골라내고 물기를 뺀다.
2 마늘은 곱게 다진다.
3 홍고추는 길이로 반을 갈라 씨를 빼고 폭 0.5㎝, 길이 3㎝로 썰고, 실파는 길이 3㎝로 썬다.
4 두부는 2×3㎝, 두께 1㎝로 썬다.
5 새우젓은 곱게 다지고 국물만 받쳐 둔다.
6 냄비에 물 2컵을 붓고 새우젓 국물과 소금으로 간하여 끓으면 두부를 넣어 잠시 끓인다.
7 두부가 떠오르면 굴, 홍고추, 마늘, 실파 순으로 넣고 끓이면서 거품을 걷어 낸다.
8 불을 끈 후 참기름을 한 방울 떨어뜨려 그릇에 담아(국물 200㎖) 낸다.

조리 포인트

- 두부 형태가 부서지지 않도록 두부를 넣어 오래 끓이지 않는다.
- 새우젓은 국물만 사용하여야 찌개가 맑고 깨끗하다.
- 굴이 동그랗게 부풀어 오르면 익은 상태이므로, 너무 오래 끓이면 국물이 탁해진다.
- 국물이 탁할 경우 면보로 거르거나 가라앉힌 다음, 윗물만 그릇에 담는다.

NCS **과정/과목명 : 1301010105_14v2 한식 찌개·전골 조리**

- **훈련목표** : 육류, 채소류, 버섯류, 해산물류를 용도에 맞게 썰어 양념한 뒤, 건더기가 잠길 정도로 육수나 국물을 부어 함께 끓여내는 조리 능력 함양
- **수준** : 4
- **최소훈련시간** : 20
- **훈련가능시설** : 강의실, 실습실
- **권장훈련방법** : 집체훈련

- **평가 시 고려사항** : 평가자는 다음 사항을 평가해야 한다.
  - 재료준비 과정
  - 조리순서 과정
  - 화력조절 능력
  - 국물을 맑고 깨끗하게 우려내는 능력
  - 양념장의 활용능력
  - 조리과정 시 위생적인 처리
  - 조리의 숙련도
  - 찌개·전골 조리의 완성도

찌개·전골

생선찌개

조리시간 **30**분

요구사항

주어진 재료를 사용하여 다음과 같이 '생선찌개'를 만드시오.

1 생선은 4~5㎝ 정도의 토막으로 자르시오.(생선의 크기에 따라 길이를 가감할 수 있다.)
2 무, 두부는 2.5×3.5×0.8㎝로 써시오.
3 호박은 0.5㎝ 반달형 또는 은행잎 모양으로 썰고, 쑥갓과 파는 4㎝로 써시오.
4 고추는 통 어슷썰기 하시오.
5 고추장, 고춧가루를 사용하여 만드시오.
6 생선머리를 포함하여 전량 제출하시오.

수험자 유의사항

1 생선살이 부서지지 않도록 유의한다.
2 각 재료의 익히는 순서를 고려하여 끓인다.
3 조리작품 만드는 순서는 틀리지 않게 하여야 한다.
4 숙련된 기능으로 맛을 내야하므로 조리작업 시 음식의 맛을 보지 않는다.

재료 및 분량

동태(중) 1마리 무 50g 애호박 30g 두부 50g 풋고추 1개
홍고추 1개 쑥갓 10g 마늘 5g 생강 3g 실파(중) 2뿌리

*국물 : 고추장 30g, 소금 5g, 고춧가루 10g

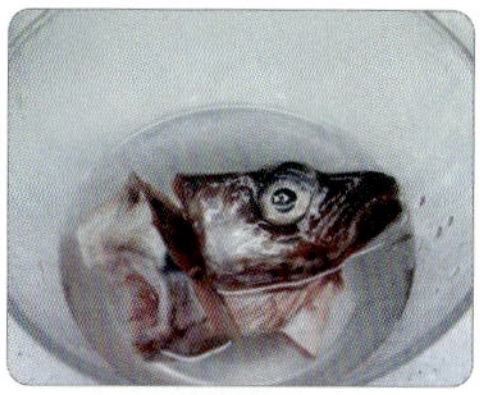

만드는 법

1 생선은 비늘을 긁어 지느러미를 떼고 손질하여 4~5cm 길이로 자르고, 내장의 먹는 부분을 고른다.
2 마늘과 생강은 곱게 다진다.
3 무와 두부는 2.5×3.5×0.8cm 크기로 썰고, 고추는 폭 0.5cm로 어슷썰어 씨를 뺀다.
4 호박은 0.5cm 두께로 반달 또는 은행잎 모양으로 썰고, 쑥갓과 실파는 4cm 길이로 자른다.
5 냄비에 물을 끓이다가 고추장과 고춧가루를 풀고, 소금으로 간을 맞추어 무를 넣어 끓인다.
6 무가 반쯤 익으면 생선을 넣고 잠시 끓인 후 호박, 두부, 풋고추, 홍고추, 마늘, 생강을 넣어 거품을 걷어내며 끓인다.
7 생선맛이 잘 우러나면 실파와 쑥갓을 넣어 불을 끄고, 잠시 후 그릇에 떠 담는다.

조리 포인트

- 생선 손질 시 머리의 아가미는 떼어내고, 내장의 먹는 부분은 버리지 않도록 한다.
- 찌개 재료는 잘 안 익는 무, 생선, 호박, 두부, 고추 순으로 넣고, 실파, 쑥갓은 마지막으로 넣어야 안 익거나 너무 무르지 않는다.
- 생선살이 덜 부서지게 하기 위하여 국물에 소금으로 간을 하고, 끓으면 생선을 넣는다.
- 냉수그릇에 국자를 씻어가면서 거품을 거두어야 깨끗하다.
- 녹색채소의 고유한 색을 유지하면서 익히도록 한다.
- 찌개는 건더기가 국물보다 많으므로, 건더기가 국물에 잠길 정도로 자작하게 담는다.(건더기 : 국물 = 3 : 2)

NCS **과정/과목명 : 1301010105_14v2 한식 찌개 · 전골 조리**

- **훈련목표** : 육류, 채소류, 버섯류, 해산물류를 용도에 맞게 썰어 양념한 뒤, 건더기가 잠길 정도로 육수나 국물을 부어 함께 끓여내는 조리 능력 함양
- **수준** : 4
- **최소훈련시간** : 20
- **훈련기능시설** : 강의실, 실습실
- **권장훈련방법** : 집체훈련

- **평가 시 고려사항** : 평가자는 다음 사항을 평가해야 한다.
  - 재료준비 과정
  - 조리순서 과정
  - 화력조절 능력
  - 국물을 맑고 깨끗하게 우려내는 능력
  - 양념장의 활용능력
  - 조리과정 시 위생적인 처리
  - 조리의 숙련도
  - 찌개 · 전골 조리의 완성도

찌개 · 전골

두부전골

조리시간 35분

요구사항

주어진 재료를 사용하여 다음과 같이 '두부전골'을 만드시오.

1 두부는 3×4×0.5cm 정도 크기로 녹말을 무쳐 지져서, 전골에 돌려 담으시오.
2 소고기는 육수와 완자용으로 나누어 사용하고, 완자는 두부와 소고기를 섞어 지름 1.5cm 정도 크기로 5개를 만들어 지져서 사용하시오.
3 달걀은 황 · 백지단으로 5×1.2cm 정도 크기로 써시오.
4 채소는 5×1.2×0.5cm 정도 크기로 썰어 사용하고, 무 · 당근은 데치고, 거두절미한 숙주는 데쳐서 양념하시오.
5 모든 재료를 돌려 담아, 완자를 중앙에 놓고 육수를 부어 끓여 내시오.
6 모든 재료를 돌려 담아 완자를 중앙에 놓고, 육수를 부어 끓여 내시오.

수험자 유의사항

1 조리작품 만드는 순서는 틀리지 않게 하여야 한다.
2 숙련된 기능으로 맛을 내야하므로 조리작업 시 음식의 맛을 보지 않는다.

재료 및 분량

두부 200g 소고기(살코기) 60g 소고기(사태) 20g 무 50g
당근 50g 양파 ¼개 실파 2뿌리 숙주 50g 말린표고버섯 2개
달걀 2개 중력분 20g 녹말 20g 식용유 20㎖

*고깃속 양념 : 마늘 10g, 파 5g, 후추 1g, 간장 10㎖, 소금 5g, 참기름 5㎖, 깨소금 5g

만드는법

1 냄비에 소고기(육수용), 무, 당근을 넣고, 간장으로 색을 내어 소금, 후추 간을 하여 끓이다가 무와 당근이 반쯤 익으면 건져내고, 고기가 다 익으면 얇게 저며 썰고, 육수는 면보에 걸러 준비한다.
2 무, 당근은 5×1.2×0.5㎝ 길이로 썰고, 숙주는 거두절미하여 데친 뒤, 소금 참기름으로 간을 한다.
3 표고는 기둥을 떼고 5×1.2×5㎝로 썰어 소금, 후추, 참기름으로 간을 한다.
4 실파는 5㎝ 길이로 썰어준다.
5 두부는 3×4×0.5㎝ 크기고 썰어 소금을 뿌려 물기를 없앤 후, 녹말가루를 묻혀 팬에 앞뒤를 노릇하게 지지고, 나머지는 완자용으로 물기를 짜서 준비한다.
6 완자용으로 으깬 두부와 다진소고기, 다진파 · 마늘, 소금, 후추, 참기름으로 반죽하여 지름 1.5㎝ 크기로 완자 5개를 빚어 밀가루, 달걀물을 입혀 팬에 지진다.
7 지진두부 안쪽 면에 녹말가루를 묻힌 후, 남겨놓은 완자반죽을 얇게 펴서 넣고 밀가루, 달걀물을 입혀 팬에 지진다.
8 달걀은 황 · 백지단을 도톰하게 부쳐 5×1.2×0.5㎝ 길이로 썬다.
9 냄비바닥에 숙주와 편을 썬 고기를 깔고 그 위에 실파, 황 · 백지단, 무, 당근, 표고를 색상이 마주보게 둘러 담고, 안쪽으로 두부를 담은 후 완자를 중앙에 놓고 육수를 부어 끓여 낸다.

조리 포인트

- 너무 센불에서 육수를 끓이면 국물이 탁해진다.
- 소고기는 힘줄과 기름을 완전히 제거하고, 두부는 물기를 꼭 짜서 곱게 다지고 배합(소고기 : 두부 = 2 : 1)을 잘한 후 많이 치대어야 완자의 모양이 매끈하게 된다.
- 두부 사이즈를 일정하게 제단하고, 물기를 제거하여 지진다.
- 두부와 두부 사이가 떨어지지 않게 주의한다.
- 전골은 센불에서 오래 끓이지 않도록 한다.

NCS

과정/과목명 : 1301010105_14v2 한식 찌개 · 전골 조리

- **훈련목표** : 육류, 채소류, 버섯류, 해산물류를 용도에 맞게 썰어 양념한 뒤, 건더기가 잠길 정도로 육수나 국물을 부어 함께 끓여내는 조리 능력 함양
- **수준** : 4
- **최소훈련시간** : 20
- **훈련가능시설** : 강의실, 실습실
- **권장훈련방법** : 집체훈련

- **평가 시 고려사항** : 평가자는 다음 사항을 평가해야 한다.
  - 재료준비 과정
  - 조리순서 과정
  - 화력조절 능력
  - 국물을 맑고 깨끗하게 우려내는 능력
  - 양념장의 활용능력
  - 조리과정 시 위생적인 처리
  - 조리의 숙련도
  - 찌개 · 전골 조리의 완성도

찌개 · 전골

소고기전골

조리시간 30분

요구사항

주어진 재료를 사용하여 다음과 같이 '소고기전골'을 만드시오.

1 소고기는 육수와 전골용으로 나누어 사용하시오.
2 전골용 소고기는 0.5×0.5×5㎝ 정도 크기로 썰어 양념하여 사용하시오.
3 양파는 0.5㎝ 정도 폭으로, 실파는 5㎝ 정도 길이로, 나머지 채소는 0.5×0.5×5㎝ 정도 크기로 채 썰고, 숙주는 거두절미하여 데쳐서 양념하시오.
4 모든 재료를 돌려 담아 소고기를 중앙에 놓고, 육수를 부어 끓인 후 달걀을 올려 반숙이 되게 끓여 잣을 얹어 내시오.

수험자 유의사항

1 소고기는 핏물제거를 잘하여야 한다.
2 숙주는 많이 데치지 않으며, 채소가 잘 익도록 유의한다.
3 조리작품 만드는 순서는 틀리지 않게 하여야 한다.
4 숙련된 기능으로 맛을 내야하므로 조리작업 시 음식의 맛을 보지 않는다.

재료 및 분량

소고기(살코기) 70g 소고기(사태) 30g 마른표고버섯 3장
숙주 50g 무 60g 당근 40g 양파 ¼개 실파 2뿌리
달걀 1개 잣 10알

*소고기·표고버섯 양념 : 간장 10㎖, 설탕 5g, 깨소금 5g, 참기름 5㎖, 후추 1g, 마늘 10g, 대파 5g

만드는 법

1 냄비에 물을 붓고 간장으로 색을 내어 소금, 후추로 간을 하고, 육수용 고기, 무, 당근을 넣고 끓이다가 무와 당근이 반쯤 익으면 건지고, 고기는 푹 삶아 익으면 건져서 얇게 저며 썰고, 육수는 면보에 걸러서 준비한다.
2 소고기 살코기는 0.5×0.5×5㎝로 채 썰어 다진파·마늘, 설탕, 간장, 후추, 깨소금, 참기름으로 양념한다.
3 표고는 기둥을 떼고 5㎝ 길이로 채 썰어서 소금, 후추, 참기름으로 양념한다.
4 숙주는 거두절미하여 소금물에 데치고 소금, 참기름으로 양념한다.
5 양파는 0.5㎝ 폭으로 썰고, 실파는 5㎝ 길이, 무와 당근은 0.5×0.5×5㎝ 크기로 채 썰어둔다.
6 육수고기는 채 썰고, 무 썰고 남은 부분은 마늘, 소금, 후추로 간을 하여 냄비에 깔고, 채소는 같은 색이 마주보게 돌려 담아준다.
7 중앙에 소고기를 돌려 담은 후 육수를 넣고 끓인 뒤, 달걀을 올려 반숙이 되면 잣을 얹어 낸다.

조리 포인트

- 무와 당근이 너무 익지 않게 주의한다.
- 숙주는 거두절미하여 사용한다.
- 냄비에 재료는 색이 겹치지 않게 담는다.
- 국물이 탁하지 않게 주의한다.
- 달걀을 익히는 시간을 유의하여 조리한다.

NCS

과정/과목명 : 1301010105_14v2 한식 찌개·전골 조리

- **훈련목표** : 육류, 채소류, 버섯류, 해산물류를 용도에 맞게 썰어 양념한 뒤, 건더기가 잠길 정도로 육수나 국물을 부어 함께 끓여내는 조리 능력 함양
- **수준** : 4
- **최소훈련시간** : 20
- **훈련가능시설** : 강의실, 실습실
- **권장훈련방법** : 집체훈련

- **평가 시 고려사항** : 평가자는 다음 사항을 평가해야 한다.
  - 재료준비 과정
  - 조리순서 과정
  - 화력조절 능력
  - 국물을 맑고 깨끗하게 우려내는 능력
  - 양념장의 활용능력
  - 조리과정 시 위생적인 처리
  - 조리의 숙련도
  - 찌개·전골 조리의 완성도

찜·선

돼지갈비찜

조리시간 30분

요구사항

주어진 재료를 사용하여 다음과 같이 '돼지갈비찜'을 만드시오.

1 갈비는 핏물을 제거하여 사용하시오.
2 갈비는 전량을 국물과 함께 담아 제출하시오.

수험자 유의사항

1 갈비가 잘 무르도록 하며, 부서지지 않아야 한다.
2 감자와 당근은 크기가 사방 3㎝ 정도로 모서리를 다듬어 사용한다.
3 부재료인 채소는 잘 익고 형태가 흐트러지지 않아야 하며, 완성품의 색깔에 유의한다.
4 조리작품 만드는 순서는 틀리지 않게 하여야 한다.
5 숙련된 기능으로 맛을 내야하므로 조리작업 시 음식의 맛을 보지 않는다.

재료 및 분량

돼지갈비(5㎝ 토막) 300g 감자(중) 50g 당근(길이로 자름) 50g
양파 50g 홍고추 1개

* 양념장 : 간장 40㎖, 설탕 12g, 대파 20g, 마늘 5g, 생강 5g, 후춧가루 0.3g, 깨소금 2g, 참기름 5㎖

만드는 법

1 돼지갈비는 5㎝ 크기로 토막 내어, 기름을 떼고 칼집을 넣은 후 물에 담가 핏물을 뺀다.
2 파와 마늘은 곱게 다지고, 생강은 즙을 내어 다른 양념과 섞어서 양념장을 만든다.
3 홍고추는 어슷하게 썰어 씨를 털어 낸다.
4 양파는 뿌리부분이 붙어있는 채로 폭 1.5㎝가 되도록 길이로 자르고, 당근과 감자는 삼각썰기 하여 모서리를 다듬어 밤알 크기로 만든다.
5 핏물을 뺀 갈비를 끓는물에 한 번 데쳐 기름기와 불순물을 제거한 후 찬물에 헹군다.
6 냄비에 갈비와 양념장의 ⅔를 넣고 갈비가 잠길 정도의 물을 부어 뚜껑을 덮어 익힌다.
7 갈비가 반쯤 익으면 나머지 ⅓의 양념장과 당근, 감자를 넣어 한소끔 익힌 후, 양파와 홍고추를 넣어 중간불에서 서서히 양념장을 끼얹으며 윤기 나게 조린다.
8 갈비가 다 익으면 그릇에 국물과 함께 담아 낸다.

조리 포인트

- 돼지갈비는 부드럽게 잘 익도록 칼집을 2~3군데 넣은 후, 찬물에서 핏물을 충분히 빼고 사용한다.
- 돼지갈비의 기름은 노릇하게 지져서 빼고 찜을 하는 방법도 있으나, 시험과제의 경우에는 끓는물에 데쳐서 기름을 뺀다.
- 양념에 설탕의 비율을 높이면 윤기가 나지만, 단맛이 너무 강할 수 있다.
- 찜의 조리법은 처음에는 센불에서 끓이다가 불을 낮추고 약한불에서 오랫동안 익힌 후, 마지막으로 뚜껑을 열어 양념장을 끼얹어야 윤기가 난다.
- 뚜껑을 덮고 찜을 할 때에 타지 않도록 하고, 채소를 적절한 시간에 넣어 안 익거나 너무 무르지 않도록 한다.

NCS

과정/과목명 : 1301010106_14v2 한식 찜·선 조리

- **훈련목표** : 육류, 생선류, 가금류, 채소류 등에 갖은 양념을 하여 무르게 익혀 조림을 하거나 쪄서 형태를 유지하게 조리하는 능력 함양
- **수준** : 5
- **최소훈련시간** : 20
- **훈련가능시설** : 강의실, 실습실
- **권장훈련방법** : 집체훈련

- **평가 시 고려사항** : 평가자는 다음 사항을 평가해야 한다.
  - 위생적인 조리과정
  - 식재료 손질하기
  - 양념 준비과정
  - 조리의 순서
  - 화력조절 능력
  - 찜·선 조리의 조리능력
  - 조리의 숙련정도
  - 찜·선 조리의 완성도

찜·선

닭찜

조리시간 35분

요구사항

주어진 재료를 사용하여 다음과 같이 '닭찜'을 만드시오.

1. 닭은 4~5㎝ 정도로 토막을 내시오.
2. 완성된 닭찜은 5토막 이상 제출하시오.
3. 닭은 끓는물에서 기름을 제거하고, 토막 낸 닭은 부서지지 않게 하시오.
4. 황·백지단은 완자(마름모꼴) 모양으로 만들어 고명으로 각각 2개씩 얹으시오.

수험자 유의사항

1. 닭과 부재료인 채소가 알맞게 익도록 하고, 당근은 모서리를 다듬는다.
2. 완성된 닭찜의 색깔에 유의한다.
3. 조리작품 만드는 순서는 틀리지 않게 하여야 한다.
4. 숙련된 기능으로 맛을 내야하므로 조리작업 시 음식의 맛을 보지 않는다.

재료 및 분량

닭 ½마리(300g) 양파 50g 당근 50g 마른표고버섯(중) 1개
달걀 1개 은행 3알 식용유 10㎖

*양념장 : 간장 50㎖, 설탕 15g, 대파 20g, 마늘 5g, 생강 5g, 후춧가루 2g, 깨소금 8g, 참기름 10㎖

만드는 법

1 닭은 내장을 빼내고 깨끗이 손질하여 4~5㎝ 크기로 토막 낸 후 끓는물에 데쳐서 기름을 제거한다.
2 파와 마늘은 곱게 다지고, 생강은 즙을 내어 다른 양념과 섞어서 양념장을 만든다.
3 양파는 뿌리부분이 붙어있는 채로 폭 1.5㎝ 길이로 썰고, 당근은 삼각썰기 하여 모서리를 다듬어 밤알 크기로 만든다.
4 표고는 미지근한 물에 불려서 기둥을 떼고, 큰 것은 4등분, 작은 것은 2등분으로 썬다.
5 은행은 팬에 기름을 두르고 굴려가면서 볶아 껍질을 깨끗이 벗긴다.
6 달걀은 황·백지단을 부쳐, 식으면 2×2㎝의 마름모꼴로 썬다.
7 냄비에 닭, 당근과 양념장 ⅔를 넣고 익히다가, 닭이 반쯤 익으면 나머지 양념장과 표고버섯을 넣고 한소끔 익힌 후, 양파를 넣고 중간불에서 서서히 양념장을 끼얹으며 윤기나게 한다.
8 닭이 익고 국물이 거의 졸여지면 그릇에 담고, 황·백지단과 은행을 고명으로 얹어 낸다.

조리 포인트

- 닭은 내장부위를 깨끗이 손질하고, 토막 낼 때는 껍질이 붙어 있게 자른다.
- 양파는 뿌리부분이 붙어 있지 않으면 당근과 같은 크기로 큼직하게 썬다.
- 당근은 모서리를 다듬어야 가장자리가 뭉러서 지저분해지는 것을 방지할 수 있다.
- 양념에 설탕의 비율을 높이면 윤기가 나지만, 단맛이 너무 강할 수 있다.
- 채소를 적절한 시간에 넣어 안 익거나 너무 무르지 않도록 한다.

NCS

과정/과목명 : 1301010106_14v2 한식 찜·선 조리

- **훈련목표** : 육류, 생선류, 가금류, 채소류 등에 갖은 양념을 하여 무르게 익혀 조림을 하거나 쪄서 형태를 유지하게 조리하는 능력 함양
- **수준** : 5
- **최소훈련시간** : 20
- **훈련가능시설** : 강의실, 실습실
- **권장훈련방법** : 집체훈련

- **평가 시 고려사항** : 평가자는 다음 사항을 평가해야 한다.
  - 위생적인 조리과정
  - 식재료 손질하기
  - 양념 준비과정
  - 조리의 순서
  - 화력조절 능력
  - 찜·선 조리의 조리능력
  - 조리의 숙련정도
  - 찜·선 조리의 완성도

찜·선

북어찜

조리시간 25분

요구사항

주어진 재료를 사용하여 다음과 같이 '북어찜'을 만드시오.

1 완성된 북어의 길이는 5㎝가 되도록 하시오.
2 북어찜은 3토막 이상 제출하시오.

수험자 유의사항

1 북어를 다듬을 때는 부서지지 않도록 한다.
2 북어찜이 딱딱하지 않게 한다.
3 조리작품 만드는 순서는 틀리지 않게 하여야 한다.
4 숙련된 기능으로 맛을 내야하므로 조리작업 시 음식의 맛을 보지 않는다.

재료 및 분량

북어포 1마리 대파 5g 실고추 2g

*양념장 : 간장 36㎖, 설탕 12g, 대파 20g, 마늘 5g, 생강 3g, 후춧가루 0.3g, 깨소금 4g, 참기름 2㎖

만드는 법

1 북어는 물에 담가 불려서 방망이로 자근자근 두들겨 부드럽게 한 후 머리와 지느러미를 자르고, 뼈와 가시를 발라낸 다음, 6㎝ 크기로 토막 낸다.
2 토막 낸 북어는 오그라들지 않도록 껍질쪽에 가로·세로로 칼집을 넣는다.
3 파의 흰 부분과 마늘은 곱게 다지고, 생강은 즙을 낸다.
4 파의 푸른잎 부분은 길이 2㎝로 채 썰고, 실고추도 2㎝ 길이로 자른다.
5 다진파, 다진마늘, 생강즙, 후춧가루, 깨소금, 설탕, 간장, 참기름, 물을 섞어 양념장을 만든다.
6 냄비에 북어를 넣고 양념장을 끼얹어 약한불에서 오그라들지 않게 서서히 끓인다.
7 양념장을 자주 끼얹어 북어의 색이 고르게 들고 잘 물러 국물이 조금 남았을 때, 실고추와 채 썬 파를 고명으로 얹어서 국물과 함께 그릇에 담아 낸다.

조리 포인트

- 통북어가 지급되는 경우(코다리가 지급될 경우)는 손질하여 배를 가른 후 2장 뜨기로 뼈를 발라서 토막 낸다.
- 완전히 건조된 통북어가 나오면 물에서 충분히 불려서 행주로 감싸고 두들겨야 부서지지 않는다.
- 북어는 조리 중에 줄어들므로 완성할 길이보다 약간 길게 자르고, 껍질에 ×모양으로 2~3번 칼집을 넣어 오그라들지 않게 한다.
- 파의 파란 부분이 주어지면 2㎝ 길이로 채 썰어 고명으로 사용하고, 흰 부분만 주어지면 나누어서 다지고 채 썬다.

NCS

과정/과목명 : 1301010106_14v2 한식 찜·선 조리

- **훈련목표** : 육류, 생선류, 가금류, 채소류 등에 갖은 양념을 하여 무르게 익혀 조림을 하거나 쪄서 형태를 유지하게 조리하는 능력 함양
- **수준** : 5
- **최소훈련시간** : 20
- **훈련가능시설** : 강의실, 실습실
- **권장훈련방법** : 집체훈련

- **평가 시 고려사항** : 평가자는 다음 사항을 평가해야 한다.
  - 위생적인 조리과정
  - 식재료 손질하기
  - 양념 준비과정
  - 조리의 순서
  - 화력조절 능력
  - 찜·선 조리의 조리능력
  - 조리의 숙련정도
  - 찜·선 조리의 완성도

찜·선

달걀찜

조리시간 25분

요구사항

주어진 재료를 사용하여 다음과 같이 '달걀찜'을 만드시오.

1 새우젓은 국물만 사용하고, 실고추와 실파는 1㎝로 썰어 고명으로 사용하시오.
2 석이버섯은 채썰어 양념하여 볶아 고명으로 사용하시오.
3 달걀찜은 중탕하거나 찜통에 찌시오.

수험자 유의사항

1 물과 달걀의 비율에 유의한다.
2 달걀찜은 부드럽고 고명의 색이 선명하도록 한다.
3 조리작품 만드는 순서는 틀리지 않게 하여야 한다.
4 숙련된 기능으로 맛을 내야하므로 조리작업 시 음식의 맛을 보지 않는다.

재료 및 분량

달걀 1개 새우젓 20g 소금 5g

*고명 : 실파(잎 부분) 1뿌리, 석이버섯(중) 1개, 실고추 2g, 참기름 2㎖

만드는 법

1 새우젓은 곱게 다져 국물을 만든다.
2 달걀은 거품이 나지 않도록 충분히 풀어서 물(½컵 : 100㎖)을 붓고 잘 섞어서 체에 내린다.
3 달걀물에 새우젓국물과 소금으로 간을 하여 찜그릇에 담고, 뚜껑을 덮거나 랩으로 씌운다.
4 냄비에 물을 넣어 끓으면 찜그릇을 넣고 뚜껑을 닫아 약한불에서 중탕(찜통)으로 15분 정도 찐다.
5 석이버섯은 미지근한 물에 불려 손질한 후 0.2×1㎝ 길이로 가늘게 채 썰어 소금, 참기름으로 무쳐 볶는다.
6 실파는 푸른잎 부분을 1㎝ 길이로 가늘고 어슷하게 채 썰고, 실고추는 1㎝ 길이로 짧게 자른다.
7 달걀찜이 익으면 실고추, 실파, 석이버섯을 고명으로 올리고 다시 한 번 살짝 쪄 낸다.

조리 포인트

- 달걀물은 달걀부피의 2배에 해당하는 물을 넣어야 부드럽게 쪄진다.
- 흰자, 노른자가 골고루 섞이도록 달걀을 잘 풀어서 체에 2회 정도 내린 후, 거품을 잘 걷어내야 달걀찜이 곱게 된다.
- 찜그릇을 랩 또는 면보로 씌워 약한불에서 중탕을 하여야 표면이 매끄럽다.
- 냄비에 물을 너무 많이 넣어 중탕 시 찜그릇 안으로 들어가지 않도록 한다.
- 찜통보다 냄비에서 중탕하는 것이 빠르나, 부풀어 오르기가 쉬우므로 주의한다.

NCS

과정/과목명 : 1301010106_14v2 한식 찜·선 조리

- **훈련목표** : 육류, 생선류, 가금류, 채소류 등에 갖은 양념을 하여 무르게 익혀 조림을 하거나 쪄서 형태를 유지하게 조리하는 능력 함양
- **수준** : 5
- **최소훈련시간** : 20
- **훈련가능시설** : 강의실, 실습실
- **권장훈련방법** : 집체훈련

- **평가 시 고려사항** : 평가자는 다음 사항을 평가해야 한다.
  - 위생적인 조리과정
  - 식재료 손질하기
  - 양념 준비과정
  - 조리의 순서
  - 화력조절 능력
  - 찜·선 조리의 조리능력
  - 조리의 숙련정도
  - 찜·선 조리의 완성도

찜·선

호박선

조리시간 35분

요구사항

주어진 재료를 사용하여 다음과 같이 '호박선'을 만드시오.

1 애호박은 길이로 반을 갈라 4cm 길이로 어슷썰기를 한 후, 3번 칼집을 넣으시오.
2 황·백지단은 0.1×0.1×2cm로, 실고추는 2cm로, 잣은 반으로 쪼개어(비늘잣) 석이버섯과 함께 고명으로 얹으시오.
3 호박선은 2개를 겨자장과 함께 제출하시오.

*호박을 열십(十)자로 칼집을 내어 제출하는 경우는 오작으로 처리

수험자 유의사항

1 호박은 소금물에 살짝 절여서 쓰고, 호박의 껍질색을 살려 익힌다.
2 소고기, 표고버섯, 당근은 채썰어 양념한다.
3 조리작품 만드는 순서는 틀리지 않게 하여야 한다.
4 숙련된 기능으로 맛을 내야하므로 조리작업 시 음식의 맛을 보지 않는다.

재료 및 분량

애호박(중) ½개 소고기 30g 마른표고버섯(중) 1개 당근 20g
달걀 1개 석이버섯 2g 실고추 2g 잣 4개 소금 5g 식용유 10㎖

*소고기·표고버섯 양념 : 간장 3㎖, 소금 1g, 설탕 2g, 대파 5g, 마늘 3g, 후추 0.1g, 깨소금 1g, 참기름 2g
*겨자장 : 겨잣가루 6g, 식초 10㎖, 소금 2g, 설탕 6g, 간장 2g, 물 10㎖

만드는 법

1 호박은 길이로 반 갈라 4㎝로 어슷하게 썬 다음, 1㎝ 간격으로 3군데 칼집을 넣어 소금물에 절여 물기를 닦는다.
2 파와 마늘은 곱게 다지고, 소고기와 표고버섯 양념장을 만든다. 당근은 곱게 채 썰어 끓는물에 살짝 데쳐내어 물기를 닦고, 소금과 참기름으로 양념한다.
3 석이버섯은 따뜻한 물에 불린 후 이끼를 제거하고, 곱게 채 썰어 소금과 참기름으로 양념하여 볶는다. 소고기와 표고버섯은 곱게 채 썰어 소고기양념장으로 양념한다.
4 달걀은 황·백으로 나누어 지단을 부쳐서 길이 2㎝에 폭 0.1㎝로 썰고, 실고추도 길이 2㎝로 자른다. 잣은 고깔을 떼고 면보로 닦는다.
5 겨잣가루는 미지근한 물을 가루의 동량으로 넣고, 따뜻한 곳에서 15분 정도 발효시킨 후 식초, 소금, 설탕, 간장, 물을 넣어 섞어 겨자즙을 만든다.
6 소고기와 표고버섯, 당근을 섞어 호박의 칼집 사이에 끼워 넣는다.
7 냄비에 물을 붓고 끓으면 소금과 간장으로 간을 맞춘 후 소를 채운 호박을 넣고 뚜껑을 덮어 국물이 조금 남을 정도로 끓인다.
8 호박이 익으면 국물과 함께 그릇에 담고 황·백지단채, 석이채, 잣, 실고추를 고명으로 얹는다.
9 겨자장을 곁들여 낸다.

조리 포인트

- 호박은 충분히 절이고, 속에 넣는 재료는 가늘고 짧게 채 썰어 잘 섞은 후에 넣어야 모양이 좋다.
- 육수를 많이 붓거나 너무 센불에서 익히면 속의 재료가 빠져 나온다.
- 중간불에서 호박에 국물을 끼얹으며 파랗게 속까지 익힌다.
- 호박이 너무 푹 익어 부서지지 않도록 한다.

NCS **과정/과목명 : 1301010106_14v2 한식 찜·선 조리**

- **훈련목표** : 육류, 생선류, 가금류, 채소류 등에 갖은 양념을 하여 무르게 익혀 조림을 하거나 쪄서 형태를 유지하게 조리하는 능력 함양
- **수준** : 5
- **최소훈련시간** : 20
- **훈련가능시설** : 강의실, 실습실
- **권장훈련방법** : 집체훈련
- **평가 시 고려사항** : 평가자는 다음 사항을 평가해야 한다.
  - 위생적인 조리과정
  - 식재료 손질하기
  - 양념 준비과정
  - 조리의 순서
  - 화력조절 능력
  - 찜·선 조리의 조리능력
  - 조리의 숙련정도
  - 찜·선 조리의 완성도

찜·선

오이선

조리시간 25분

요구사항

주어진 재료를 사용하여 다음과 같이 '오이선'을 만드시오.

1 오이를 길이로 ½등분 한 후, 4㎝ 간격으로 어슷하게 썰어 4개를 만드시오.(반원 모양)

2 일정한 간격으로 3군데 칼집을 넣고 부재료를 일정량씩 색을 맞춰 끼우시오.(단, 달걀은 황·백으로 분리하여 사용하시오.)

3 촛물을 오이선에 끼얹어 내시오.

수험자 유의사항

1 오이를 볶을 때는 고유의 색이 변하지 않게 주의한다.

2 어슷하게 칼집을 넣은 부분이 떨어지지 않게 한다.

3 촛물 배합에 주의한다.

4 조리작품 만드는 순서는 틀리지 않게 하여야 한다.

5 숙련된 기능으로 맛을 내야하므로 조리작업 시 음식의 맛을 보지 않는다.

재료 및 분량

청오이 ½개 소고기 20g 마른표고버섯(중) 1개 달걀 1개
식용유 15㎖ 소금 2g

*소고기·표고 양념 : 간장 3㎖, 소금 1g, 설탕 2g, 대파 5g, 마늘 3g, 후추 0.1g, 깨소금 1g, 참기름 2g
*촛물 : 식초 15㎖, 물 10㎖, 설탕 12g, 소금 2g

만드는 법

1 오이는 통째로 소금으로 문질러 씻어 길이로 반을 잘라 4㎝ 길이로 어슷하게 썬 다음, 1㎝ 간격으로 어슷하게 3군데 칼집을 넣어 소금물에 절인다.
2 파와 마늘은 곱게 다져 소고기와 표고버섯 양념장을 만든다.
3 소고기와 물에 불린 표고버섯은 얇게 포를 떠서 2㎝ 길이로 가늘게 채 썰어, 각각 양념하여 볶는다.
4 달걀은 황·백지단을 얇게 부쳐 식으면 2㎝ 길이로 가늘게 채 썬다.
5 절인 오이는 면보로 물기를 닦고, 기름을 두른 뜨거운 팬에서 살짝 볶아서 식힌다.
6 오이 칼집 사이에 황·백지단과 소고기, 표고버섯을 색 맞추어 끼운다.
7 그릇에 오이선을 담고 촛물을 끼얹어 낸다.

조리 포인트

- 오이에 칼집을 넣을 때 먼저 가운데에 칼집을 넣고 양쪽을 넣어준다.
- 칼집이 너무 깊으면 속재료를 끼우다 부러지기 쉽다.
- 오이는 충분히 절이고, 속에 넣는 재료는 가늘고 짧게 채 썰어야 부러지지 않는다.
- 속재료는 황지단, 소고기·표고버섯, 백지단 순서로 가지런히 끼운다.
- 오이선은 차게 식혀서 작품을 제출하기 직전에 촛물을 끼얹어야 색이 변하지 않는다.

NCS **과정/과목명 : 1301010106_14v2 한식 찜·선 조리**

- **훈련목표** : 육류, 생선류, 가금류, 채소류 등에 갖은 양념을 하여 무르게 익혀 조림을 하거나 쪄서 형태를 유지하게 조리하는 능력 함양
- **수준** : 5
- **최소훈련시간** : 20
- **훈련가능시설** : 강의실, 실습실
- **권장훈련방법** : 집체훈련

- **평가 시 고려사항** : 평가자는 다음 사항을 평가해야 한다.
  - 위생적인 조리과정
  - 식재료 손질하기
  - 양념 준비과정
  - 조리의 순서
  - 화력조절 능력
  - 찜·선 조리의 조리능력
  - 조리의 숙련정도
  - 찜·선 조리의 완성도

찜·선

어선

조리시간 50분

요구사항

주어진 재료를 사용하여 다음과 같이 '어선'을 만드시오.

1 생선살은 어슷하게 포를 떠서 사용하시오.
2 오이는 돌려깎기, 당근·표고버섯은 채썰기, 달걀은 황·백지단채로 사용하시오.
3 어선은 지름 3㎝, 두께 2㎝로 6개를 제출하시오.

수험자 유의사항

1 속재료가 중앙에 위치하도록 하고, 생선살이 터지지 않게 만다.
2 속재료(소)용 채소는 볶아서 사용한다.
3 녹말가루를 적절하게 사용하고, 생선과 녹말가루는 잘 익고, 속재료(소)들의 색깔은 선명하도록 찌는데 유의한다.
4 완성된 모양이 잘 유지되도록 자르는데 유의한다.
5 조리작품 만드는 순서는 틀리지 않게 하여야 한다.
6 숙련된 기능으로 맛을 내야하므로 조리작업 시 음식의 맛을 보지 않는다.

재료 및 분량

흰살생선(동태) 1마리 후춧가루 0.2g 당근(길이 4cm 이상) 40g
마른표고버섯(중) 2개 청오이(길이 4cm 이상) 30g 달걀 1개
녹말가루 10g 소금 10g 식용유 10mℓ

*표고양념 : 간장 6mℓ, 참기름 2mℓ, 설탕 2g

만드는 법

1 동태는 3장(생선살 2쪽, 뼈)뜨기 하여 껍질을 벗긴 후, 어슷하게 포를 떠서 펼치고 소금, 후춧가루를 뿌린다.
2 당근은 길이 5cm, 폭 · 두께 0.2cm로 가늘게 채 썰고, 오이는 길이 5cm로 잘라 돌려깎기 하여 폭 0.2cm로 채 썬 후 소금에 살짝 절였다가 물기를 뺀다.
3 표고버섯은 미지근한 물에 불려 기둥을 떼고, 얇게 포를 떠서 채 썰어 간장, 참기름, 설탕으로 양념한다.
4 달걀은 황 · 백으로 나누어 0.2cm 두께로 지단을 부쳐, 식으면 길이 5cm, 폭 0.2cm로 채 썬다.
5 팬에 기름을 두르고 오이, 당근, 표고 순서로 볶은 후 그릇에 펼쳐 식힌다.
6 도마에 대발을 놓고 젖은 면보를 깐 다음, 그 위에 생선살을 빈틈없이 펴고 녹말가루를 뿌린다.
7 생선살 위에 오이, 당근, 표고버섯, 황 · 백지단을 색깔 맞추어 길게 놓고, 지름이 3cm 정도 되게 둥글게 말아서 김이 오른 찜통에 넣고 10분간 찐다.
8 어선이 충분히 식으면 2cm 정도로 6개 이상 썰어서 접시에 담는다.

조리 포인트

- 껍질 없는 동태포가 주어지면 바로 포를 떠서 사용하지만, 동태가 통째로 나오면 먼저 껍질을 벗겨 3장 뜨기를 한 다음, 생선살이 터지지 않을 정도로 어슷하게 얇고 넓게 포를 뜬다.
- 녹말가루를 충분히 묻혀야 생선살이 잘 접착되어 부서지지 않지만, 너무 많아도 잘 안 익는다.
- 생선살 위에 소를 가지런히 놓고 단단하게 말아 약한불에서 쪄야 모양과 색깔이 잘 나온다.
- 어선은 충분히 식히고, 칼이 잘 들어야 부서지지 않는다.(칼 끝부분으로 자른다.)

NCS

과정/과목명 : 1301010106_14v2 한식 찜 · 선 조리

- **훈련목표** : 육류, 생선류, 가금류, 채소류 등에 갖은 양념을 하여 무르게 익혀 조림을 하거나 쪄서 형태를 유지하게 조리하는 능력 함양
- **수준** : 5
- **최소훈련시간** : 20
- **훈련가능시설** : 강의실, 실습실
- **권장훈련방법** : 집체훈련

- **평가 시 고려사항** : 평가자는 다음 사항을 평가해야 한다.
  - 위생적인 조리과정
  - 식재료 손질하기
  - 양념 준비과정
  - 조리의 순서
  - 화력조절 능력
  - 찜 · 선 조리의 조리능력
  - 조리의 숙련정도
  - 찜 · 선 조리의 완성도

조림·초·볶음

두부조림

조리시간 25분

요구사항

주어진 재료를 사용하여 다음과 같이 '두부조림'을 만드시오.

1 두부는 0.8×3×4.5㎝로 써시오.
2 8쪽을 제출하고, 촉촉하게 보이도록 국물을 약간 끼얹어 내시오.
3 실고추와 파채를 고명으로 얹으시오.

수험자 유의사항

1 두부가 부서지지 않고 질기지 않게 한다.
2 조림은 색깔이 좋고 윤기가 나도록 한다.
3 조리작품 만드는 순서는 틀리지 않게 하여야 한다.
4 숙련된 기능으로 맛을 내야하므로 조리작업 시 음식의 맛을 보지 않는다.

재료 및 분량

두부 200g 소금 1g 실고추 4g 파(대파) 4㎝ 식용유 30㎖

*양념장 : 간장 15㎖, 물 50㎖, 설탕 3g, 파 4㎝, 마늘 2g, 깨소금 2g, 후춧가루 0.1g

만드는 법

1 두부는 3×4.5×0.8㎝ 크기로 썰어서 소금을 뿌린다.
2 파의 $\frac{1}{2}$은 2㎝ 길이로 곱게 채 썰고, 나머지 파와 마늘은 곱게 다져 양념장을 만든다.
3 실고추는 2㎝ 길이로 자른다.
4 마른 면보로 두부의 물기를 제거한 후, 팬에 기름을 두르고 앞 · 뒤를 노릇노릇하게 지진다.
5 냄비에 두부를 넣고 양념장을 끼얹은 다음, 약한불에서 뚜껑을 덮어 조린다. 반쯤 조려지면 약불로 낮추고, 양념장을 골고루 끼얹어가며 윤기가 나도록 조린다.
6 두부가 거의 다 조려져 국물이 2~3큰술 정도 남으면 파채, 실고추를 얹고 국물을 끼얹는다.
7 그릇에 두부를 담고 국물을 끼얹어 낸다.

조리 포인트

- 두부는 조리 도중 부서지기 쉬우므로, 크기를 일정하게 썰어 10개 정도 여유 있게 준비한다.
- 소금을 뿌리면 두부가 단단해지고 밑간이 된다.
- 파의 푸른잎 부분이 지급되면 채로 썰어 고명으로 사용한다.
- 두부는 센불에서 지져야 표면이 단단해져 부서지지 않고 노릇노릇하게 색이 잘 난다.
- 두부를 지질 때 팬에 기름을 넉넉히 두르고, 한쪽면의 색깔을 충분히 낸 다음 뒤집어 색을 낸다.
- 두부를 너무 오래 지지면 딱딱해진다.

NCS

과정/과목명 : 1301010107_14v2 한식 조림 · 초 · 볶음 조리

- **훈련목표** : 육류, 어패류, 채소류 등에 간장이나 고추장을 넣어 재료에 맛이 충분히 배이도록 조려내거나 볶음조리를 할 수 있는 능력 함양
- **수준** : 4
- **최소훈련시간** : 20
- **훈련가능시설** : 강의실, 실습실
- **권장훈련방법** : 집체훈련

- **평가 시 고려사항** : 평가자는 다음 사항을 평가해야 한다.
  - 식재료 손질하기
  - 양념 준비과정
  - 조리의 순서
  - 위생적인 조리과정
  - 불의 세기와 시간 조절하기
  - 조림, 초, 볶음 조리의 조리능력
  - 조리의 숙련정도
  - 조림, 초, 볶음 조리의 완성도
  - 식재료 손질하여 밑간준비능력

조림·초·볶음

홍합초

조리시간 **20**분

요구사항

주어진 재료를 사용하여 다음과 같이 '홍합초'를 만드시오.

1 마늘과 생강은 편으로, 파는 2㎝로 써시오.
2 홍합은 전량 사용하고, 촉촉하게 보이도록 국물을 끼얹어 제출하시오.
3 잣가루를 고명으로 얹으시오.

수험자 유의사항

1 홍합을 깨끗이 손질하도록 한다.
2 조려진 홍합이 너무 질기지 않아야 한다.
3 조리작품 만드는 순서는 틀리지 않게 하여야 한다.
4 숙련된 기능으로 맛을 내야하므로 조리작업 시 음식의 맛을 보지 않는다.

재료 및 분량

생홍합살(싱싱한 것) 100g 소금 1g 대파(흰부분 4㎝ 정도) 20g
마늘 10g 생강 10g 잣 3g 종이 1장

*조림장 : 간장 30㎖, 후춧가루 0.2g, 참기름 2㎖, 설탕 12g, 물 30g

만드는 법

1 마늘과 생강은 두께 0.2㎝의 편으로 썰고, 파는 2㎝ 길이로 자른다.
2 생홍합살은 잔털을 제거하고, 소금물에 흔들어 깨끗이 씻어 끓는물에 소금을 넣고 살짝 데쳐 낸다.
3 잣은 고깔을 떼고 젖은 면보로 닦은 후, 종이를 깔고 밀대로 밀어 기름을 뺀 후 칼로 곱게 다져 잣가루를 만든다.
4 냄비에 양념장을 만들어 붓고, 끓으면 홍합, 마늘, 생강을 넣어 중간불에서 은근하게 조린다.
5 국물이 반 정도 조려지면 파를 넣고 국물을 끼얹어가며 윤기나게 조린다.
6 국물이 거의 조려지면 참기름과 후춧가루를 넣고 불을 끈다.
7 그릇에 홍합초를 담고 국물을 끼얹어 낸다.

조리 포인트

- 껍질 붙은 홍합은 씻어서 끓는물에 데쳐 속의 홍합살만 빼내어 사용한다.
- 홍합살을 소금물(바닷물 농도)에 흔들어 씻으면서 이물질과 함께 껍질도 골라낸다.
- 파는 너무 무르지 않도록 나중에 넣어 조린다.
- 조림은 뚜껑을 열고 중간불에서 양념장을 끼얹어가며 조려야 색깔이 곱고 윤기가 난다.

NCS **과정/과목명 : 1301010107_14v2 한식 조림·초·볶음 조리**

- **훈련목표** : 육류, 어패류, 채소류 등에 간장이나 고추장을 넣어 재료에 맛이 충분히 배이도록 조려내거나 볶음조리를 할 수 있는 능력 함양
- **수준** : 4
- **최소훈련시간** : 20
- **훈련가능시설** : 강의실, 실습실
- **권장훈련방법** : 집체훈련

- **평가 시 고려사항** : 평가자는 다음 사항을 평가해야 한다.
  - 식재료 손질하기
  - 양념 준비과정
  - 조리의 순서
  - 위생적인 조리과정
  - 불의 세기와 시간 조절하기
  - 조림·초·볶음 조리의 조리능력
  - 조리의 숙련정도
  - 조림·초·볶음 조리의 완성도
  - 식재료 손질하여 밑간준비능력

조림·초·볶음

오징어볶음

조리시간 30분

요구사항

주어진 재료를 사용하여 다음과 같이 '오징어볶음'을 만드시오.

1 오징어는 0.3㎝ 폭으로 어슷하게 칼집을 넣고, 크기는 4×1.5㎝ 정도로 써시오.(단, 오징어다리는 4㎝ 길이로 자른다.)

2 고추, 파는 어슷썰기, 양파는 폭 1㎝로 써시오.

수험자 유의사항

1 오징어 손질시 먹물이 터지지 않도록 유의한다.

2 완성품 양념상태는 고춧가루 색이 배도록 한다.

3 조리작품 만드는 순서는 틀리지 않게 하여야 한다.

4 숙련된 기능으로 맛을 내야하므로 조리작업 시 음식의 맛을 보지 않는다.

재료 및 분량

오징어(중) 1마리 풋고추 1개 홍고추 1개 양파 50g
대파(4㎝) 1토막 참기름 2㎖ 식용유 5㎖

*고추장양념 : 고추장 30g, 고춧가루 5g, 간장 4㎖, 마늘 3g, 생강 3g, 후춧가루 0.3g, 설탕 12g, 깨소금 2g

만드는 법

1 오징어는 먹물이 터지지 않게 내장을 제거하고 몸통과 다리의 껍질을 벗겨 깨끗이 씻는다.
2 몸통 안쪽에 가로·세로 0.3㎝ 간격으로 어슷하게 칼집을 넣은 후 5×1.5㎝ 크기로 썬다.
3 홍고추와 풋고추는 두께 0.8㎝로 어슷썰어 씨를 털어내고, 파도 어슷하게 썬다. 양파는 한 장씩 떼어서 둥근 모양을 살려 1㎝ 너비로 썬다.
4 마늘과 생강은 곱게 다져, 고추장양념을 만든다.
5 팬에 기름을 두르고 센불에서 양파, 오징어 순으로 볶다가 양념장을 넣어 볶는다.
6 양념이 어우러지면 풋고추, 홍고추, 대파를 넣고 살짝 볶은 후, 참기름을 넣어 윤기를 낸다.
7 그릇에 오징어와 채소가 골고루 섞이도록 담아 낸다.

조리 포인트

- 오징어껍질은 손에 소금을 묻혀 잡아당기면서 벗긴다.
- 오징어는 안쪽에 칼을 뉘어서 일정한 간격의 사선으로 칼집을 넣은 후 가로로 잘라야, 동그랗게 말리지 않고 솔방울 모양이 된다.
- 오징어 다리는 질기므로 껍질을 벗기고 잔칼집을 넣어 자른다.
- 오징어가 익으면 줄어들므로 약간 크게 썬다.
- 고추장양념을 넣고 센불에서 빨리 볶아야 물이 생기지 않는다.
- 식용유를 너무 많이 넣고 볶으면 나중에 양념과 기름이 분리된다.
- 고추장양념이 타기 쉬우므로 불조절을 잘하여 볶는다.

NCS

과정/과목명 : 1301010107_14v2 한식 조림·초·볶음 조리

- **훈련목표** : 육류, 어패류, 채소류 등에 간장이나 고추장을 넣어 재료에 맛이 충분히 배이도록 조려내거나 볶음조리를 할 수 있는 능력 함양
- **수준** : 4
- **최소훈련시간** : 20
- **훈련가능시설** : 강의실, 실습실
- **권장훈련방법** : 집체훈련

- **평가 시 고려사항** : 평가자는 다음 사항을 평가해야 한다.
  - 식재료 손질하기
  - 양념 준비과정
  - 조리의 순서
  - 위생적인 조리과정
  - 불의 세기와 시간 조절하기
  - 조림·초·볶음 조리의 조리능력
  - 조리의 숙련정도
  - 조림·초·볶음 조리의 완성도
  - 식재료 손질하여 밑간준비능력

전·적·튀김

풋고추전

조리시간 25분

요구사항

주어진 재료를 사용하여 다음과 같이 '풋고추전'을 만드시오.

1 풋고추는 5㎝로 정리하여 소를 넣고 지져 내시오.(단, 주어진 재료의 크기에 따라 가감한다.)
2 풋고추는 반을 갈라 데쳐서 사용하며, 완성된 풋고추전은 8개를 제출하시오.

수험자 유의사항

1 완성된 풋고추전의 색에 유의한다.
2 조리작품 만드는 순서는 틀리지 않게 하여야 한다.
3 숙련된 기능으로 맛을 내야하므로 조리작업 시 음식의 맛을 보지 않는다.

재료 및 분량

풋고추(길이 5㎝ 이상) 2개 소고기(살코기) 30g 두부 15g
밀가루 15g 달걀 1개 식용유 20㎖

*소양념 : 소금 2g, 참기름 2㎖, 설탕 2g, 대파 5g,
후춧가루 0.2g, 깨소금 3g, 마늘 3g

만드는 법

1 파와 마늘은 곱게 다진다.
2 풋고추는 길이로 반을 갈라 씨를 털어내고, 5㎝ 길이로 잘라서 끓는물에 살짝 데쳐 찬물에 헹군 다음 물기를 닦는다.
3 소고기는 힘줄과 기름을 제거하고 곱게 다진다.
4 두부는 물기를 꼭 짜고 칼날을 뉘어서 곱게 으깨어 다진소고기와 섞고, 소양념으로 고루 섞어서 끈기 있게 치대어 소를 만든다.
5 달걀은 알끈을 제거하고 소금을 넣어 잘 풀어둔다.
6 풋고추 안쪽에 밀가루를 바르고 소를 편편하게 채워서 밀가루, 달걀물 순서로 묻힌다.
7 기름두른 팬에 소를 채운 쪽부터 노릇노릇하게 지진 다음, 파란쪽도 잠깐 지진다.

조리 포인트

- 소고기와 두부는 곱게 으깨어 배합을 잘하고, 끈기 있게 치대어야 표면이 매끄럽다.
- 고추는 끓는 소금물에 데친 후 찬물에 담가야 색이 변하지 않는다.
- 소를 너무 많이 넣으면 불룩 튀어나와 잘 익지 않는다.
- 밀가루를 너무 많이 묻히면 옷이 벗겨지므로, 여분의 밀가루는 털어 낸다.

NCS

과정/과목명 : 1301010408_14v2 한식 전·적·튀김 조리

- **훈련목표** : 육류, 어패류, 채소류 등의 재료를 익기 쉽게 썰고, 꼬치에 꿰어서 밀가루와 달걀 물을 입히거나 밀가루 등의 반죽에 섞어서 기름을 두르고 지지거나 튀겨내는 조리능력 함양
- **수준** : 3
- **최소훈련시간** : 20
- **훈련가능시설** : 강의실, 실습실
- **권장훈련방법** : 집체훈련

- **평가 시 고려사항** : 평가자는 다음 사항을 평가해야 한다.
  - 재료 종류의 전처리 능력
  - 반죽 배합비율에 따른 농도조절 능력
  - 기름의 온도조절 능력
  - 전·적·튀김요리의 조리능력
  - 위생적인 조리과정
  - 전·적·튀김의 완성도
  - 조화롭게 담아내는 능력

전·적·튀김

표고전

조리시간 20분

요구사항

주어진 재료를 사용하여 다음과 같이 '표고전'을 만드시오.

1 표고버섯과 속은 각각 양념하시오.

2 표고전은 5개를 제출하시오.

수험자 유의사항

1 표고의 색깔을 잘 살릴 수 있도록 한다.

2 고기가 완전히 익도록 한다.

3 조리작품 만드는 순서는 틀리지 않게 하여야 한다.

4 숙련된 기능으로 맛을 내야하므로 조리작업 시 음식의 맛을 보지 않는다.

재료 및 분량

마른표고버섯(소) 5개 소고기(살코기) 30g 두부 15g
밀가루 15g 달걀 1개 식용유 20㎖

*표고양념 : 간장 3㎖, 설탕 1g, 참기름 4㎖
*소양념 : 소금 2g, 참기름 2㎖, 설탕 2g, 대파 5g, 후춧가루 0.2g, 깨소금 3g, 마늘 3g

만드는 법

1 표고버섯은 미지근한 물에 불려 기둥을 떼어내고 물기를 짜서 간장, 설탕, 참기름으로 밑간을 한다.
2 파와 마늘은 곱게 다진다.
3 소고기는 힘줄과 기름을 제거하여 곱게 다진다.
4 두부는 물기를 꼭 짜고 칼날을 뉘어서 곱게 으깨어 다진소고기와 섞고, 소양념으로 고루 섞어 끈기 있게 치대어 소를 만든다.
5 달걀은 알끈을 제거하고, 소금을 넣어 잘 풀어둔다.
6 표고버섯 안쪽에 밀가루를 바르고 소를 편편하게 채워서 밀가루, 달걀물 순서로 묻힌다.
7 기름두른 팬에 소를 채운 쪽부터 노릇노릇하게 지진 다음, 뒤집어서 살짝 지진다.

조리 포인트

- 표고버섯은 미지근한 물에 약간의 설탕을 넣으면 빨리 불려진다.
- 소고기와 두부는 곱게 으깨어 배합을 잘하고, 끈기 있게 치대어야 표면이 매끄럽다.
- 소를 너무 많이 넣으면 불룩 튀어나와 잘 익지 않는다.
- 밀가루를 너무 많이 묻히면 옷이 벗겨지므로 여분의 밀가루는 털어 낸다.
- 기름의 양과 불 조절을 잘하여 색이 선명하고 속까지 잘 익도록 한다.

NCS **과정/과목명 : 1301010408_14v2 한식 전·적·튀김 조리**

- **훈련목표** : 육류, 어패류, 채소류 등의 재료를 익기 쉽게 썰고, 꼬치에 꿰어서 밀가루와 달걀 물을 입히거나 밀가루 등의 반죽에 섞어서 기름을 두르고 지지거나 튀겨내는 조리능력 함양
- **수준** : 3
- **최소훈련시간** : 20
- **훈련가능시설** : 강의실, 실습실
- **권장훈련방법** : 집체훈련

- **평가 시 고려사항** : 평가자는 다음 사항을 평가해야 한다.
  - 재료 종류의 전처리 능력
  - 반죽 배합비율에 따른 농도조절 능력
  - 기름의 온도조절 능력
  - 전·적·튀김요리의 조리능력
  - 위생적인 조리과정
  - 전·적·튀김의 완성도
  - 조화롭게 담아내는 능력

전·적·튀김

육원전

조리시간 20분

요구사항

주어진 재료를 사용하여 다음과 같이 '육원전'을 만드시오.

1 육원전은 직경이 4㎝, 두께 0.7㎝ 정도가 되도록 하시오.
2 달걀은 흰자, 노른자를 혼합하여 사용하시오.
3 육원전 6개를 제출하시오.

수험자 유의사항

1 고기와 두부의 배합이 맞아야 한다.
2 전의 속까지 잘 익도록 한다.
3 모양이 흐트러지지 않아야 한다.
4 조리작품 만드는 순서는 틀리지 않게 하여야 한다.
5 숙련된 기능으로 맛을 내야하므로 조리작업 시 음식의 맛을 보지 않는다.

재료 및 분량

소고기(살코기) 70g 두부 30g 밀가루 20g 달걀 1개 식용유 20㎖

*소양념 : 소금 2g, 참기름 2㎖, 설탕 2g, 대파 5g,
후춧가루 0.2g, 깨소금 3g, 마늘 3g

만드는 법

1 파와 마늘은 곱게 다진다.
2 소고기는 힘줄과 기름을 제거하여 곱게 다진다.
3 두부는 물기를 꼭 짜고 칼날을 뉘어서 곱게 으깨어 다진소고기와 섞고, 소양념으로 고루 섞어서 끈기있게 치댄 후 지름 4㎝, 두께 0.8㎝ 정도로 둥글납작하게 완자를 빚는다.
4 달걀은 알끈을 제거하고, 소금을 넣어 잘 풀어둔다.
5 완자에 밀가루를 고루 입히고 달걀물을 묻힌다.
6 팬에 기름을 두르고 약한불에서 양면을 노릇노릇하게 지진다.

조리 포인트

- 소고기와 두부는 곱게 으깨어 배합을 잘하고, 끈기 있게 치대어야 가장자리가 갈라지지 않고 표면이 매끄럽다.
- 일정한 양으로 분할하여 크기와 모양이 같은 6개의 완자를 빚는다.
- 완자의 가운데를 살짝 눌러주어야 지질 때 불룩 튀어나오지 않고 잘 익는다.

NCS

과정/과목명 : 1301010408_14v2 한식 전·적·튀김 조리

- 훈련목표 : 육류, 어패류, 채소류 등의 재료를 익기 쉽게 썰고, 꼬치에 꿰어서 밀가루와 달걀 물을 입히거나 밀가루 등의 반죽에 섞어서 기름을 두르고 지지거나 튀겨내는 조리능력 함양
- 수준 : 3
- 최소훈련시간 : 20
- 훈련가능시설 : 강의실, 실습실
- 권장훈련방법 : 집체훈련

- 평가 시 고려사항 : 평가자는 다음 사항을 평가해야 한다.
  - 재료 종류의 전처리 능력
  - 반죽 배합비율에 따른 농도조절 능력
  - 기름의 온도조절 능력
  - 전·적·튀김요리의 조리능력
  - 위생적인 조리과정
  - 전·적·튀김의 완성도
  - 조화롭게 담아내는 능력

전·적·튀김

생선전

조리시간 25분

요구사항

주어진 재료를 사용하여 다음과 같이 '생선전'을 만드시오.

1 생선전은 0.5×5×4㎝로 만드시오.
2 달걀은 흰자, 노른자를 혼합하여 사용하시오.
3 생선전은 8개 제출하시오.

수험자 유의사항

1 생선이 부서지지 않게 한다.
2 달걀옷이 떨어지지 않도록 한다.
3 조리작품 만드는 순서는 틀리지 않게 하여야 한다.
4 숙련된 기능으로 맛을 내야하므로 조리작업 시 음식의 맛을 보지 않는다.

재료 및 분량

동태 1마리 소금 10g 후춧가루 5g 밀가루 20g
달걀 1개 식용유 20㎖

만드는 법

1 동태는 지느러미를 자르고 내장을 빼내어 깨끗이 씻은 후, 물기를 닦고 3장(생선살 2쪽, 뼈)뜨기로 포를 뜬다.
2 포를 뜬 생선은 껍질쪽이 밑으로 가도록 두고, 꼬리쪽에 칼을 넣어 왼손으로 껍질을 잡아당기며 오른손으로 칼을 뉘어 밀면서 껍질을 벗긴다.
3 껍질벗긴 생선은 5×4×0.5㎝ 크기로 어슷하게 포를 떠서 소금 · 후춧가루를 뿌린다.
4 달걀은 알끈을 제거하고, 소금을 넣어 잘 풀어둔다.
5 생선의 물기를 제거하고, 밀가루를 고루 입힌 후 달걀물을 묻힌다.
6 팬에 기름을 두르고 약한불에서 양면을 노릇노릇하게 지진다.

조리 포인트

• 생선은 지느러미, 내장, 껍질, 뼈를 제거하여 부서지지 않게 포를 뜬다.
• 생선전의 표면을 매끄럽게 하기 위하여 밀가루를 골고루 묻히고, 여분의 밀가루는 털어 낸다.
• 생선에 묻힌 달걀물이 팬에 흘러내려 지저분하지 않도록 지진다.
• 약한불에서 생선의 안쪽을 먼저 지져야 타지 않고 노릇노릇하게 속까지 익는다.

NCS **과정/과목명 : 1301010408_14v2 한식 전 · 적 · 튀김 조리**

• **훈련목표** : 육류, 어패류, 채소류 등의 재료를 익기 쉽게 썰고, 꼬치에 꿰어서 밀가루와 달걀 물을 입히거나 밀가루 등의 반죽에 섞어서 기름을 두르고 지지거나 튀겨내는 조리능력 함양
• **수준** : 3
• **최소훈련시간** : 20
• **훈련가능시설** : 강의실, 실습실
• **권장훈련방법** : 집체훈련

• **평가 시 고려사항** : 평가자는 다음 사항을 평가해야 한다.
- 재료 종류의 전처리 능력
- 반죽 배합비율에 따른 농도조절 능력
- 기름의 온도조절 능력
- 전 · 적 · 튀김요리의 조리능력
- 위생적인 조리과정
- 전 · 적 · 튀김의 완성도
- 조화롭게 담아내는 능력

전·적·튀김

화양적

조리시간 35분

요구사항

주어진 재료를 사용하여 다음과 같이 '화양적'을 만드시오.

1 화양적의 길이는 6cm가 되도록 하고, 꼬치의 양끝이 1cm 남도록 하시오.
2 달걀노른자로 황색지단을 만들어 폭 1cm, 두께는 0.6cm가 되도록 하시오.
3 각 재료의 폭은 1cm, 두께는 0.6cm가 되도록 하시오.(단, 표고버섯은 지급된 재료 두께로 한다.)
4 화양적 완성품 2꼬치를 만들고, 잣가루를 고명으로 얹으시오.

*달걀흰자 지단을 사용하는 경우 오작으로 처리

수험자 유의사항

1 통도라지는 쓴맛을 잘 뺀다.
2 끼우는 순서는 색의 조화가 잘 이루어지도록 한다.
3 조리작품 만드는 순서는 틀리지 않게 하여야 한다.
4 숙련된 기능으로 맛을 내야하므로 조리작업 시 음식의 맛을 보지 않는다.

재료 및 분량

소고기(길이 7㎝) 50g 마른표고버섯(대) 1개 당근(길이 7㎝) 40g
오이(길이 7㎝) 50g 통도라지 30g 소금 4g 식용유 20㎖
산적꼬치(8~9㎝) 2개 잣 2g 종이 1장

* 소고기·표고 양념 : 간장 6㎖, 설탕 2g, 대파 5g, 마늘 3g, 후추 0.1g, 깨소금 1g, 참기름 2g

만드는 법

1 파와 마늘은 곱게 다지고 양념장을 만든다.
2 소고기는 1×7㎝, 두께 0.6㎝ 크기로 썰어 잔칼집을 넣은 후, 자근자근 두드려 부드럽게 하여 양념한다. 표고버섯은 물에 불려 1×6×0.6㎝ 크기로 썰어 소고기와 같은 양념을 한다.
3 통도라지는 1×6×0.6㎝ 크기로 썰어 소금으로 주물러 씻고, 당근도 같은 크기로 썰어 각각 소금물에 데친다.
4 오이는 속을 빼고 1×6×0.6㎝ 크기로 썰어 소금에 살짝 절인다.
5 달걀은 노른자를 분리해 알끈을 떼어내고 소금을 넣어 잘 풀어, 두께 0.6㎝로 황색지단을 부쳐 길이 6㎝, 폭 1㎝로 썬다.
6 팬에 식용유를 두르고 도라지, 오이, 당근, 표고버섯, 소고기 순서로 볶는다.
7 산적꼬치에 준비된 재료를 색을 맞추어 표고버섯, 도라지, 당근, 황색지단, 오이, 소고기의 순서로 끼우고 꼬치의 양끝이 1㎝가 남도록 자른다.
8 잣은 고깔을 떼고 젖은 면보로 닦은 후, 종이를 깔고 밀대로 밀어 기름을 뺀 후 칼로 곱게 다져 잣가루를 만든다.
9 그릇에 화양적을 담고 잣가루를 뿌려낸다.

조리 포인트

- 각 재료의 길이와 폭을 일정하게 하고, 재료의 색깔이 선명하도록 볶는다.
- 소고기는 익히면 수축되므로, 칼집을 넣어주고 길이를 1㎝ 이상 길게 썰어 손질한다.
- 통도라지의 쓴맛은 소금물에 주물러서 씻으면 빠진다.
- 당근과 도라지는 너무 데쳐지거나 안 익으면 꼬치를 끼울 때 부러진다.
- 꼬치가 너무 굵은 경우는 가늘게 깎아서 사용한다.
- 잣은 종이 위에서 밀대로 민 후 다져야 기름이 종이에 스며들어 보슬보슬한 잣가루가 된다.

NCS

과정/과목명 : 1301010408_14v2 한식 전·적·튀김 조리

- **훈련목표** : 육류, 어패류, 채소류 등의 재료를 익기 쉽게 썰고, 꼬치에 꿰어서 밀가루와 달걀 물을 입히거나 밀가루 등의 반죽에 섞어서 기름을 두르고 지지거나 튀겨내는 조리능력 함양
- **수준** : 3
- **최소훈련시간** : 20
- **훈련가능시설** : 강의실, 실습실
- **권장훈련방법** : 집체훈련
- **평가 시 고려사항** : 평가자는 다음 사항을 평가해야 한다.
  - 재료 종류의 전처리 능력
  - 반죽 배합비율에 따른 농도조절 능력
  - 기름의 온도조절 능력
  - 전·적·튀김요리의 조리능력
  - 위생적인 조리과정
  - 전·적·튀김의 완성도
  - 조화롭게 담아내는 능력

전·적·튀김

지짐누름적

조리시간 35분

요구사항

주어진 재료를 사용하여 다음과 같이 '지짐누름적'을 만드시오.

1 누름적은 0.5×5×6㎝로 하시오.
2 누름적의 수량은 2개를 제출하고, 꼬치는 빼서 제출하시오.

수험자 유의사항

1 각각의 준비된 재료를 조화있게 끼워서 색을 잘 살릴 수 있도록 지진다.
2 당근과 통도라지는 기름으로 볶으면서 소금으로 간을 한다.
3 조리작품 만드는 순서는 틀리지 않게 하여야 한다.
4 숙련된 기능으로 맛을 내야하므로 조리작업 시 음식의 맛을 보지 않는다.

재료 및 분량

쪽파(중) 2뿌리 소고기(길이 7㎝) 50g 마른표고버섯(대) 1개 당근(길이 7㎝) 40g 쪽파(중) 2뿌리 통도라지 30g 소금 4g 밀가루 20g 달걀 1개 식용유 20㎖ 산적꼬치(8~9㎝) 2개

*소고기·표고 양념 : 간장 6㎖, 설탕 2g, 대파 5g, 마늘 3g, 후추 0.1g, 깨소금 1g, 참기름 2g

만드는 법

1 파와 마늘은 곱게 다지고 양념장을 만든다.
2 소고기는 1×7㎝, 두께 0.6㎝ 크기로 썰어 잔칼집을 넣은 후 자근자근 두드려 부드럽게 하여 양념한다. 표고버섯은 물에 불려 1×6×0.6㎝ 크기로 썰어 소고기와 같은 양념을 한다.
3 통도라지는 1×6×0.6㎝ 크기로 썰어 소금으로 주물러 씻고, 당근도 같은 크기로 썰어 각각 소금물에 데친다.
4 쪽파는 6㎝ 길이로 잘라 참기름에 살짝 무치고, 달걀은 알끈을 제거하고 소금을 넣어 잘 풀어 둔다.
5 팬에 참기름을 두르고 도라지, 당근, 표고버섯, 소고기 순서로 볶는다.
6 산적꼬치에 준비된 재료를 색을 맞추어 도라지, 표고버섯, 쪽파, 소고기, 당근 순서로 끼우고 길이가 같도록 자른 다음, 밀가루와 달걀물을 묻힌다.
7 팬에 기름을 두르고 살짝 누르면서 양면을 지진다.
8 식으면 꼬치를 빼고 접시에 담아 낸다.

조리 포인트

- 소고기는 익히면 수축되므로, 길이를 1㎝ 이상 길게 썰어 손질한다.
- 통도라지의 쓴맛은 소금물에 주물러서 씻으면 빠진다.
- 당근과 도라지는 너무 데쳐지거나 안 익으면 꼬치를 끼울 때 부러진다.
- 꼬치가 너무 굵은 경우는 가늘게 깎아서 사용한다.
- 밀가루를 재료 사이사이에 잘 묻히고 달걀물을 충분히 씌워서 지져야 사이가 떨어지지 않는다.
- 꼬치는 완전히 식은 후 손바닥으로 누르고 돌리면서 빼도록 한다.

NCS

과정/과목명 : 1301010408_14v2 한식 전·적·튀김 조리

- **훈련목표** : 육류, 어패류, 채소류 등의 재료를 익기 쉽게 썰고, 꼬치에 꿰어서 밀가루와 달걀 물을 입히거나 밀가루 등의 반죽에 섞어서 기름을 두르고 지지거나 튀겨내는 조리능력 함양
- **수준** : 3
- **최소훈련시간** : 20
- **훈련가능시설** : 강의실, 실습실
- **권장훈련방법** : 집체훈련

- **평가 시 고려사항** : 평가자는 다음 사항을 평가해야 한다.
  - 재료 종류의 전처리 능력
  - 반죽 배합비율에 따른 농도조절 능력
  - 기름의 온도조절 능력
  - 전·적·튀김요리의 조리능력
  - 위생적인 조리과정
  - 전·적·튀김의 완성도
  - 조화롭게 담아내는 능력

전·적·튀김

섭산적

조리시간 30분

요구사항

주어진 재료를 사용하여 다음과 같이 '섭산적'을 만드시오.

1 완성된 섭산적은 0.7×2×2㎝로 써시오.
2 석쇠로 구워 9개 이상 제출하시오.
3 고기와 두부의 비율을 3:1 정도로 하시오.

수험자 유의사항

1 다져서 양념한 소고기는 크게 반대기를 지어 구운 뒤 자른다.
2 고기가 타지 않게 잘 구워지도록 유의한다.
3 조리작품 만드는 순서는 틀리지 않게 하여야 한다.
4 숙련된 기능으로 맛을 내야하므로 조리작업 시 음식의 맛을 보지 않는다.

재료 및 분량

소고기(우둔) 80g 두부 30g 잣 4g 종이 1장

*소고기·두부 양념 : 소금 1g, 설탕 2g, 대파 5g, 마늘 3g, 후추 0.1g, 깨소금 1g, 참기름 2g

만드는 법

1 파와 마늘은 곱게 다지고 양념장을 만든다.
2 소고기는 힘줄과 기름을 제거하여 곱게 다진다.
3 두부는 물기를 꼭 짜고 칼날을 뉘어서 곱게 으깨 다진소고기와 섞고, 소양념으로 고루 섞어서 끈기있게 치댄다.
4 양념한 고기는 네모지게 반대기를 만든 후, 가로·세로로 잔칼집을 넣어 0.7㎝ 정도의 두께를 만든다.
5 잣은 고깔을 떼고 젖은 면보로 닦은 후, 종이를 깔고 밀대로 밀어 기름을 뺀 후 칼로 곱게 다져 잣가루를 만든다.
6 석쇠에 기름을 바르고 달군 후 고기가 타지 않고 노릇노릇하게 굽는다.
7 섭산적이 식으면 2×2㎝ 크기로 썰어 그릇에 담고 잣가루를 뿌려 낸다.

조리 포인트

- 소고기와 두부는 곱게 으깨어 배합(소고기 : 두부 = 3 : 1)을 잘하고 끈기 있게 치대어야 표면이 매끄럽고 부서지지 않는다.
- 석쇠는 깨끗이 씻어서 기름을 바르고, 달구어야, 달라붙지 않고 석쇠자국이 안 남는다.
- 불은 중간불로 조절하고, 석쇠를 좌·우로 움직이면서 색이 고르게 나도록 굽는다.
- 고기는 타지 않게 잘 굽고, 색깔에 유의한다.
- 섭산적이 완전히 식은 후에 썰어야 부서지지 않고 모양이 깨끗하다.

NCS

과정/과목명 : 1301010408_14v2 한식 전·적·튀김 조리

- **훈련목표** : 육류, 어패류, 채소류 등의 재료를 익기 쉽게 썰고, 꼬치에 꿰어서 밀가루와 달걀 물을 입히거나 밀가루 등의 반죽에 섞어서 기름을 두르고 지지거나 튀겨내는 조리능력 함양
- **수준** : 3
- **최소훈련시간** : 20
- **훈련가능시설** : 강의실, 실습실
- **권장훈련방법** : 집체훈련

- **평가 시 고려사항** : 평가자는 다음 사항을 평가해야 한다.
  - 재료 종류의 전처리 능력
  - 반죽 배합비율에 따른 농도조절 능력
  - 기름의 온도조절 능력
  - 전·적·튀김요리의 조리능력
  - 위생적인 조리과정
  - 전·적·튀김의 완성도
  - 조화롭게 담아내는 능력

구이

너비아니구이

조리시간 25분

요구사항

주어진 재료를 사용하여 다음과 같이 '너비아니구이'를 만드시오.

1 완성된 너비아니는 0.5×4×5㎝로 하시오.
2 석쇠를 사용하여 굽고, 6쪽 제출하시오.
3 잣가루를 고명으로 얹으시오.

수험자 유의사항

1 고기가 연하도록 손질한다.
2 구워진 정도와 모양과 색깔에 유의하여 굽는다.
3 조리작품 만드는 순서는 틀리지 않게 하여야 한다.
4 숙련된 기능으로 맛을 내야하므로 조리작업 시 음식의 맛을 보지 않는다.

재료 및 분량

소고기(등심) 100g 배 40g 식용유 5㎖ 잣 2g 종이 1장

*양념 : 간장 20㎖, 대파 10g, 마늘 5g, 후춧가루 0.2g, 설탕 6g, 깨소금 2g, 참기름 4㎖

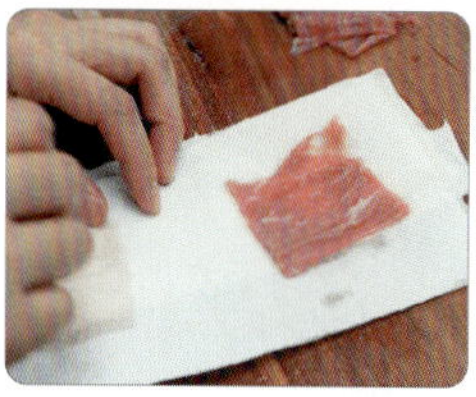

만드는 법

1 파와 마늘은 곱게 다지고, 양념장을 만든다.
2 소고기는 힘줄과 기름을 제거하여 5×6㎝, 두께 0.4㎝ 크기로 썰어 잔칼집을 넣은 후, 칼등으로 자근자근 두드려 부드럽게 한다.
3 배는 껍질을 벗기고 강판에 갈아 면보로 짜서 즙을 낸 후 손질한 소고기에 뿌려 재운다.
4 양념장에 고기를 한 장씩 담가 맛이 고루 배도록 재운다.
5 잣은 고깔을 떼고 젖은 면보로 닦은 후 종이를 깔고 밀대로 밀어 기름을 뺀 후, 칼로 곱게 다져 잣가루를 만든다.
6 석쇠를 달구어 기름을 바른 후 고기를 얹어 타지 않게 굽는다. 고기가 거의 익으면 양념장을 조금씩 덧발라가면서 윤기가 나게 고르게 굽는다.
7 접시에 구운 고기를 보기 좋게 담고, 잣가루를 뿌려 낸다.

조리 포인트

- 석쇠구이의 양념장에 들어가는 파, 마늘은 곱게 다져서 넣어야 구울 때 덜 탄다.
- 소고기는 등심이나 안심을 사용하고, 썰 때는 결 반대로 썰어야 연하다.
- 소고기를 배즙에 재운 후 양념장에 재워야 연하다.(배즙을 양념장에 넣어 사용하기도 한다.)
- 석쇠는 깨끗이 손질하여 사용하여야 고기의 색깔이 곱게 구워진다.
- 고기를 구울 때 처음엔 센불에서 표면을 응고시킨 후, 불을 낮추어 중간불에서 양념장을 조금씩 발라가며 구우면 타지 않고 윤기가 난다.

NCS

과정/과목명 : 1301010109_14v2 한식 구이 조리

- **훈련목표** : 육류, 어패류, 채소류, 버섯류 등의 재료를 소금이나 양념장에 재워 직접, 간접 화력으로 익혀 낼 수 있는 능력 함양
- **수준** : 4
- **최소훈련시간** : 20
- **훈련가능시설** : 강의실, 실습실
- **권장훈련방법** : 집체훈련

- **평가 시 고려사항** : 평가자는 다음 사항을 평가해야 한다.
  - 위생적인 조리과정
  - 구이재료 손질의 숙련 정도
  - 재료를 양념에 재우기
  - 불의 세기 조절하기
  - 구이용 도구 사용방법
  - 재료의 처리방법
  - 양념 비율을 혼합하는 능력
  - 조리의 순서
  - 초벌구이 능력
  - 조화롭게 담아내는 능력

구이

제육구이

조리시간 30분

요구사항

주어진 재료를 사용하여 다음과 같이 '제육구이'를 만드시오.

1 완성된 제육은 0.4×4×5㎝ 정도로 하시오.
2 고추장 양념으로 하여 석쇠에 구우시오.
3 제육구이는 전량 제출하시오.

수험자 유의사항

1 구워진 표면이 마르지 않도록 한다.
2 구워진 고기의 모양과 색깔에 유의하여 굽는다.
3 조리작품 만드는 순서는 틀리지 않게 하여야 한다.
4 숙련된 기능으로 맛을 내야하므로 조리작업 시 음식의 맛을 보지 않는다.

재료 및 분량

돼지고기(등심) 150g 식용유 5㎖

*고추장양념 : 고추장 30g, 간장 3㎖, 대파 10g, 마늘 5g, 후춧가루 0.2g, 설탕 6g, 깨소금 2g, 참기름 4㎖, 생강 5g, 청주(또는 물) 10㎖

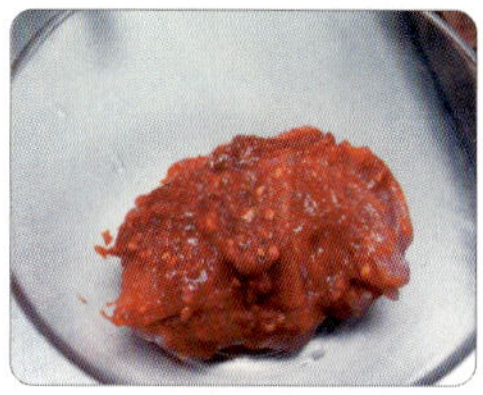

만드는 법

1 파와 마늘은 곱게 다지고, 생강은 즙을 내어 고추장양념을 만든다.
2 돼지고기는 힘줄과 기름을 제거하고 너비 5×6㎝, 두께 0.3㎝ 정도로 썬 다음, 앞 · 뒤로 잔칼집을 넣어 오그라들지 않게 한다.
3 돼지고기에 고추장양념을 고르게 발라 재워둔다.
4 석쇠를 달구어 기름을 바른 후 고기를 얹어 타지 않게 굽는다. 고기가 거의 익으면 양념장을 조금씩 덧발라가면서 윤기가 나게 고르게 굽는다.
5 접시에 구운 고기를 보기 좋게 담아 낸다.

조리 포인트

- 석쇠구이의 양념장에 들어가는 파, 마늘은 곱게 다져서 넣어야 구울 때 덜 탄다.
- 소고기는 등심이나 안심을 사용하고, 썰 때는 결 반대로 썰어야 연하다.
- 소고기를 배즙에 재운 후 양념장에 재워야 연하다.(배즙을 양념장에 넣어 사용하기도 한다.)
- 석쇠는 깨끗이 손질하여 사용하여야 고기의 색깔이 곱게 구워진다.
- 고기를 구울 때 처음엔 센불에서 표면을 응고시킨 후, 불을 낮추어 중간불에서 양념장을 조금씩 발라가며 구우면 타지 않고 윤기가 난다.

NCS

과정/과목명 : 1301010109_14v2 한식 구이 조리

- **훈련목표** : 육류, 어패류, 채소류, 버섯류 등의 재료를 소금이나 양념장에 재워 직접, 간접 화력으로 익혀 낼 수 있는 능력 함양
- **수준** : 4
- **최소훈련시간** : 20
- **훈련가능시설** : 강의실, 실습실
- **권장훈련방법** : 집체훈련

- **평가 시 고려사항** : 평가자는 다음 사항을 평가해야 한다.
  - 위생적인 조리과정
  - 구이재료 손질의 숙련 정도
  - 재료를 양념에 재우기
  - 불의 세기 조절하기
  - 구이용 도구 사용방법
  - 재료의 처리방법
  - 양념 비율을 혼합하는 능력
  - 조리의 순서
  - 초벌구이 능력
  - 조화롭게 담아내는 능력

구이

북어구이

조리시간 20분

요구사항

주어진 재료를 사용하여 다음과 같이 '북어구이'를 만드시오.

1 구워진 북어의 길이는 5㎝로 하시오.
2 유장으로 초벌구이를 하시오.
3 북어구이는 석쇠로 구워 3개를 제출하시오.(북어의 양면을 반으로 자르지 않고, 원형 그대로 제출한다.)

수험자 유의사항

1 북어를 물에 불려 사용한다.(이때 부서지지 않도록 유의한다.)
2 북어가 타지 않도록 잘 굽는다.
3 고추장양념장을 만들어 북어를 무쳐서 재운다.
4 조리작품 만드는 순서는 틀리지 않게 하여야 한다.
5 숙련된 기능으로 맛을 내야하므로 조리작업 시 음식의 맛을 보지 않는다.

재료 및 분량

북어포 1마리 식용유 10㎖

*유장 : 참기름 12㎖, 간장 4㎖

*고추장양념 : 고추장 30g, 간장 3㎖, 대파 10g, 마늘 5g, 후춧가루 0.2g, 설탕 12g, 깨소금 2g, 참기름 4㎖, 청주(또는 물) 10㎖

만드는 법

1 북어포는 물에 잠깐 불려 물기를 눌러서 짠 다음 머리, 지느러미를 자르고 뼈를 발라 길이 6㎝로 3토막을 낸다.
2 껍질쪽에 가로 · 세로 대각선으로 칼집을 넣어 오그라들지 않도록 한다.
3 파와 마늘은 곱게 다져, 고추장양념을 만든다.
4 유장을 만들어 손질한 북어의 앞 · 뒤로 골고루 바른다.
5 석쇠를 달구어 기름을 바르고 유장처리한 북어를 애벌구이(초벌구이)한다.
6 애벌구이한 북어에 고추장양념을 골고루 발라서 타지 않도록 구워 낸다. 거의 익으면 양념을 덧발라 한 번 더 굽는다.
7 깨끗이 정리하여 그릇에 담아 낸다.

조리 포인트

- 북어포는 물에 오래 불리면 부서지므로, 잠시 물에 적셔 건진 후 깨끗한 행주로 눌러 물기를 제거해야 한다.
- 북어는 유장처리하여 거의 익힌 후 고추장양념을 발라 약한불에서 구워야 가장자리가 타지 않는다.
- 고추장양념이 되직한 경우, 간장을 너무 많이 넣으면 구웠을 때 검붉은색이 되므로 물(청주)로 농도를 조절한다.

NCS **과정/과목명 : 1301010109_14v2 한식 구이 조리**

- **훈련목표** : 육류, 어패류, 채소류, 버섯류 등의 재료를 소금이나 양념장에 재워 직접, 간접 화력으로 익혀 낼 수 있는 능력 함양
- **수준** : 4
- **최소훈련시간** : 20
- **훈련가능시설** : 강의실, 실습실
- **권장훈련방법** : 집체훈련

- **평가 시 고려사항** : 평가자는 다음 사항을 평가해야 한다.
  - 위생적인 조리과정
  - 구이재료 손질의 숙련 정도
  - 재료를 양념에 재우기
  - 불의 세기 조절하기
  - 구이용 도구 사용방법
  - 재료의 처리방법
  - 양념 비율을 혼합하는 능력
  - 조리의 순서
  - 초벌구이 능력
  - 조화롭게 담아내는 능력

구이

생선양념구이

조리시간 30분

요구사항

주어진 재료를 사용하여 다음과 같이 '생선양념구이'를 만드시오.

1 생선은 머리와 꼬리를 포함하여 통째로 사용하고, 내장은 아가미 쪽으로 제거하시오.
2 유장으로 초벌구이를 하시오.
3 고추장양념을 하여 석쇠에 구워 제출하시오.

수험자 유의사항

1 석쇠를 사용하며 부서지지 않게 굽도록 유의한다.
2 생선을 담을 때는 방향을 고려해야 한다.
3 조리작품 만드는 순서는 틀리지 않게 하여야 한다.
4 숙련된 기능으로 맛을 내야하므로 조리작업 시 음식의 맛을 보지 않는다.

재료 및 분량

생선(병어 또는 조기) 1마리 소금 2g 식용유 10㎖

*유장 : 참기름 6㎖, 간장 2㎖
*고추장양념 : 고추장 20g, 간장 3㎖, 대파 5g, 마늘 3g, 후춧가루 0.1g, 설탕 12g, 깨소금 2g, 참기름 2㎖, 청주(또는 물) 6㎖

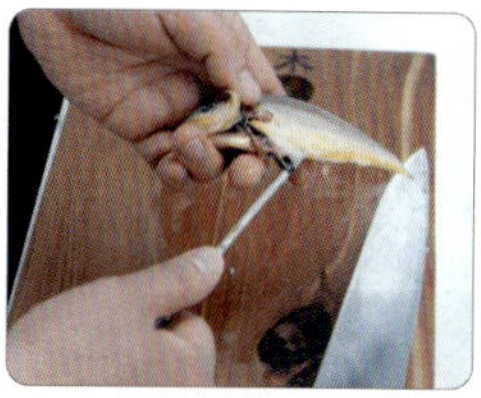

만드는 법

1 생선(조기, 병어)은 비늘을 긁고 지느러미를 다듬은 후, 배를 가르지 않고 아가미로 내장을 빼내어 깨끗이 씻는다.
2 생선의 등쪽에 2㎝ 간격으로 어슷하게 칼집을 넣은 다음, 소금을 뿌려둔다.
3 파와 마늘은 곱게 다져, 고추장양념을 만든다.
4 생선은 면보로 물기를 닦고, 유장을 만들어 손질한 생선의 앞뒤로 골고루 바른다.
5 석쇠를 달구어 기름을 바르고, 유장처리한 생선을 애벌구이(초벌구이) 한다.
6 애벌구이한 생선은 고추장양념을 골고루 발라서 타지 않도록 구워 낸다.
7 그릇에 담을 때는 머리가 왼쪽, 꼬리가 오른쪽, 배가 아래쪽으로 오도록 하여 그릇에 담아 낸다.

조리 포인트

- 비늘은 꼬리에서 머리쪽으로 긁고, 지느러미는 타기 쉬우므로 꼬리는 V자로 다듬고 나머지는 잘라 낸다.
- 내장제거 시 나무젓가락을 아가미나 입으로 넣고 배가 터지지 않도록 돌려서 빼낸다.
- 칼집을 살이 없는 배쪽에 넣으면 구울 때 터지기 쉽다.
- 내장과 물기를 완전히 제거하지 않으면 구울 때 물기가 생기고 양념이 흘러내린다.
- 생선은 구울 때 부서지기 쉬우므로 석쇠를 잘 길들여 눌어붙지 않도록 한다.
- 생선은 유장처리하여 거의 익힌 후, 고추장양념을 발라 약한불에서 구워야 가장자리가 타지 않는다.
- 고추장양념에 들어가는 파, 마늘은 곱게 다지고, 양념이 되직한 경우 간장을 너무 많이 넣으면 구웠을 때 검붉은색이 되므로 물(청주)로 농도를 조절한다.

NCS

과정/과목명 : 1301010109_14v2 한식 구이 조리

- **훈련목표** : 육류, 어패류, 채소류, 버섯류 등의 재료를 소금이나 양념장에 재워 직접, 간접 화력으로 익혀 낼 수 있는 능력 함양
- **수준** : 4
- **최소훈련시간** : 20
- **훈련가능시설** : 강의실, 실습실
- **권장훈련방법** : 집체훈련

- **평가 시 고려사항** : 평가자는 다음 사항을 평가해야 한다.
  - 위생적인 조리과정
  - 구이재료 손질의 숙련 정도
  - 재료를 양념에 재우기
  - 불의 세기 조절하기
  - 구이용 도구 사용방법
  - 재료의 처리방법
  - 양념 비율을 혼합하는 능력
  - 조리의 순서
  - 초벌구이 능력
  - 조화롭게 담아내는 능력

구이

더덕구이

조리시간 30분

요구사항

주어진 재료를 사용하여 다음과 같이 '더덕구이'를 만드시오.

1. 더덕은 껍질을 벗겨 통이나 반으로 갈라 두드려 사용하시오.
2. 유장으로 초벌구이를 하시오.
3. 길이는 5㎝ 정도로 하고, 고추장양념을 하시오.(단, 주어진 더덕의 길이를 감안한다.)
4. 석쇠에 구워 8개를 제출하시오.

수험자 유의사항

1. 더덕이 부서지지 않도록 두드린다.
2. 더덕이 타지 않도록 굽는데 유의한다.
3. 조리작품 만드는 순서는 틀리지 않게 하여야 한다.
4. 숙련된 기능으로 맛을 내야하므로 조리작업 시 음식의 맛을 보지 않는다.

재료 및 분량

통더덕 100g 소금 4g 식용유 10㎖

*유장 : 참기름 6㎖, 간장 2㎖
*고추장양념 : 고추장 20g, 간장 3㎖, 대파 5g, 마늘 3g, 후춧가루 0.1g, 설탕 12g, 깨소금 2g, 참기름 2㎖, 청주(또는 물) 6㎖

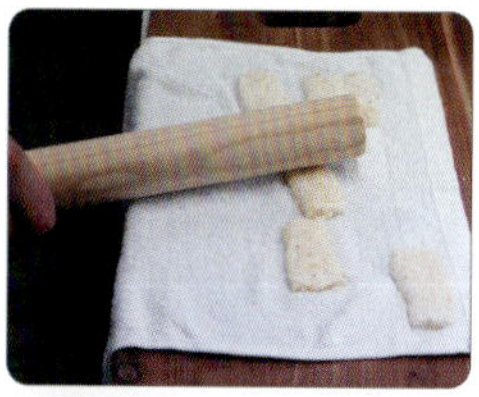

만드는 법

1 더덕은 씻어서 껍질을 벗기고 길이로 반을 가른 후, 소금물에 담가 쓴맛(사포닌)을 우려낸다.
2 손질된 더덕은 물기를 제거하고 방망이로 자근자근 두들겨 편편하게 한다.(지급된 더덕의 길이가 크면 5㎝로 자른다.)
3 파와 마늘은 곱게 다져, 고추장양념을 만든다.
4 유장을 만들어 손질한 더덕에 골고루 발라 재운다.
5 석쇠를 달구어 기름을 바르고 유장처리한 더덕을 애벌구이(초벌구이)한다.
6 애벌구이한 더덕은 고추장양념을 골고루 발라서 타지 않도록 구워 낸다. 거의 익으면 양념장을 한 번 더 덧발라 굽는다.
7 그릇에 더덕의 모양을 살려서 담아 낸다.

조리 포인트

- 더덕은 껍질을 위부터 돌려가며 벗기고, 부서지지 않도록 면보에 싸서 두들긴다.
- 더덕을 반으로 갈라, 가운데 딱딱한 심이 들어있으면 제거하고 두들겨야 부서지지 않는다.
- 고추장양념에 들어가는 파 · 마늘은 곱게 다지고, 양념이 되직한 경우 간장을 너무 많이 넣으면 구웠을 때 검붉은색이 되므로 물(청주)로 농도를 조절한다.
- 더덕구이의 모양과 색깔을 고려하여 유장은 너무 많이 바르지 말고, 고추장양념은 2~3회 얇게 덧발라가며 굽는다.
- 더덕은 유장처리하여 거의 익힌 후 고추장양념을 발라 약한불에서 구워야 가장자리가 타지 않는다.

NCS

과정/과목명 : 1301010109_14v2 한식 구이 조리

- **훈련목표** : 육류, 어패류, 채소류, 버섯류 등의 재료를 소금이나 양념장에 재워 직접, 간접 화력으로 익혀 낼 수 있는 능력 함양
- **수준** : 4
- **최소훈련시간** : 20
- **훈련가능시설** : 강의실, 실습실
- **권장훈련방법** : 집체훈련

- **평가 시 고려사항** : 평가자는 다음 사항을 평가해야 한다.
  - 위생적인 조리과정
  - 구이재료 손질의 숙련 정도
  - 재료를 양념에 재우기
  - 불의 세기 조절하기
  - 구이용 도구 사용방법
  - 재료의 처리방법
  - 양념 비율을 혼합하는 능력
  - 조리의 순서
  - 초벌구이 능력
  - 조화롭게 담아내는 능력

생채·숙채·회

무생채

조리시간 15분

요구사항

주어진 재료를 사용하여 다음과 같이 '무생채'를 만드시오.

1 무는 0.2×0.2×6㎝로 써시오.
2 생채는 고춧가루를 사용하시오.
3 무생채는 70g 이상 제출하시오.

수험자 유의사항

1 무채는 길이와 굵기를 일정하게 썰고 무채의 색에 유의한다.
2 무쳐 놓은 생채는 싱싱하고 깨끗하게 한다.
3 식초와 설탕의 간을 맞추는데 유의한다.
4 조리작품 만드는 순서는 틀리지 않게 하여야 한다.
5 숙련된 기능으로 맛을 내야하므로 조리작업 시 음식의 맛을 보지 않는다.

재료 및 분량

무(길이 7㎝) 100g

*생채양념 : 고운고춧가루 6g, 소금 2g, 설탕 5g, 식초 10㎖, 대파 5g, 마늘 3g, 생강 3g, 깨소금 2g

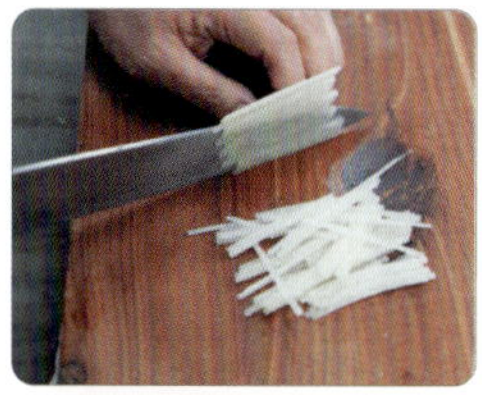

만드는 법

1 파와 마늘, 생강을 곱게 다지고, 생채양념을 만든다.
2 무는 껍질을 벗겨 0.2×0.2×6㎝ 크기로 채 썰어, 고운고춧가루를 넣고 버무려 약한 붉은색으로 물을 들인다.
3 물들인 무채에 생채양념을 넣고 손끝으로 가볍게 버무려, 그릇에 보기 좋게 담아 낸다.

조리 포인트

- 무는 길이(결) 방향으로 굵기를 일정하게 썰어야 색이 곱고 고르게 물든다.
- 무채를 소금에 절이면 물기는 덜 생기지만, 싱싱하지가 않다.
- 고춧가루가 거칠 경우, 다진 다음 체에 내려서 사용하여야 무생채가 깔끔하다.
- 고춧가루 양념은 무치면서 색깔을 보고 나누어 넣는다.
- 생채는 미리 무쳐놓으면 물이 생기므로, 그릇에 담기 직전에 무쳐 담는다.

NCS

과정/과목명 : 1301010110_14v2 한식 생채·숙채·회 조리

- **훈련목표** : 채소를 살짝 절이거나 생것을 양념하고, 식재료를 물에 데치거나 삶아 양념으로 무치거나 볶아주는 조리이며, 회 조리는 신선한 상태로 위생관리를 하며 조리할 수 있는 능력 함양
- **수준** : 2
- **최소훈련시간** : 20
- **훈련가능시설** : 강의실, 실습실
- **권장훈련방법** : 집체훈련

- **평가 시 고려사항** : 평가자는 다음 사항을 평가해야 한다.
  - 위생적인 조리과정
  - 식재료 손질하기
  - 양념 준비과정
  - 조리의 순서
  - 생채와 숙채를 조리하는 능력
  - 생채를 신선하게 조리하는 방법
  - 채소 고유 색상 유지하여 조리하는 방법
  - 조화롭게 담아내는 능력

생채 · 숙채 · 회

도라지생채

조리시간 15분

요구사항

주어진 재료를 사용하여 다음과 같이 '도라지생채'를 만드시오.

1 도라지는 0.3×0.3×6㎝로 써시오.

2 생채는 고추장과 고춧가루양념으로 무쳐 제출하시오.

수험자 유의사항

1 도라지는 굵기와 길이를 일정하게 하도록 한다.

2 양념이 거칠지 않고, 색이 고와야 한다.

3 조리작품 만드는 순서는 틀리지 않게 하여야 한다.

4 숙련된 기능으로 맛을 내야하므로 조리작업 시 음식의 맛을 보지 않는다.

재료 및 분량

통도라지(껍질 있는 것, 대) 60g(2뿌리) 소금 4g

*생채양념 : 고추장 5g, 고운고춧가루 3g, 설탕 2g, 식초 8㎖, 대파 5g, 마늘 3g, 깨소금 2g, 소금 1g

만드는 법

1 도라지는 깨끗이 씻어, 잔뿌리는 제거하고 껍질을 돌려가며 벗긴다.
2 손질한 도라지는 0.3×0.3×6㎝로 썬 다음, 소금물에 주물러서 쓴맛을 없애고 물기를 꼭 짠다.
3 파와 마늘을 곱게 다져 생채양념을 만든다.
4 도라지채에 양념을 넣고 손끝으로 가볍게 버무려, 그릇에 보기 좋게 담아 낸다.

조리 포인트

- 도라지 껍질이 잘 벗겨지지 않으면, 물에 잠시 불려서 벗긴다.
- 도라지는 칼로 일정하게 썰거나 가늘게 찢어서 사용한다.
- 도라지는 소금물에 주물러 물기를 꼭 짜서 무쳐야 물기가 덜 생긴다.
- 고춧가루가 거칠 경우, 다진 다음 체에 내려서 사용하여야 도라지생채가 깔끔하다.
- 양념은 무치면서 색깔을 보고 나누어 넣는다.
- 양념에 고추장이 들어가므로, 소금은 조금만 넣는다.
- 생채는 미리 무쳐놓으면 물이 생기고 빛깔이 변하므로, 그릇에 담기 직전에 무쳐 담는다.

NCS

과정/과목명 : 1301010110_14v2 한식 생채·숙채·회 조리

- **훈련목표** : 채소를 살짝 절이거나 생것을 양념하고, 식재료를 물에 데치거나 삶아 양념으로 무치거나 볶아주는 조리이며, 회 조리는 신선한 상태로 위생관리를 하며 조리할 수 있는 능력 함양
- **수준** : 2
- **최소훈련시간** : 20
- **훈련가능시설** : 강의실, 실습실
- **권장훈련방법** : 집체훈련

- **평가 시 고려사항** : 평가자는 다음 사항을 평가해야 한다.
  - 위생적인 조리과정
  - 식재료 손질하기
  - 양념 준비과정
  - 조리의 순서
  - 생채와 숙채를 조리하는 능력
  - 생채를 신선하게 조리하는 방법
  - 채소 고유 색상 유지하여 조리하는 방법
  - 조화롭게 담아내는 능력

생채·숙채·회

더덕생채

조리시간 **20**분

요구사항

주어진 재료를 사용하여 다음과 같이 '더덕생채'를 만드시오.

1 더덕은 5㎝로 썰어 두들겨 편 후 찢으시오.
2 양념은 고춧가루로 양념하고, 전량 제출하시오.

수험자 유의사항

1 더덕을 두드릴 때 부스러지지 않도록 한다.
2 무치기 전에 쓴맛을 빼도록 한다.
3 무쳐진 상태가 깨끗하고 빛이 고와야 한다.
4 조리작품 만드는 순서는 틀리지 않게 하여야 한다.
5 숙련된 기능으로 맛을 내야하므로 조리작업 시 음식의 맛을 보지 않는다.

재료 및 분량

통더덕(껍질 있는 것) 60g(2뿌리) 소금 6g

*생채양념 : 고운고춧가루 4g, 소금 2g, 설탕 5g, 식초 5㎖, 대파 5g, 마늘 3g, 깨소금 2g

만드는 법

1 더덕은 깨끗이 씻어 껍질을 돌려가며 벗긴 후, 길이로 반을 갈라 소금물에 담가 쓴맛을 우려 낸다.

2 건져낸 더덕은 물기를 없애고, 방망이로 자근자근 두들겨 가늘고 길게 찢는다.

3 파와 마늘을 곱게 다져 생채양념을 만든다.

4 찢은 더덕에 양념을 넣고, 손끝으로 가볍게 버무려 그릇에 보기 좋게 담아 낸다.

조리 포인트

- 주어진 더덕이 너무 굵으면 편으로 포를 떠서 사용한다.
- 더덕 가운데 딱딱한 심이 들어있으면 제거한다.
- 물기를 완전히 없애고 면보로 싸서 두들겨야 덜 부서지지 않는다.
- 고춧가루가 거칠 경우, 다진 다음 체에 내려서 사용하여야 더덕생채가 깔끔하다.
- 양념은 색깔을 보면서 나누어 넣고, 뭉치지 않게 잘 주물러 무쳐서 담을 때는 부풀려 담는다.

NCS **과정/과목명 : 1301010110_14v2 한식 생채·숙채·회 조리**

- **훈련목표** : 채소를 살짝 절이거나 생것을 양념하고, 식재료를 물에 데치거나 삶아 양념으로 무치거나 볶아주는 조리이며, 회 조리는 신선한 상태로 위생관리를 하며 조리할 수 있는 능력 함양
- **수준** : 2
- **최소훈련시간** : 20
- **훈련가능시설** : 강의실, 실습실
- **권장훈련방법** : 집체훈련

- **평가 시 고려사항** : 평가자는 다음 사항을 평가해야 한다.
  - 위생적인 조리과정
  - 식재료 손질하기
  - 양념 준비과정
  - 조리의 순서
  - 생채와 숙채를 조리하는 능력
  - 생채를 신선하게 조리하는 방법
  - 채소 고유 색상 유지하여 조리하는 방법
  - 조화롭게 담아내는 능력

생채 · 숙채 · 회

겨자채

조리시간 35분

요구사항

주어진 재료를 사용하여 다음과 같이 '겨자채'를 만드시오.

1 채소, 편육, 황 · 백지단, 배는 0.3×1×4㎝로 써시오.(단, 지급된 재료의 크기에 따라 가감한다.)
2 밤은 모양대로 납작하게 써시오.
3 겨자를 개서 간을 맞춘 후 준비한 재료들을 무쳐서 담고, 잣은 고명으로 얹으시오.

수험자 유의사항

1 채소는 싱싱하게 아삭거릴 수 있도록 준비한다.
2 겨자는 매운맛이 나도록 준비한다.
3 조리작품 만드는 순서는 틀리지 않게 하여야 한다.
4 숙련된 기능으로 맛을 내야하므로 조리작업 시 음식의 맛을 보지 않는다.

재료 및 분량

소고기(길이 5㎝) 50g 양배추 40g 오이 40g 당근 30g 밤 2개
달걀 1개 배 30g 설탕 3g 잣 3g 식용유 20㎖

*겨자즙 : 겨잣가루 6g, 설탕 6g, 소금 1g, 식초 10㎖,
간장 2㎖, 물 10㎖

만드는 법

1 소고기는 덩어리째 끓는물에 삶아서 식힌 후 4×1×0.3㎝ 크기로 썬다.
2 겨자는 따뜻한 물로 되직하게 갠 다음, 물이 끓는 냄비뚜껑에 엎어서 발효시킨 후 겨자즙을 만든다.
3 양배추, 오이, 당근은 4×1×0.3㎝ 크기로 썰어 찬물에 담가둔다.
4 배는 4×1×0.3㎝ 크기로 썰고, 밤은 생긴 모양대로 납작하게 썰어 설탕물에 담가둔다.
5 달걀은 황·백지단을 0.3cm 두께로 부쳐서 4×1㎝ 크기로 썬다.
6 잣은 고깔을 떼고 젖은 면보로 닦아, 길이로 반을 쪼개어 비늘잣을 만든다.
7 물에 담가둔 양배추, 오이, 당근, 배, 밤은 건져 물기를 빼고 소고기편육, 황·백지단과 함께 겨자즙을 넣고 버무린다.
8 그릇에 색 맞추어 잘 섞어 담고, 비늘잣을 고명으로 얹어 낸다.

조리 포인트

- 소고기는 핏물을 제거하여, 끓는물에 소금을 넣고 삶아서, 식은 후에 썰어야 부스러지지 않는다.
- 겨자는 동량의 40℃의 물에 개어서 따뜻한 곳에 10분 이상 두어야 발효가 되어 매운맛이 난다.
- 양배추는 줄기부분이 두꺼우면 저며 썬다.
- 오이는 씨 부분을 제거하고 사용한다.(돌려깎기 하여 껍질만 사용하면 뻣뻣하고 질기다.)
- 채소는 찬물에 담가 싱싱하고 아삭하게 하며, 배와 밤은 설탕물에 담가 갈변을 방지한다.
- 물에 담가둔 재료는 물기를 완전히 제거하여야 겨자즙이 잘 무쳐진다.
- 지단과 배는 부서지기 쉬우므로, 마지막에 넣어 가볍게 버무린다.

NCS

과정/과목명 : 1301010110_14v2 한식 생채·숙채·회 조리

- 훈련목표 : 채소를 살짝 절이거나 생것을 양념하고, 식재료를 물에 데치거나 삶아 양념으로 무치거나 볶아주는 조리이며, 회 조리는 신선한 상태로 위생관리를 하며 조리할 수 있는 능력 함양
- 수준 : 2
- 최소훈련시간 : 20
- 훈련가능시설 : 강의실, 실습실
- 권장훈련방법 : 집체훈련

- 평가 시 고려사항 : 평가자는 다음 사항을 평가해야 한다.
  - 위생적인 조리과정
  - 식재료 손질하기
  - 양념 준비과정
  - 조리의 순서
  - 생채와 숙채를 조리하는 능력
  - 생채를 신선하게 조리하는 방법
  - 채소 고유 색상 유지하여 조리하는 방법
  - 조화롭게 담아내는 능력

생채 · 숙채 · 회

잡채

조리시간 35분

요구사항

주어진 재료를 사용하여 다음과 같이 '잡채'를 만드시오.

1 소고기, 양파, 오이, 당근, 도라지, 표고버섯은 0.3×0.3×6㎝로 써시오.(단, 지급된 재료의 크기에 따라 가감한다.)
2 숙주는 데치고, 목이버섯은 찢어서 사용하시오.
3 황 · 백지단은 0.2×0.2×4㎝로 썰어 고명으로 얹으시오.

수험자 유의사항

1 주어진 재료는 굵기와 길이가 일정하게 한다.
2 당면은 알맞게 삶아서 간을 한다.
3 모든 재료는 양과 색깔의 배합에 유의한다.
4 조리작품 만드는 순서는 틀리지 않게 하여야 한다.
5 숙련된 기능으로 맛을 내야하므로 조리작업 시 음식의 맛을 보지 않는다.

재료 및 분량

당면 20g 소고기(길이 7㎝) 30g 마른표고버섯(중) 1개 목이버섯 2개
양파 30g 오이(길이 7㎝) 40g 당근(길이 7㎝) 30g 통도라지 20g
숙주 30g 달걀 1개 소금 4g 참기름 3㎖ 식용유 30㎖

*당면양념 : 간장 6㎖, 설탕 2g, 참기름 4㎖
*소고기·버섯 양념 : 간장 6㎖, 설탕 2g, 대파 5g, 마늘 3g, 후추 0.1g, 깨소금 1g, 참기름 2㎖

만드는 법

1 파, 마늘은 곱게 다져 소고기와 버섯양념장을 만든다.
2 표고버섯은 미지근한 물에 불려 0.3×0.3×6㎝ 크기로 채 썰고, 소고기는 표고버섯과 같은 크기로 채 썰어 각각 양념한다.
3 목이버섯은 미지근한 물에 불려서 적당한 크기로 찢어 버섯양념장에 양념한다.
4 숙주는 머리와 꼬리를 떼어내어 끓는물에 소금을 넣고 데친 후, 물기를 제거하여 소금과 참기름에 양념한다.
5 오이는 돌려깎기 하여 0.3×0.3×6㎝ 크기로 채 썬 후 소금에 살짝 절여 물기를 빼고, 도라지는 0.3×0.3×6㎝ 크기로 채 썬 후 소금물에 주물러 씻어 물기를 뺀다.
6 당근과 양파는 0.3×0.3×6㎝ 크기로 채 썬다.
7 당면은 끓는물에 삶아 찬물에 헹구고 물기를 뺀 후, 적당한 길이로 잘라 당면 양념장에 양념한다.
8 달걀은 황·백지단을 부쳐서 0.2×0.2×4㎝ 크기로 채 썬다.
9 팬에 기름을 두르고 도라지, 양파, 오이, 당근, 목이버섯, 표고버섯, 소고기, 당면 순으로 볶는다.
10 볶아놓은 재료에 설탕, 소금, 깨소금, 간장, 참기름을 넣어 고루 버무린다.
11 그릇에 잡채를 담고 황·백지단을 고명으로 얹어 낸다.

조리 포인트

- 각각의 채소는 일정한 크기로 채 썰어야 무쳤을 때 모양이 지저분하지 않고 깔끔하다.
- 당면은 미지근한 물에 담가놓았다가 삶으면 빨리 삶아진다.
- 당면은 삶아서 간장과 참기름으로 양념하면, 불지 않고 색이 곱게 물들며 볶을 때 팬에 달라붙지도 않는다.
- 팬 사용은 무색(無色)에서 유색(有色), 무취(無臭)에서 유취(有臭)의 재료순서로 볶아야 양념이 묻어나지 않고 선명한 색을 얻을 수 있다.

NCS **과정/과목명 : 1301010110_14v2 한식 생채·숙채·회 조리**

- **훈련목표** : 채소를 살짝 절이거나 생것을 양념하고, 식재료를 물에 데치거나 삶아 양념으로 무치거나 볶아주는 조리이며, 회 조리는 신선한 상태로 위생관리를 하며 조리할 수 있는 능력 함양
- **수준** : 2
- **최소훈련시간** : 20
- **훈련가능시설** : 강의실, 실습실
- **권장훈련방법** : 집체훈련
- **평가 시 고려사항** : 평가자는 다음 사항을 평가해야 한다.
  - 위생적인 조리과정
  - 식재료 손질하기
  - 양념 준비과정
  - 조리의 순서
  - 생채와 숙채를 조리하는 능력
  - 생채를 신선하게 조리하는 방법
  - 채소 고유 색상 유지하여 조리하는 방법
  - 조화롭게 담아내는 능력

생채·숙채·회

탕평채

조리시간 35분

요구사항

주어진 재료를 사용하여 다음과 같이 '탕평채'를 만드시오.

1. 청포묵은 0.4×0.4×6㎝로 썰어 데쳐서 사용하시오.
2. 모든 부재료의 길이는 4~5㎝로 써시오.(단, 지급된 재료의 크기에 따라 가감한다.)
3. 소고기, 미나리, 숙주와 청포묵은 초간장으로 무쳐서 담으시오.
4. 황·백지단은 4㎝ 길이로 채썰고, 김은 구워 부셔서 고명으로 얹으시오.

수험자 유의사항

1. 숙주는 거두절미하고 미나리는 다듬어 데친다.
2. 조리작품 만드는 순서는 틀리지 않게 하여야 한다.
3. 숙련된 기능으로 맛을 내야하므로 조리작업 시 음식의 맛을 보지 않는다.

재료 및 분량

청포묵 80g 참기름 2㎖ 소금 1g 소고기(길이 5㎝) 30g
숙주 30g 미나리 20g 달걀 1개 김 ¼장 간장 20㎖ 식용유 20㎖

* 소고기양념 : 간장 3㎖, 설탕 2g, 대파 3g, 마늘 2g, 후추 0.1g, 깨소금 1g, 참기름 2㎖
* 초간장 : 간장 20㎖, 설탕 6g, 식초 15㎖

만드는 법

1 파와 마늘은 곱게 다져 소고기양념장을 만든다.
2 청포묵은 0.4×0.4×7㎝ 크기로 채 썰어 끓는물에 데친 후, 물기를 빼고 식혀서 소금과 참기름으로 양념한다.
3 숙주는 머리와 꼬리를 떼어내고 끓는 소금물에 데친 후, 찬물에 헹구고 물기를 뺀 후 소금과 참기름으로 양념한다.
4 미나리는 줄기만 다듬어 끓는물에 데친 후, 찬물에 헹구고 물기를 제거하여 4㎝ 길이로 자른다.
5 소고기는 0.4×0.4×5㎝ 크기로 채 썰어, 소고기양념장에 양념한다.
6 달걀은 황·백지단을 부쳐 4㎝ 길이로 채 썰고, 김은 구워 잘게 부순다.
7 팬에 기름을 두르고 양념한 소고기를 볶는다.
8 청포묵, 숙주, 미나리, 소고기에 초장을 넣고 가볍게 버무린다.
9 그릇에 탕평채를 담고 김과 황·백지단을 고명으로 얹는다.

조리 포인트

• 청포묵은 일정한 크기로 썰어야 양념이 고루 배어 색깔이 곱다.
• 굳은 청포묵은 끓는물에 투명하게 데치고, 부드러운 청포묵은 그대로 사용한다.
• 청포묵을 썰 때 칼날에 물을 묻혀서 사용하면 달라붙지 않는다.
• 채소를 데칠 때는 충분한 물에 소금을 넣고 끓으면 데쳐서 빨리 찬물에 헹군다.
• 탕평채를 무쳤을 때 국물이 덜 생기게 하려면, 초장에 들어가는 간장 양을 줄이고 소금을 넣는다.
• 탕평채를 미리 무치면 미나리 색이 변하고 물이 생기므로, 제출하기 직전에 버무린다.

NCS **과정/과목명 : 1301010110_14v2 한식 생채·숙채·회 조리**

• **훈련목표** : 채소를 살짝 절이거나 생것을 양념하고, 식재료를 물에 데치거나 삶아 양념으로 무치거나 볶아주는 조리이며, 회 조리는 신선한 상태로 위생관리를 하며 조리할 수 있는 능력 함양
• **수준** : 2
• **최소훈련시간** : 20
• **훈련가능시설** : 강의실, 실습실
• **권장훈련방법** : 집체훈련

• **평가 시 고려사항** : 평가자는 다음 사항을 평가해야 한다.
- 위생적인 조리과정
- 식재료 손질하기
- 양념 준비과정
- 조리의 순서
- 생채와 숙채를 조리하는 능력
- 생채를 신선하게 조리하는 방법
- 채소 고유 색상 유지하여 조리하는 방법
- 조화롭게 담아내는 능력

생채·숙채·회

칠절판

조리시간 40분

요구사항

주어진 재료를 사용하여 다음과 같이 '칠절판'을 만드시오.

1 밀전병은 직경 8cm 되도록 6개를 만드시오.
2 채소와 황·백지단, 소고기는 0.2×0.2×5cm로 써시오.
3 석이버섯은 곱게 채를 써시오.

수험자 유의사항

1 밀전병의 반죽상태에 유의한다.
2 완성된 채소색깔에 유의한다.
3 조리작품 만드는 순서는 틀리지 않게 하여야 한다.
4 숙련된 기능으로 맛을 내야하므로 조리작업 시 음식의 맛을 보지 않는다.

재료 및 분량

소고기(길이 6㎝) 50g 오이(길이 6㎝) 100g 당근(길이 6㎝) 30g
달걀 1개 석이버섯(중) 5g 소금 10g 식용유 30㎖

* 소고기양념 : 간장 3㎖, 설탕 2g, 대파 3g, 마늘 2g, 후추 0.1g, 깨소금 1g, 참기름 2㎖
* 밀전병 : 밀가루 40g, 소금 1g, 물 5~6큰술

만드는 법

1 밀가루에 소금과 물을 넣고 멍울이 없도록 잘 풀어준 후 체에 내린다.
2 파와 마늘은 곱게 다져 소고기양념장을 만든다.
3 오이는 돌려깎기 하여 5×0.2×0.2㎝ 크기로 채 썰고, 당근은 5×0.2×0.2㎝ 크기로 채 썬 후 소금에 살짝 절여 물기를 닦는다.
4 소고기는 5×0.2×0.2㎝ 크기로 채 썰어 소고기양념장에 양념한다.
5 석이버섯은 미지근한 물에 불려 이끼를 제거한 후, 가늘게 채 썰어 소금과 참기름에 양념한다.
6 달걀은 황·백지단을 부쳐 5×0.2×0.2㎝ 크기로 채 썬다.
7 팬에 기름을 조금 두르고 약한불에서 밀전병 반죽을 지름 6㎝ 크기로 얇게 부친다.
8 팬에 기름을 두르고 오이, 당근, 석이버섯, 소고기 순으로 볶는다.
9 그릇 가운데 밀전병을 놓고 6가지 재료를 색 맞추어 돌려 담는다.

조리 포인트

- 각각의 재료는 곱고 일정하게 채 썰어야 그릇에 담기가 쉽고 모양도 깔끔하다.
- 밀전병은 밀가루와 물의 비율을 동량(1:1)으로 미리 준비하여 ½큰술씩 떠서 원형을 그리며 부친다.
- 밀전병은 기름을 소량만 사용하여 약한불에서 부친 후 펼쳐서 식힌다.
- 팬 사용은 무색(無色)에서 유색(有色), 무취(無臭)에서 유취(有臭)의 재료순서로 볶아야 양념이 묻어나지 않고 선명한 색을 얻을 수 있다.
- 그릇에 담아낼 때는 각 재료의 양을 동일하게 담고, 비슷한 색은 나란히 놓지 말고 서로 마주보게 놓는다.
- 칠절판은 밀전병에 각 재료를 싸서 초간장이나 겨자즙을 곁들여 먹는다.

NCS

과정/과목명 : 1301010110_14v2 한식 생채·숙채·회 조리

- **훈련목표** : 채소를 살짝 절이거나 생것을 양념하고, 식재료를 물에 데치거나 삶아 양념으로 무치거나 볶아주는 조리이며, 회 조리는 신선한 상태로 위생관리를 하며 조리할 수 있는 능력 함양
- **수준** : 2
- **최소훈련시간** : 20
- **훈련가능시설** : 강의실, 실습실
- **권장훈련방법** : 집체훈련

- **평가 시 고려사항** : 평가자는 다음 사항을 평가해야 한다.
  - 위생적인 조리과정
  - 식재료 손질하기
  - 양념 준비과정
  - 조리의 순서
  - 생채와 숙채를 조리하는 능력
  - 생채를 신선하게 조리하는 방법
  - 채소 고유 색상 유지하여 조리하는 방법
  - 조화롭게 담아내는 능력

생채·숙채·회

육회

조리시간 20분

요구사항

주어진 재료를 사용하여 다음과 같이 '육회'를 만드시오.

1 소고기는 0.3×0.3×6㎝로 썰어 소금양념으로 하시오.(단, 지급된 재료의 길이에 따라 가감한다.)
2 마늘은 편으로 썰어 장식하고 잣가루를 고명으로 얹으시오.
3 70g 이상의 완성된 육회를 제출하시오.

수험자 유의사항

1 소고기의 채를 고르게 썬다.
2 배와 양념한 소고기의 변색에 유의한다.
3 조리작품 만드는 순서는 틀리지 않게 하여야 한다.
4 숙련된 기능으로 맛을 내야하므로 조리작업 시 음식의 맛을 보지 않는다.

재료 및 분량

소고기(우둔) 100g 배(중) 100g 설탕 12g 마늘(중) 10쪽
잣 3g 종이 1장

* 육회양념 : 소금 2g, 설탕 4g, 대파 3g, 마늘 2g, 후추 0.1g, 깨소금 1g, 참기름 6㎖

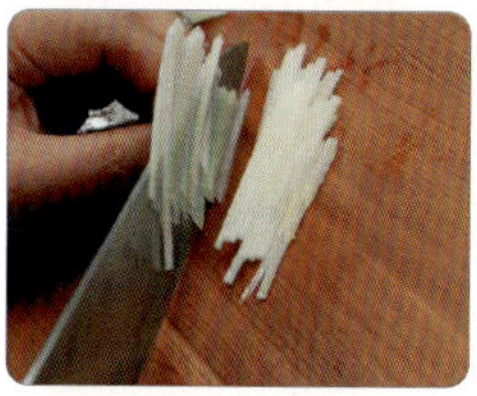

만드는 법

1 마늘의 ⅔는 편으로 썰고, 나머지는 파와 함께 곱게 다져 육회양념을 만든다.
2 배는 껍질을 벗긴 후 0.3×0.3㎝ 두께로 채 썰어 설탕물에 담근다.
3 소고기는 힘줄과 기름을 제거하고, 결 반대방향으로 0.3×0.3㎝가 되도록 채 썰어 육회양념장으로 양념을 한다.
4 잣은 고깔을 떼고 젖은 면보로 닦아, 종이 위에서 밀대로 밀어 기름을 빼고 곱게 다진다.
5 배는 물기를 빼고 접시의 가장자리에 돌려 담아, 가운데 육회를 소복이 담는다.
6 마늘편을 육회에 기대어 돌려 담고, 육회 위에 잣가루를 뿌려 낸다.

조리 포인트

- 육회는 힘줄이 없는 우둔살을 사용하고, 핏물을 닦아서 사용한다.
- 육회는 날것으로 먹기 때문에 부드럽게 결 반대방향으로 썰지만, 부서지기 쉬우므로 결 방향으로 썰기도 한다.
- 소고기를 썰어서 먼저 설탕으로 버무려 놓으면 핏물이 빠지는 것을 막아준다.
- 육회의 양념에 설탕과 참기름은 많이 넣고 간장은 조금만 사용하여 소금으로 간을 맞추면 색이 곱고 윤기가 난다.
- 배는 채 썰어 설탕물에 담가 색이 변하는 것(갈변)을 방지한다.

NCS **과정/과목명 : 1301010110_14v2 한식 생채·숙채·회 조리**

- **훈련목표** : 채소를 살짝 절이거나 생것을 양념하고, 식재료를 물에 데치거나 삶아 양념으로 무치거나 볶아주는 조리이며, 회 조리는 신선한 상태로 위생관리를 하며 조리할 수 있는 능력 함양
- **수준** : 2
- **최소훈련시간** : 20
- **훈련가능시설** : 강의실, 실습실
- **권장훈련방법** : 집체훈련

- **평가 시 고려사항** : 평가자는 다음 사항을 평가해야 한다.
  - 위생적인 조리과정
  - 식재료 손질하기
  - 양념 준비과정
  - 조리의 순서
  - 생채와 숙채를 조리하는 능력
  - 생채를 신선하게 조리하는 방법
  - 채소 고유 색상 유지하여 조리하는 방법
  - 조화롭게 담아내는 능력

생채·숙채·회

미나리강회

조리시간 35분

요구사항

주어진 재료를 사용하여 다음과 같이 '미나리강회'를 만드시오.

1 강회의 폭은 1.5㎝, 길이는 5㎝ 정도로 하시오.

2 붉은고추의 폭은 0.5㎝, 길이는 4㎝로 하시오.

3 강회는 8개 만들어 초고추장과 함께 제출하시오.

수험자 유의사항

1 각 재료 크기를 같게 한다.(붉은고추의 폭은 제외)

2 색깔은 조화있게 만든다.

3 조리작품 만드는 순서는 틀리지 않게 하여야 한다.

4 숙련된 기능으로 맛을 내야하므로 조리작업 시 음식의 맛을 보지 않는다.

재료 및 분량

미나리(줄기) 50g 소고기(길이 6㎝) 80g 홍고추 1개
달걀 2개 소금 2g 식용유 10㎖

*초고추장 : 고추장 15g, 식초 10㎖, 설탕 6g

만드는 법

1 미나리는 잎과 뿌리를 제거하고, 끓는물에 소금을 넣고 데쳐서 찬물에 헹군 후 물기를 닦는다.
2 소고기는 핏물을 빼고, 끓는물에 삶아서 식힌 후 5×1.5×0.3㎝ 크기로 썬다.
3 달걀은 0.3㎝ 두께로 황·백지단을 부쳐 식힌 후 5×1.5㎝ 크기로 썬다.
4 홍고추는 씨를 제거하고, 길이 4cm, 폭 0.5㎝로 썬다.
5 편육, 백지단, 황지단, 홍고추 순으로 가지런히 포개어 미나리로 중간부분을 3~4번 돌려 감은 다음, 끝부분은 편육의 뒤쪽으로 돌려 꼬치를 이용하여 마무리한다.
6 그릇에 미나리강회를 담고 초고추장을 만들어 곁들여 낸다.

조리 포인트

- 미나리 줄기가 너무 두꺼우면 데쳐서 2~4등분으로 쪼개어 사용한다.
- 각각 재료를 포개야 하므로 일정한 크기로 재단한다.
- 지단은 고명으로 사용하는 것보다 두껍게 부친다.
- 편육과 지단은 삶아서 충분히 식은 후에 썰어야 부서지지 않는다.
- 홍고추는 길이로 썰어야 휘어지지 않는다.
- 미나리는 시작과 끝이 편육에 오도록 돌려 감은 후, 미나리 끝을 젓가락이나 꼬치로 밀어 넣는다.
- 미나리 감은 부분이 편육길이의 ⅓ 이상이 되도록 한다.

NCS

과정/과목명 : 1301010110_14v2 한식 생채·숙채·회 조리

- **훈련목표** : 채소를 살짝 절이거나 생것을 양념하고, 식재료를 물에 데치거나 삶아 양념으로 무치거나 볶아주는 조리이며, 회 조리는 신선한 상태로 위생관리를 하며 조리할 수 있는 능력 함양
- **수준** : 2
- **최소훈련시간** : 20
- **훈련가능시설** : 강의실, 실습실
- **권장훈련방법** : 집체훈련

- **평가 시 고려사항** : 평가자는 다음 사항을 평가해야 한다.
  - 위생적인 조리과정
  - 식재료 손질하기
  - 양념 준비과정
  - 조리의 순서
  - 생채와 숙채를 조리하는 능력
  - 생채를 신선하게 조리하는 방법
  - 채소 고유 색상 유지하여 조리하는 방법
  - 조화롭게 담아내는 능력

김치

보쌈김치

조리시간 35분

요구사항

주어진 재료를 사용하여 다음과 같이 '보쌈김치'를 만드시오.

1 무·배추는 0.3×3×3㎝ 나박썰기, 배·밤은 편썰기, 미나리·갓·파·낙지는 3㎝로 썰어 굴, 마늘채, 생강채와 함께 김치 속으로 사용하시오.
2 그릇바닥을 배추로 덮은 후, 내용물을 담고 배춧잎의 끝을 바깥쪽으로 모양 있게 접어 넣어 내용물이 보이도록 하여 제출하시오.
3 석이, 대추, 잣은 고명으로 얹으시오.
4 보쌈김치가 절반 정도 잠기도록 국물을 만들어 부으시오.

수험자 유의사항

1 내용물의 배합비율이 적절하게 되도록 하시오.
2 김치를 버무리는 순서와 양념의 분량에 유의하시오.
3 조리작품 만드는 순서는 틀리지 않게 하여야 한다.
4 숙련된 기능으로 맛을 내야하므로 조리작업 시 음식의 맛을 보지 않는다.

재료 및 분량

절인배추(잎) $\frac{1}{6}$포기 무 50g 밤(대) 1개 배 40g 실파 1뿌리
미나리 10g 갓 20g 대추 1개 석이버섯 1장
잣 3알 굴 20g 낙지 30g 소금 4g

*김치양념 : 고춧가루 10g, 소금 2g, 새우젓 10g, 마늘 5g, 생강 5g

만드는 법

1 절인배추는 잎이 넓은 것을 골라 잎부분은 남겨두고 줄기부분만 3×3㎝ 크기로 썬다.
2 무는 3×3×0.3㎝ 크기로 썰어 소금에 절인다.
3 배는 3×3×0.3㎝ 크기로 썰고, 밤은 편으로 납작하게 썬다.
4 미나리, 실파, 갓은 3㎝ 길이로 썰고, 마늘과 생강은 채 썬다.
5 굴은 소금물에 씻어 물기를 빼고, 낙지는 소금으로 주물러 3㎝ 길이로 자른다.
6 석이버섯, 대추는 손질하여 채 썰고, 잣은 고깔을 뗀다.
7 고춧가루, 마늘, 생강, 새우젓, 소금을 섞어 양념을 만든다.
8 배추, 무에 양념을 넣어 버무린 다음 미나리, 실파, 갓, 낙지, 굴, 배, 밤을 넣어 고루 버무리면서 소금으로 간을 맞춘다.
9 오목한 그릇에 절인 배춧잎을 깔고, 양념한 속을 소복하게 채운 후 가장자리 배춧잎을 바깥쪽으로 접어 넣는다.
10 양념을 버무린 그릇에 물을 넣고 소금으로 간을 하여 김칫국물을 만든 다음, 보쌈김치가 절반 정도 잠기도록 붓는다.
11 보쌈김치 위에 석이버섯채와 대추채, 잣을 고명으로 얹어 낸다.

조리 포인트

- 배춧잎은 잘 절여져야 보를 싸기가 좋으므로, 덜 절여진 배춧잎이 지급되면 다시 한 번 소금물로 절이도록 한다.
- 낙지는 소금과 밀가루로 문질러 씻어서 점액을 제거한다.
- 고춧가루 양념은 미리 만들어 버무려야 색이 곱게 난다.
- 배와 밤은 부서지지 않도록 나중에 넣어 가볍게 버무린다.

NCS 과정/과목명 : 1301010111_14v2 김치 조리

- **훈련목표** : 무, 배추, 오이 등과 같은 채소를 소금이나 장류에 절여 고추, 파, 마늘, 생강 등 여러 가지 양념에 버무려 숙성시켜 저장성을 갖는 발효식품을 만드는 능력 함양
- **수준** : 5
- **최소훈련시간** : 20
- **훈련가능시설** : 강의실, 실습실
- **권장훈련방법** : 집체훈련

- **평가 시 고려사항** : 평가자는 다음 사항을 평가해야 한다.
  - 위생적인 조리과정
  - 종류에 따른 재료 준비하기
  - 채소 절이기
  - 양념 준비과정
  - 김치 양념 버무리는 능력
  - 김치담기 능력
  - 배추 염도 조절, 절이기 숙련 정도
  - 보관하여 숙성하는 능력

김치

오이소박이

조리시간 20분

요구사항

주어진 재료를 사용하여 다음과 같이 '오이소박이'를 만드시오.

1. 소박이 완성품의 길이는 6㎝ 정도로 하시오.(단, 지급된 재료의 크기에 따라 가감한다.)
2. 소를 만들 때 부추의 길이는 0.5㎝로 하시오.
3. 오이소박이는 3개를 제출하시오.

수험자 유의사항

1. 오이에 3~4 갈래로 칼집을 넣을 때 양쪽이 잘리지 않도록 한다.(양쪽이 약 1㎝씩 남도록)
2. 절여진 오이와 소의 간을 잘 맞춘다.
3. 그릇에 묻은 양념을 이용하여 김칫국을 만들어 소박이 위에 붓는다.
4. 조리작품 만드는 순서는 틀리지 않게 하여야 한다.
5. 숙련된 기능으로 맛을 내야하므로 조리작업 시 음식의 맛을 보지 않는다.

재료 및 분량

오이 1개 소금 15g

*소양념 : 부추 20g, 파 5g, 마늘 3g, 생강 3g, 소금 1g, 고춧가루 10g, 물 15g

만드는 법

1 오이는 소금으로 문질러 씻은 후 6㎝ 길이로 잘라, 양끝을 1㎝씩 남기고 열십자(+) 또는 세 갈래로 칼집을 넣어 소금물에 절인다.
2 파와 마늘, 생강은 곱게 다진다.
3 부추는 다듬어 씻은 후 0.5㎝ 길이로 송송 썬다.
4 부추와 파, 마늘, 생강, 고춧가루, 소금, 물을 함께 버무려 소를 만든다.
5 절인오이는 물기를 제거하고, 칼집 사이에 소를 고루 채워 넣는다.
6 소를 버무렸던 그릇의 양념에 물을 붓고 소금으로 간을 하여 국물을 만든다.
7 그릇에 오이소박이를 담고 김칫국물을 위에 끼얹어 낸다.

조리 포인트

- 오이에 칼집을 넣을 때는 작은 칼을 이용하여 굵은오이는 4번, 가는오이는 3번 넣는다.
- 오이가 충분히 절여져야 소를 채울 때 양끝이 갈라지지 않는다.
- 소를 넣을 때는 손가락으로 오이의 위·아래를 눌러 틈이 벌어지면 젓가락으로 소를 밀어 넣는다.
- 김칫국물은 깨끗하게 국물 위주로 오이소박이 위에 끼얹는다.

NCS **과정/과목명 : 1301010111_14v2 김치 조리**

- **훈련목표** : 무, 배추, 오이 등과 같은 채소를 소금이나 장류에 절여 고추, 파, 마늘, 생강 등 여러 가지 양념에 버무려 숙성시켜 저장성을 갖는 발효식품을 만드는 능력 함양
- **수준** : 5
- **최소훈련시간** : 20
- **훈련가능시설** : 강의실, 실습실
- **권장훈련방법** : 집체훈련

- **평가 시 고려사항** : 평가자는 다음 사항을 평가해야 한다.
  - 위생적인 조리과정
  - 종류에 따른 재료 준비하기
  - 채소 절이기
  - 양념 준비과정
  - 김치 양념 버무리는 능력
  - 김치담기 능력
  - 배추 염도 조절, 절이기 숙련 정도
  - 보관하여 숙성하는 능력

음청류

배숙

조리시간 30분

요구사항

주어진 재료를 사용하여 다음과 같이 '배숙'을 만드시오.

1 배의 모양과 크기는 일정하게 3쪽 이상을 만들고, 등쪽에 통후추를 박으시오.(단, 지급된 배의 크기에 따라 완성품을 만든다.)
2 국물은 생강과 설탕의 맛이 나도록 하고, 양은 200㎖ 제출하시오.
3 배가 국물에 떠있는 농도로 하시오.

수험자 유의사항

1 배숙의 모양과 크기는 일정하게 만들고 알맞게 익힌다.
2 조리작품 만드는 순서는 틀리지 않게 하여야 한다.
3 숙련된 기능으로 맛을 내야하므로 조리작업 시 음식의 맛을 보지 않는다.

재료 및 분량

배 200g(½개) 통후추 15개 생강 10g 황설탕 30g
설탕 20g 잣 3알 물 600g

만드는 법

1 생강은 껍질을 벗겨 얇게 썰어서, 3컵의 물을 붓고 끓여 생강맛이 진하게 우러나면 면보에 걸러준다.
2 배는 3~4등분하여 껍질을 벗기고 씨를 제거한 다음, 모서리의 각진 부분을 다듬는다.
3 손질한 배의 등쪽에 통후추 3개를 일정한 간격으로 깊숙이 박는다.
4 생강국물에 황설탕으로 간과 색을 맞추어 배를 넣고 은근히 끓인다.
5 잣은 고깔을 떼고 젖은 면보로 닦는다.
6 배가 투명해져 충분히 익으면, 그릇에 배를 먼저 담고 국물을 부어 잣을 띄운다.

조리 포인트

- 통후추는 배를 3등분하여 일정한 간격으로 박는다.
- 통후추를 깊이 박지 않으면, 끓이는 도중에 빠지기 쉽다.
- 황설탕과 백설탕을 3 : 1의 비율로 섞어서 농도를 맞추기도 한다.
- 배가 덜 익거나 설탕농도가 낮으면 배가 가라앉는다.
- 너무 센불에서 끓이면 통후추가 잘 빠져나오고 국물이 탁해진다.
- 국물을 식혀서 그릇에 담는다.

NCS

과정/과목명 : 1301010112_14v2 음청류 조리

- **훈련목표** : 후식 또는 기호성 식품으로서 향약재, 과일, 열매, 꽃, 잎, 곡물 등으로 화채, 식혜, 수정과, 숙수, 수단, 갈수 등을 조리할 수 있는 능력 함양
- **수준** : 3
- **최소훈련시간** : 20
- **훈련가능시설** : 강의실, 실습실
- **권장훈련방법** : 집체훈련

- **평가 시 고려사항** : 평가자는 다음 사항을 평가해야 한다.
  - 위생적인 조리과정
  - 종류에 따른 재료 준비하기
  - 재료배합 능력
  - 음청류 조리의 순서
  - 음청류 조리능력
  - 음청류 조리 완성도
  - 보관능력

한과

매작과

조리시간 30분

요구사항

주어진 재료를 사용하여 다음과 같이 '매작과'를 만드시오.

1 매작과는 크기가 균일하게 2×5×0.3㎝ 정도로 만드시오.
2 매작과 모양은 중앙에 세군데 칼집을 넣으시오.
3 시럽을 사용하고, 잣가루를 뿌려 10개를 제출하시오.

수험자 유의사항

1 밀가루반죽 상태에 유의한다.
2 매작과를 튀기기 할 때 기름온도에 주의한다.
3 조리작품 만드는 순서는 틀리지 않게 하여야 한다.
4 숙련된 기능으로 맛을 내야하므로 조리작업 시 음식의 맛을 보지 않는다.

재료 및 분량

밀가루(중력분) 50g 소금(정제염) 5g 식용유 300㎖ 백설탕 40g
생강 10g 잣(깐 것) 5개 A4용지 1장

만드는 법

1 생강은 껍질을 벗기고 곱게 다진 후 물을 넣고 생강즙을 만든다.
2 밀가루에 소금을 넣고 체에 내린 후, 생강즙과 물을 넣어 되직하게 반죽하고 젖은 면보로 싸서 숙성시킨다.
3 냄비에 설탕과 물을 동량(1 : 1)으로 넣어, 젓지 말고 중간불에서 반 정도 될 때까지 조려서 시럽을 만든다.
4 잣은 고깔을 떼고 젖은 면보로 닦아, 종이 위에서 밀대로 밀어 기름을 빼고 곱게 다진다.
5 밀대로 반죽을 0.3㎝ 두께로 밀어서 5×2㎝ 크기로 잘라 내천(川)자 모양으로 세 군데 칼집을 내고, 맨 가운데로 넣어 한 번만 뒤집는다.
6 기름이 150℃ 정도가 되면 매작과를 넣고 노릇노릇하게 튀겨 시럽에 담갔다가 꺼낸다.
7 그릇에 매작과를 담고 잣가루를 뿌려 낸다.

조리 포인트

- 밀가루와 물(생강즙 포함)의 비율은 3 : 1로 한다.
- 반죽을 할 때 밀가루를 조금 남기고, 물은 2~3회 나누어 넣으면서 반죽한다.
- 시럽은 너무 묽거나 되지 않도록 만들고, 졸이면서 젓거나 센불에서 졸이면 굳어지기 쉽다.
- 나무젓가락으로 가운데 틈이 벌어지지 않도록 모양을 잡아주며 튀긴다.
- 기름의 온도가 너무 높으면 부풀어 기포가 생기고 색이 진하게 되며, 너무 낮으면 딱딱하게 튀겨진다.
- 튀김은 중간에 건져서 식힌 후, 다시 튀기면 색이 곱고 아삭거린다.
- 잣은 종이 위에서 칼날로 다져야 기름이 종이에 스며들어 보슬보슬한 잣가루가 된다.

NCS

과정/과목명 : 1301010113_14v2 한과 조리

- **훈련목표** : 유밀과, 유과, 정과, 숙실과, 강정 등을 곡물에 꿀, 엿, 설탕 등을 넣어 반죽하여 기름에 지지거나 또는 과일, 열매 등을 조려서 만들 수 있는 조리능력 함양
- **수준** : 5
- **최소훈련시간** : 20
- **훈련가능시설** : 강의실, 실습실
- **권장훈련방법** : 집체훈련

- **평가 시 고려사항** : 평가자는 다음 사항을 평가해야 한다.
  - 위생적인 조리과정
  - 종류에 따른 재료 준비하기
  - 조리의 순서
  - 한과배합 능력
  - 한과조리 능력
  - 한과조리 완성도
  - 보관, 저장 능력
  - 조화롭게 담는 능력

한과

화전

조리시간 **20**분

요구사항

주어진 재료를 사용하여 다음과 같이 '화전'을 만드시오.

1 화전의 직경은 5㎝, 두께는 0.4㎝로 만드시오.
2 시럽을 사용하고, 화전 5개를 제출하시오.

수험자 유의사항

1 화전의 크기와 두께는 일정하게 한다.
2 꽃모양이 잘 붙어있어야 한다.
3 조리작품 만드는 순서는 틀리지 않게 하여야 한다.
4 숙련된 기능으로 맛을 내야하므로 조리작업 시 음식의 맛을 보지 않는다.

재료 및 분량

젖은 찹쌀가루 100g 대추(대) 1개 식용유 10㎖
소금 50g 쑥갓 10g

*시럽 : 설탕 50g(4큰술), 물 60g(4큰술)

만드는 법

1 찹쌀가루는 소금을 넣고 뜨거운 물로 익반죽하여 젖은 면보로 싸서 숙성시킨다.
2 냄비에 설탕과 물을 동량(1 : 1)으로 넣어 젓지 말고, 중간불에서 반 정도 될 때까지 조려서 시럽을 만든다.
3 대추는 씨를 발라서 돌돌 말아 얇은 두께로 썬다.
4 쑥갓은 짧게 떼어 작은 잎으로 준비한다.
5 찹쌀가루 반죽은 분할하여 지름 5㎝, 두께 0.4㎝ 정도로 둥글납작하게 빚는다.
6 팬에 기름을 두르고 약한불에서 찹쌀반죽을 지지다가, 한쪽면이 익으면 뒤집어서 대추와 쑥갓을 얹어 지진다.
7 접시에 화전을 담고 시럽을 끼얹어 낸다.

조리 포인트

- 젖은 찹쌀가루 1컵에 물 2큰술(마른 찹쌀가루는 10큰술) 정도를 붓고 반죽한다.
- 찹쌀가루는 수분함량에 차이가 있으므로, 물을 2~3회 나누어 넣으면서 오래 치대어 반죽한다.
- 반죽이 너무 되면 가장자리가 갈라지고, 너무 질면 처져서 모양 빚기가 힘들다.
- 반죽은 숟가락으로 어느 정도 섞은 후 손으로 치대며, 손에 식용유를 약간 바르고 모양을 빚으면 반죽이 달라붙지 않는다.
- 시럽은 너무 되지 않게 만들고, 졸이면서 젓거나 센불에서 졸이면 굳어지기 쉽다.
- 대추와 쑥갓을 얹고 다시 뒤집어지지 않아야 모양이 흐트러지지 않는다.
- 대추껍질이 두꺼우면 밀대로 밀고, 시든 쑥갓은 찬물에 담가 사용한다.
- 센불에서 찹쌀반죽을 지지면 부풀거나 색이 너무 나게 되어 곱지가 않다.

NCS

과정/과목명 : 1301010113_14v2 한과 조리

- **훈련목표** : 유밀과, 유과, 정과, 숙실과, 강정 등을 곡물에 꿀, 엿, 설탕 등을 넣어 반죽하여 기름에 지지거나 또는 과일, 열매 등을 조려서 만들 수 있는 조리능력 함양
- **수준** : 5
- **최소훈련시간** : 20
- **훈련가능시설** : 강의실, 실습실
- **권장훈련방법** : 집체훈련

- **평가 시 고려사항** : 평가자는 다음 사항을 평가해야 한다.
  - 위생적인 조리과정
  - 종류에 따른 재료 준비하기
  - 조리의 순서
  - 한과배합 능력
  - 한과조리 능력
  - 한과조리 완성도
  - 보관, 저장 능력
  - 조화롭게 담는 능력

장아찌

오이숙장아찌

조리시간 25분

요구사항

주어진 재료를 사용하여 다음과 같이 '오이숙장아찌'를 만드시오.

1 오이는 0.5×0.5×5㎝로 써시오.
2 소고기는 0.3×0.3×4㎝로 써시오.
3 표고버섯은 0.3×4㎝로 써시오.(단, 지급된 재료의 크기에 따라 가감한다.)
4 완성된 오이숙장아찌는 50g 이상 제출하시오.

수험자 유의사항

1 오이와 소고기, 표고버섯은 각각 따로 조리하여 함께 무치는 방법으로 만든다.
2 조리된 오이의 색깔에 유의하며 무쳐진 상태가 깨끗하게 되도록 한다.
3 조리작품 만드는 순서는 틀리지 않게 하여야 한다.
4 숙련된 기능으로 맛을 내야하므로 조리작업 시 음식의 맛을 보지 않는다.

재료 및 분량

청오이 ½개 소고기(길이 5㎝) 40g 마른표고버섯 1개
식용유 30㎖ 깨소금 2g 참기름 2㎖ 실고추 2g

*소고기·표고 양념 : 간장 6㎖, 설탕 2g, 대파 5g, 마늘 3g, 후추 0.1g, 깨소금 1g, 참기름 2㎖

만드는 법

1 오이는 소금으로 문질러 씻은 후, 5㎝ 길이로 자른 후 길이로 3등분하여 가운데 씨부분을 제거하고, 폭과 두께를 0.5㎝로 썰어 소금물에 절였다가 면보로 물기를 닦는다.
2 파와 마늘은 곱게 다지고 양념장을 만든다.
3 표고버섯은 미지근한 물에 불려 4×0.3×0.3㎝ 크기로 채 썰고, 소고기는 표고버섯과 같은 크기로 채 썰어 각각 소고기·표고 양념장에 양념한다.
4 실고추는 3㎝로 자른다.
5 팬에 기름을 두르고 오이, 표고버섯, 소고기 순서로 각각 볶아서 식힌다.
6 오이, 표고버섯, 소고기, 깨소금, 참기름, 실고추를 넣고 가볍게 버무려 그릇에 담아 낸다.

조리 포인트

- 오이는 통째로 소금으로 문질러가며 씻어야 깨끗하게 된다.
- 오이는 씨부분을 제거하고 껍질부분을 사용하여야 물이 덜 생기고 뭉그러지지 않는다.
- 절인 오이를 너무 힘주어 짜면 멍이 들어 색이 변하므로, 면보로 살짝 눌러 짠다.
- 오이는 센불에서 빨리 볶아서 식혀야 색이 파랗고 아삭거린다.
- 모든 재료는 각각 볶아서 무치고, 그릇에 담아낼 때는 재료들이 고루 섞이도록 한다.

NCS

과정/과목명 : 1301010114_14v2 장아찌 조리

- 훈련목표 : 오이, 무, 마늘 따위의 채소를 간장이나 소금물에 담가놓거나 된장, 고추장에 박았다가 조금씩 꺼내 양념하여 오래도록 두고 먹게 조리하는 능력 함양
- 수준 : 3
- 최소훈련시간 : 20
- 훈련가능시설 : 강의실, 실습실
- 권장훈련방법 : 집체훈련

- 평가 시 고려사항 : 평가자는 다음 사항을 평가해야 한다.
  - 위생적인 조리과정
  - 종류에 따른 재료선택하고 준비하기
  - 재료 우려내기
  - 장아찌의 종류에 따른 장류의 선별능력
  - 장아찌 염도, 산도, 당도조절, 절이기 숙련 정도
  - 저장, 보관하는 능력

장아찌

무숙장아찌

조리시간 25분

요구사항

주어진 재료를 사용하여 다음과 같이 '무숙장아찌'를 만드시오.

1 무는 0.6×0.6×5㎝로 써시오.
2 소고기는 0.3×0.3×4㎝로 써시오.
3 미나리는 4㎝로 써시오.
4 완성품은 80g 이상 제출하시오.

수험자 유의사항

1 무의 크기는 일정하게 썬다.
2 조리된 무의 색깔이 지나치게 검어지지 않도록 한다.
3 각 재료의 볶는 순서에 유의하며 함께 볶아 낸다.
4 조리작품 만드는 순서는 틀리지 않게 하여야 한다.
5 숙련된 기능으로 맛을 내야하므로 조리작업 시 음식의 맛을 보지 않는다.

재료 및 분량

무(길이 6㎝) 150g 소고기(길이 6㎝) 25g 미나리 20g 대파 10g
깨소금 1g 참기름 2㎖ 식용유 30㎖ 실고추 2g

*소고기양념 : 간장 3㎖, 설탕 2g, 대파 3g, 마늘 2g,
후추 0.1g, 깨소금 1g, 참기름 2㎖

만드는 법

1 무는 0.6×0.6×5㎝ 크기의 막대 모양으로 썬 다음, 간장에 절여서 곱게 물이 들면 건져내고, 싱거워진 간장은 반으로 졸여서 식힌 후 다시 한 번 무를 절인다.
2 파와 마늘은 곱게 다지고, 소고기양념장을 만든다.
3 미나리는 잎과 뿌리를 제거하고 줄기만 4㎝ 길이로 자른다.
4 실고추는 3㎝ 길이로 자른다.
5 소고기는 0.3×0.3×4㎝로 채 썰어 소고기양념장에 양념한다.
6 팬에 기름을 두르고 고기를 볶다가 절인 무를 넣고, 조린 간장으로 간과 색을 맞추면서 볶는다.
7 무가 거의 익으면 미나리를 넣어 살짝 볶은 후 불을 끄고, 깨소금, 참기름, 실고추를 넣어 가볍게 버무려 그릇에 담아 낸다.

조리 포인트

- 무는 지급된 전량을 일정한 크기로 썰어야 간장에 고르게 절여진다.
- 무를 간장에 절이면 무에 수분이 빠져서 간장이 싱거워지므로, 간장을 졸여 식힌 후 절이면 곱게 빨리 물이 든다.
- 미나리는 오래 볶으면 색이 곱지 않으므로, 마지막에 넣고 살짝 볶는다.
- 소고기, 무, 미나리 순으로 볶은 후, 양념하여 그릇에 담아낼 때는 재료들이 고루 섞이도록 한다.

NCS

과정/과목명 : 1301010114_14v2 장아찌 조리

- **훈련목표** : 오이, 무, 마늘 따위의 채소를 간장이나 소금물에 담가놓거나 된장, 고추장에 박았다가 조금씩 꺼내 양념하여 오래도록 두고 먹게 조리하는 능력 함양
- **수준** : 3
- **최소훈련시간** : 20
- **훈련가능시설** : 강의실, 실습실
- **권장훈련방법** : 집체훈련

- **평가 시 고려사항** : 평가자는 다음 사항을 평가해야 한다.
  - 위생적인 조리과정
  - 종류에 따른 재료선택하고 준비하기
  - 재료 우려내기
  - 장아찌의 종류에 따른 장류의 선별능력
  - 장아찌 염도, 산도, 당도조절, 절이기 숙련 정도
  - 저장, 보관하는 능력

장아찌/마른찬

북어보푸라기

조리시간 20분

요구사항

주어진 재료를 사용하여 다음과 같이 '북어보푸라기'를 만드시오.

1 북어보푸라기는 소금, 간장, 고춧가루로 양념하시오.(단, 고추기름은 사용하지 마시오.)
2 북어보푸라기는 삼색의 구분이 뚜렷하게 하시오.

수험자 유의사항

1 보푸라기 상태는 일정하도록 한다.
2 완성품은 양념으로 인하여 질지 않도록 유의한다.
3 조리작품 만드는 순서는 틀리지 않게 하여야 한다.
4 숙련된 기능으로 맛을 내야하므로 조리작업 시 음식의 맛을 보지 않는다.

재료 및 분량

북어포 1마리 소금 5g 간장 6㎖ 고운고춧가루 10g 설탕 10g
참기름 15㎖ 깨소금 5g

만드는 법

1 북어는 머리, 뼈와 잔가시를 제거하고, 껍질을 벗긴 후 강판에 곱게 갈아 보푸라기를 만들어 3등분한다.
2 각각의 보푸라기에 소금양념(소금, 설탕, 깨소금, 참기름), 간장양념(간장, 설탕, 깨소금, 참기름), 고춧가루양념(고춧가루, 소금, 설탕, 깨소금, 참기름)을 넣어 손으로 보슬보슬하게 3색으로 비벼준다.
3 그릇에 3색의 보푸라기를 같은 양으로 보기 좋게 담아 낸다.

조리 포인트

- 북어가 물에 젖지 않도록 주의한다.
- 깨소금이 거칠면 지저분하므로 곱게 다진다.
- 간장을 넣었을 때 질척하고 뭉치지 않도록 고루 비벼준다.
- 간장이 들어가는 보푸라기는 부피가 많이 줄어들므로, 양을 감안하여 나눈다.
- 굵은 고춧가루는 다져서 체에 내려 사용한다.
- 고춧가루는 많이 비벼주어야 색이 곱다.

NCS

과정/과목명 : 1301010114_14v2 장아찌 조리

- **훈련목표** : 오이, 무, 마늘 따위의 채소를 간장이나 소금물에 담가놓거나 된장, 고추장에 박았다가 조금씩 꺼내 양념하여 오래도록 두고 먹게 조리하는 능력 함양
- **수준** : 3
- **최소훈련시간** : 20
- **훈련가능시설** : 강의실, 실습실
- **권장훈련방법** : 집체훈련

- **평가 시 고려사항** : 평가자는 다음 사항을 평가해야 한다.
  - 위생적인 조리과정
  - 종류에 따른 재료선택하고 준비하기
  - 재료 우려내기
  - 장아찌의 종류에 따른 장류의 선별능력
  - 장아찌 염도, 산도, 당도조절, 절이기 숙련 정도
  - 저장, 보관하는 능력

참고문헌

강인희, 『한국식생활사』, 삼영사, 1991.

_____, 『한국의 맛』, 대한교과서, 1987.

_____, 『한국의 맛』, 대한교과서, 2002.

_____, 『한국인의 보양식』, 대한교과서주식회사, 1995.

강인희 외, 『한국의 상차림』, 효일문화사, 1999.

윤서석, 『한국음식』, 수학사, 1985.

_____, 『한국의 음식용어』, 민음사, 1995.

윤서석 외, 『한국음식대관』, 한국문화재보호재단, 1997.

윤숙경, 『우리말 조리어사전』, 신광출판사, 1996.

윤숙자, 『떡, 부엌살림』.

_____, 『한국의 시절음식』, 지구문화사, 2000.

_____, 『한국전통음식, 우리맛』, 강원일보사, 1990.

이보순, 『한국의 음식문화와 전통음식』, 백산출판사, 2013.

이성우, 『고대한국식생활사연구』, 향문사.

이순옥, 『조리이론』, 한국산업인력공단, 1998.

이지호, 『한국음식론』, 광문각, 2003.

전희정, 『현대 한국음식용어사전』, 지구문화사, 2002.

조리직무교재(호텔롯데).

한복려 외, 『우리가 정말 알아야 할 우리음식 백가지』, 현암사, 1998.

현기순, 『식생활관리학』, 교문사.

황혜성, 『한국음식』, 민서출판사, 1989.

황혜성 외, 『조선왕조 궁중음식』, 사단법인 궁중음식연구원, 2004.

_______, 『한국의 전통음식』, 교문사, 1993.

『한국음식대관 제1권』, 한국문화재보호재단.

『한국음식대관 제2권』, 한림출판사.

『한국음식대관 제5권』, 한림출판사.

『2014 국가직무능력표준 및 활용패키지』, 한국산업인력공단.

Profile

김옥란
한국관광대학교 외식경영과 교수

학력사항
경기대학교 대학원 외식조리관리학 박사
경기대학교 대학원 외식경영학 석사

자격사항
대한민국 국가공인 조리기능장

대외활동
한국조리학회 이사
한국외식경영학회 이사
한국식공간학회 이사
서울기능경기대회 심사위원
한국산업인력공단 심사위원
서울시교육청 특성화고 선정 자문위원
인천국제공항공사 외식업체 선정 평가위원
한국직업능력개발원 심사 평가위원
한국외식창업연구소 전문연구위원

연구활동
외식업체 내부마케팅 전략이 갈등지각 수준과 서비스품질
에 미치는 영향(2006) 외 다수

저서
최신 서양요리, 백산출판사
서양요리실무, 도서출판 효일
한식조리론(공저)
건강 밑반찬, 동아일보(공저)
호텔·레스토랑 메뉴관리론, 백산출판사

연수활동
미국 UNLV 네바다주립대 조리연수
미국 CIA 조리학교 연수
캐나다 Dubrulle International Culinary Hotel Institute of Canada
외 다수

한성만
대한민국 국가공인 조리기능장
경기대학교 관광전문대학원 외식산업경영전공 석사
한국외식창업연구소장
분당요리제과제빵학원장
성남현대조리학원장
경기대학교 외식조리학과 외래교수

경력사항
호텔 인터컨티넨탈 서울 조리팀
서울 세종호텔 조리팀

연수사항
U.N.L.V(University of Nevada, Las Vegas)
C.I.A(Culinary Institute of America)
Le Cordon Bleu College of Culinary Arts 외 다수

방송출연
MBC, KBS, SBS-TV 방송 요리프로 다수출연

논문
외식업 홈페이지 고객보상프로그램이 소비자 수용태도 및
구매효과에 관한 연구(2009)

이진하
백석문화대학교 외식산업학부 교수

학력사항
경기대학교 관광대학원 관광학 박사(식공간 연출 전공)
경기대학교 관광대학원 관광학 석사(식공간 연출 전공)

대외활동
사)한국푸드코디네이터 협회이사
한국식공간학회 정회원
한국조리학회 정회원
한국푸드코디네이터 경연대회 심사위원
한국창업연구소 전문연구원(레스토랑 디자인)

논문
식공간 디자인에 나타난 오브제의 표현 수법과 특성이
식공간의 가치창출에 미치는 영향 외 다수